大学生责任意识培养

王力娟　王　泉　张兴旭

U0807432

上海交通大學出版社
SHANGHAI JIAO TONG UNIVERSITY PRESS

内容提要

本书从教育学、心理学、哲学、社会学和德育的研究视角，对责任和责任意识重新进行了界定，构建了责任和责任意识的内在结构模型，确定了大学生责任意识培养目标体系和效果评价体系，编制了信效度较高的问卷；进而通过问卷法、准实验法、观察法等研究了服务式学习、反思性写作等对于大学生责任意识的提升作用，探索了提升大学生责任意识的路径及效果。本书适合从事教学学术研究的高校教师、高等教育管理人员、高等教育研究人员以及对相关内容感兴趣的一般读者。

图书在版编目(CIP)数据

大学生责任意识培养 / 王力娟，王泉，张兴旭著．—上海：上海交通大学出版社，2024.6
ISBN 978-7-313-30525-1

Ⅰ．①大… Ⅱ．①王… ②王… ③张… Ⅲ．①大学生—责任感—素质教育—研究—中国 Ⅳ．① G641.6

中国国家版本馆 CIP 数据核字（2024）第 067536 号

大学生责任意识培养

DAXUESHENG ZEREN YISHI PEIYANG

著　　者：王力娟　王　泉　张兴旭
出版发行：上海交通大学出版社　　地　　址：上海市番禺路 951 号
邮政编码：200030　　电　　话：021-64071208
印　　制：江苏凤凰数码印务有限公司　　经　　销：全国新华书店
开　　本：710mm × 1000mm　1/16　　印　　张：16.75
字　　数：246 千字
版　　次：2024 年 6 月第 1 版　　印　　次：2024 年 6 月第 1 次印刷
书　　号：ISBN 978-7-313-30525-1
定　　价：88.00 元

版权所有　侵权必究
告读者：如发现本书有印装质量问题请与印刷厂质量科联系
联系电话：025-83657309

前言

在教学发展工作中，笔者有幸接触到大量高校教师和学生。在此过程中，发现了一个令人担忧的现象：当代大学课堂过于注重知识和技能的传授，而忽视了对学生的全面培养和教育，尤其是责任意识的培养。许多学生缺乏对家庭、社会和国家的责任感和使命感，甚至有的学生不能对自己的学业和未来发展承担起应有的责任，导致学业受挫。教师们也常常抱怨部分大学生缺乏责任意识。

在这一背景下，笔者深感大学生责任意识培养的重要性。为进行深入研究，2017 年，笔者申请了国家社会科学基金“十三五”规划教育学一般课题——“基于教学学术的大学生责任意识培养实证研究”（BEA170112）。本书就是该项目的核心成果之一。

理论研究是任何一个研究的前提和基础。有关责任和责任意识方面的理论研究很多，但学术界对二者的界定和理论构建并不统一。为此，本书首先对责任和责任意识的相关研究进行了充分梳理，并在此基础上确定了一个综合教育学、心理学、社会学和哲学视角的概念和理论模型，构建了大学生责任意识培养的目标体系和效果评价体系，进而编制了大学生责任意识量表。

教育是全方位的，需要家庭、社会、学校和教师的共同参与。其中，学校和教师在育人方面发挥着至关重要的作用。在学校层面，已有大量研究和实践经验证明，服务性学习在培养大学生责任意识或对大学生进行公民教育的过程中发挥着重要作用。但服务性学习在国内尚处于起步阶段，效果不尽如人意。因此，本书深入研究了国内某双一流高校的数字服务性学习项目对于大学生社会责任意识的影响，进而构建了数字服务性学习项目的设计流程。

在教师层面，以往主要是教育学专业研究者在进行大学生责任意识培养方面的探索和研究，很少有一线学科教师参与其中。而教学学术视角则将一线学科教师囊括进来，大大扩充了研究队伍、拓宽了研究的广度和深度。这对于大学生责任意识的培养无疑是一个全新的视角。教学学术是一种研究如何将知识有效地传授给学生并促进学生全面发展的学术活动，研究如何提高教育质量，让当代大学生肩负起社会责任的学术活动。从事教学学术研究的教师需要基于循证的学术规范对“教”和“学”进行系统研究，通过对学生的“学”有更精准的了解，探究如何“教”才能使学生“学”的效果最大化，并使最终结果在相应的团体中公开并获得反馈，进而得到推广。教学学术的本质是研究如何培养高等教育人才。因此，本研究在理论构建和核心概念界定的基础上，推动少部分高校教师在自己的课堂上开展有关大学生责任意识培养的教学学术研究。与此同时，党和国家也高度重视“课程思政”，并相继出台了一系列政策文件，这为教学学术视角下研究大学生责任意识的培养提供了坚实的政策基础。

经过 5 年左右的深入研究，笔者的社会科学基金项目顺利结题，本书也得以出版。在此过程中，硕士生王泉进行了数字化服务性学习与大学生社会责任意识培养的研究，为本书增添了宝贵篇幅。张兴旭在文献收集方面发挥了重要作用。本书的面世要特别感谢国家社科基金的资助；感谢上海交通大学教学发展中心王丽伟教授、高捷教授、章晓懿教授长期以来对教学学术和课程思政工作的高度重视和大力支持！感谢上海交通大学出版社为本书出版所付出的各种努力！感谢上海交通大学教学发展中心沈建英老师对本书出版给予的大力支持！要感谢的人还有很多，就不一一列举，在此一并致谢！

本书共包括 7 章，其中第 1 章阐述了研究的背景和意义；第 2 章梳理了责任培养的相关理论；第 3 章重新定义了责任的内涵和结构模型；第 4 章确定了大学生责任意识培养的目标体系和效果评价体系，并编制了相应的量表；第 5 章探讨了数字化服务式学习在大学生责任意识培养中的应用；第 6 章介绍了实证研究的过程和结果；第 7 章则对全书进行了总结和展望。希望这些研究成果能够为高校德育研究者、高等教育专业研究者、高校教师和教学管理人员提供有益的参考和启示，为推动大学生责任意识培养工作提供理论和实践依据。

但本书还有诸多不足之处。比如，有关大学生责任意识的培养如何与课堂教学更全面、更有机地结合还需要更深入的研究；如何让所有高校教师都能参与到大学生责任意识的培养过程中来，也是一个比较有挑战的课题；大学生责任意识问卷的进一步完善，还需要更大范围的调查和投入等。总之，深入开展研究的道路还很漫长，我们永远在路上。

目　录

第 1 章　引论　001
1.1　研究背景　001
1.2　大学生责任意识现状　002
1.3　责任意识培养的重要性　004

第 2 章　现有理论及存在的问题　006
2.1　责任的定义与内涵　006
2.2　责任的结构及其分类　016
2.3　责任及其培养的相关理论　020
2.4　责任的培养途径　031
2.5　责任的测量方法　034
2.6　大学生责任意识干预策略的理论基础及方法　038
2.7　对以往研究的总结　047

第 3 章　责任与责任意识的结构模型建构　056
3.1　责任的初始结构模型建构　056
3.2　责任和责任意识结构模型的专家评定效度　062
3.3　责任和责任意识结构模型的修订　063

第 4 章　大学生责任意识培养的目标体系与效果评价体系及其测量　065
4.1　大学生的责任类别　065
4.2　大学生的责任培养目标体系　067

4.3 大学生责任意识培养效果评价体系 070
4.4 大学生责任意识问卷的编制 072
4.5 大学生责任意识的现状调查 083

第 5 章 数字化服务式学习与大学生社会责任意识的提升 088
5.1 引言 088
5.2 概念界定及相关研究 089
5.3 理论框架 091
5.4 相关研究 100
5.5 研究设计 106
5.6 研究发现 123
5.7 结论与反思 168

第 6 章 提升大学生责任意识的教学学术路径 178
6.1 引言 178
6.2 探索大学生责任培养策略的核心是提升教师的教学学术水平 180
6.3 教师开展教学学术研究的效果调查 191
6.4 结论与反思 199

第 7 章 结论与反思 205

附录 209
附录 1：责任和责任意识内部结构专家调查问卷 209
附录 2：大学生责任意识访谈提纲 211
附录 3：大学生责任意识问卷（试测问卷） 212
附录 4：大学生责任意识问卷（正式施测问卷） 215
附录 5：大学生责任意识试测项目分析结果 217
附录 6：大学生责任意识初测问卷的总体信度和各维度信度分析 221

附录 7：数字化服务式学习与大学生社会责任意识调查问卷 224
附录 8：大学生社会责任意识中英文问卷对照 227
附录 9：对参与数字化服务式学习的学生访谈邀请信 231
附录 10：访谈知情同意书 233
附录 11：线上支教项目学生访谈提纲 235
附录 12：不同个人背景变量学生的社会责任意识差异 236

参考文献 240

索引 257

第1章 引　论

1.1 研究背景

从古至今，每一个时代都赋予了中华儿女历史使命和责任。每一代人除了承担自我成长、发展、完善之责，更要肩负国家、民族发展之重任。正如梁启超所言：“人生于天地之间，各有责任。知责任者，大丈夫之始也；行责任者，大丈夫之终也；是故人也者，对于一家而有一家之责任，对于一国而有一国之责任，对于世界而有世界之责任。”唯有每个人肩负起时代与社会之重托，勇于担当，才能使得中华文明历久弥新，中华民族生生不息。

“重责任担当、扬家国情怀”历来被广为提倡。纵观历史，诸多为国家、社会的历史使命而努力奋斗、鞠躬尽瘁的先辈们很好地演绎了何为“修身、齐家、治国、平天下”。先辈们赤诚忠胆之事迹令新时代中华儿女感佩不已。范仲淹“先天下之忧而忧、后天下之乐而乐”体现出国家、社会的价值实现要优先于个体价值的实现。顾炎武“天下兴亡，匹夫有责”强调了个体的社会责任和历史担当。文天祥“人生自古谁无死，留取丹心照汗青”更是表达了国家危难之际视死如归的爱国主义情怀。这些都是使命感和责任感的写照。这些勇于担当、牢记国家使命的先辈名垂千古，他们的精神注入中国优秀传统文化中，成为中华民族的脊梁，使得中华民族立于不败之地。

青年强则国强，青年立则国立。改革开放以后，我国的经济高速发展，国家不断强大。然而，我国仍处于并将长期处于社会主义初级阶段，还存在着诸多的社会问题，如资源分配不均、科技创新能力偏弱等。在新形势下，要想实现中华民族伟大复兴的中国梦，当代大学生们必须承担起引领时代的责任。国家也开始高度重视大学生的责任担当问题。党的十九大报告明确指出："培育和践行社会主义核心价值观，要以培养担当民族复兴大任的时代新人为着眼点。"习近平总书记也勉励青年大学生要志存高远、脚踏实地、勇于肩负起时代赋予的历史重任（李苑静 等，2016）。这充分体现了党和国家对培育大学生社会责任意识的殷切期望和高度重视。当代大学生应具有社会责任感和崇高的使命感，把个人发展与国家的前途命运紧密联系起来，为国之大计做出应有的贡献。

1.2 大学生责任意识现状

大学生是国家的宝贵资源，肩负着社会主义现代化的重任，他们的责任意识强弱不仅直接关乎其人生价值的实现，还与社会进步、国家发展息息相关。然而，由于社会转型时期各种因素的影响，当代大学生存在责任意识缺失的问题。梳理过往研究发现，当代大学生责任意识缺失的现象主要表现在以下四个方面。

（1）社会责任意识缺失。社会责任意识要求个体对他人、集体和社会负责（邵忍丽 等，2013），当代大学生是有理想有抱负的年轻一代，但他们的理想和抱负大多限于实现个人价值、追求个人利益的最大化，而忽视了团队利益、社会利益等更高层面的利益，没有将个人价值和社会价值联系起来。一项关于90后大学生群体责任意识的调查发现，仅有14.4%的学生认为上大学的目标是"致力于国家建设，社会的进步"；选择"工作稳定，经济收入高"和"适合自己的专业"这两项作为自己未来职业目标的占比为66.73%（王磊 等，2013）。可见，大学生在择业时个人主义和功利主义倾向明显，更多考虑的是个人所获取的最直接利益，而不是对社会和国家的贡献度。

（2）家庭责任意识缺失。当代大学生大部分为独生子女，从小享受着优渥的物质生活和来自父母的宠爱，使得他们为家庭付出和承担责任的意识薄弱。更为严重的是，他们成长在学校一味追求升学率的社会大背景下，父母为能让子女考上更好的大学，过多地承担了家庭中的责任，这进一步强化了孩子漠视家庭责任的意识和行为。而随着年龄的增长，这种价值理念不断固化，很难再转变。一项关于90后大学生责任意识的调查发现，只有44.21%的学生经常与父母联系，5.26%的学生甚至几乎不与家人联系；在家庭义务承担方面，只有60.64%的学生主动承担家务，8.51%的学生基本不做家务（王磊 等，2013）。由此来看，当代大学生的家庭责任意识有待加强。

（3）群体责任缺失。当代大学生有想法、有个性，但也存在"以自我为中心"的缺点。凡事先考虑自己，很少顾及他人的需要和感受，这种思想意识和行为模式实质上是破坏群体和谐、损坏集体利益和凝聚力的毒瘤。过于自我会使得个人与群体之间产生矛盾与对立，个体若只享受权利而不承担义务，会很容易面临人际关系问题。有研究发现，某院校每年主动接受心理咨询的学生当中，70%是因为人际关系的问题（丁玉泉，2008）；一项对郑州地区1000名大学生的问卷调查显示，只有59%的同学能考虑到宿舍其他同学的感受（孙保营，2013）。

（4）自我责任意识缺失。有一部分大学生对自己不负责任。这部分群体中比较普遍的情况是沉溺于网络而荒废学业，对未来缺乏规划，不思进取等。有研究者对各个高校进行调研，发现各高校退学人数在不断攀升，2009年的退学人数是2004年的1.87倍（杨芳 等，2014）。还有极少数大学生轻视生命，做出对自己的生命和前途不负责任的事情。陈志霞等（2004）对大学生的自杀意念和自杀态度进行调查，发现有过轻生念头的学生占10.7%。类似的调查结果显示，大多数学生是尊重生命、珍惜生命的（67.4%），但仍有部分学生对生命持消极态度（29.8%），有些甚至认为放弃生命也是一种解脱（2.7%）（李苑静，2017）。

当今大学生社会责任意识普遍淡化，这是不争的事实。造成该现象的原因也是多方面的，既有家庭教育、学校教育的缺失，也有社会转型期多元文化的影响。目前关于大学生责任意识的培养已成为国家和社会重点关注的课题，更是高校思想教育的重要内容，是高校未来培养人才的重要目标。近些年来，很多高校关于大学生责任意识的培养计划已经付诸行动，大学生责任意识已有所提高。一项关于90后大学生社会责任感现状的调查表明，当代大学生的社会责任感整体上处于较高水平，但水平参差不齐，且在社会责任担当中存在“知行不一”（责任意识较强，具体行动担当较弱）和“知行倒挂”（在不了解应承担的社会责任情况下，就去担当责任）等问题（魏进平 等，2016）。该研究在一定程度上反映了当前高校在大学生责任意识培养中所遇到的问题。

2004年以来，党和国家高度重视和强力推进大学生思想政治教育工作，各高校按照党和国家的决策部署，把思想政治理论课程作为“学生终身受益的课程”“精彩一课”来建设，加大了人力、财力、物力投入和平台建设。很多高校纷纷成立马克思主义学院，辅导员专业化、职业化程度不断提高，大学生社会实践、志愿服务等活动广泛开展。这一系列关于思想政治教育的改革举措，仿佛给学生们进行了一场思想上的洗礼，使得他们对自身肩负的社会责任有了比较清醒的认识和情感上的认同。意识层面的改善令人欣喜，但最关键的还是如何付诸行动。事实上，当代大学生在社会责任担当过程中存在“行动障碍”“流于形式”等问题，这是当前高校思想政治工作的通病。正如鲁洁（2005）所总结的，“边缘化、外在化、知识化”是道德教育的现代综合征。显然，觉悟与实践不应当是两张皮，在具备了责任认知能力后，责任的实现能力决定了大学生是否真正意义上具备了责任意识。因此，如何有效促进大学生责任担当的知行合一才是当下高校思想政治教育工作重点考虑的内容，也是本书要探索的重点。

1.3 责任意识培养的重要性

把当代大学生培养成德、智、体、美全面发展的社会主义建设者和接班人，首要任务就是要把当代大学生培养成为对党、国家、社会和民族，以及对自己具有强烈责任意识的时代新人。学校是承担这一培养任务的主要阵地。如今，各高校在不断加强和改进大学生思想政治工作，但在具体实施的过程中脱离了大学生的实际情况和受教育环境，导致责任担当的“认知障碍”和“行动障碍”出现，这些障碍不容忽视，亟须破解。大学生在校期间，大部分时间都在课堂和学习中度过，获取知识的主要渠道是课堂教学。培养大学生的责任意识并不只是思想政治老师的责任，更是每一个老师的职责。因此，把大学生责任意识培养工作嵌入课堂教学中将成为重要的趋势和走向。教育者必须立足新时代，把握大学生责任内涵的变化与培育新形势，调整大学生责任意识培养对策。一方面，营造一种更贴合大学生实际需求的环境，通过一些教学任务（写作任务）来潜移默化地引导大学生对责任产生更加深刻的认知；另一方面，通过组织教学活动和教学实践（服务式学习、小组合作学习）来锻炼大学生担当责任的能力。本书将从教学学术的视角出发，探讨如何通过不同形式的教学方式来促进大学生责任意识的培养。

第 2 章 现有理论及存在的问题

2.1 责任的定义与内涵

责任是一个古老的研究课题，不同时代或文化背景下、不同学科领域中，不同研究者对于责任的理解有所差异。为了避免因概念不清而导致研究出现偏差，首先要弄清楚责任的内涵，以准确把握本研究的方向，这也是研究的逻辑起点。以下将从词源学、不同学科、中西文化观等角度对责任概念进行厘清和界定。

1.“责任”的词源学定义

从词源学的角度来看，古汉语中，“责”与“任”一般是分开使用的，主要强调“责”。“责”的本义是“欠别人的钱财”（古无“债”，责即为“债”的古字），“责”既为“债”，则有“索取、要求”之义。《说文解字》：“责，求也”，即求取、要求（许慎，2012）。后来，“责”字的意义继续演变，欠债不还，则应该受到责罚，因此“责”又有责备、责罚之意。如《论衡·问孔》：“责小过以大恶，安能服人”。由上可知，“责”的本义是欠债人还债是一种天经地义的义务，是应做之事，后逐渐引申为今天常用的“责任”之意。《汉语大词典》中对责任的解释是：①使人担当起某种职务和职责；②谓分内应做的事；③做不好分内应做的事，因而应承担的过失（罗竹风，1992）。《现代汉语辞海》中对责任的解释是：①分内应做的事；②没有做好分内应做的事，因而应当承担的过失（刘家丰，2002）。从释义来看，都在强调个体应尽职责，以及未能履责而要承担的过失。

在现代英语语言环境中，“责任”可以用多个单词表达，主要有“responsibility，accountability，obligation，duty，liability，commitment”等，但一般常把“responsibility”作为责任的英文对应词。responsibility 的词根为“spon，spond，spons（spous）”，意为承诺，来自于拉丁语的“spondere”，是“承诺、发誓”的意思。据《朗文英汉词典》下的定义来看，“responsible”的含义为：① having the duty of looking after someone or something，so that one can be blamed if things go wrong. ②（of a person or his character）trustworthy. ③（of a job）needing a trustworthy person to do it. 翻译为中文即：①对某人或某事的义务或责任，以及因未能做好而受到的谴责；②对一个人或其个性而言值得信赖；③对工作而言，需要值得信赖的人去完成。在《牛津英语词典》中，responsible 主要是：①通知或回答某事（Correspondent or answering to something）。②能够负责的（Capable of being answered）。③负责任的，对他人负责的；可能被追究责任［Answerable，accountable（to another for something）；liable to be called to account］。④道德上对自己的行为负责；有理性的行为能力（Morally accountable for one’s actions；capable of rational conduct）。⑤能够履行义务或信托；可靠的，值得信赖的；具有良好的信誉和声誉（Capable of fulfilling an obligation or trust；reliable，trustworthy；of good credit and repute）。⑥承诺扮演任何临时角色的演员（An actor who undertakes to play any part which may be temporarily required.）。“responsibility”的意思是：①负责任的状态或事实（The state or fact of being responsible）；②已完成或即将完成的事（of the thing done or to be done）；③由某人负责的一项收费，信托或义务（A charge，trust，or duty，for which one is responsible）；④对其负责的人（A person for whom one is responsible）；⑤对其负责的人，权威人士——临时使用（A person to whom one is responsible；a person in authority. nonce-use）；⑥支付能力，履行合同的方式（U.S.“Ability to answer in payment；means of paying contracts”）。

与汉语词典对“责任”的解释相对照，可以发现中英文对于“责任”一词语义上的释义基本相同，都强调对某人或某事的义务或承诺，能够很好地履责的人将获得他人或组织的信任，未能履责后则将被追究。

2. 不同学科对“责任”的界定

责任是一个综合性的概念。社会科学的不同领域对责任的释义有所不同。研究视角和追求的目标不同决定了对责任的理解不同，因此，从不同学科视域下理解责任的本质，能够多维度且尽可能全面客观地揭示责任的内涵。以下将从哲学、社会学、心理学、教育学这几个学科的角度进行分析。

从学科角度看，“责任”一词源于哲学领域。早在古希腊时期就有人探究“责任”。该概念最早由芝诺提出，他认为人的权利是自然给予的，责任是遵循自然之道的美德，强调对自然秩序的恪守（周辅成，1987）。苏格拉底把责任看作“善良公民”对国家和人民服务所应具备的一种才能，侧重于社会责任（章海山，1984）。柏拉图（1986）在《理想国》一书中，从城邦产生的角度论证了所有人都对城邦尽责的必要性。他认为之所以要建立一个城邦，是因为我们每一个人不能单靠自己达到自足，个人要想很好地生存，就必须和他人互相帮助，这就要求有一个城邦来确保公民之间的互助和分工，城邦为个人生存提供了保障，但这本身又以个人对城邦的责任为前提。亚里士多德（2003）认为个人道德目的的确定和手段的选择都是由自己决定的，人们的善恶是个人意志借助于理性选择的结果，任何人都应对自己的行为负道德责任。古罗马时期的哲学家西塞罗（1998）的《论责任》一书对生活中的道德责任、责任起源、责任类型及具体要求进行了系统阐述，他高度重视道德责任在理论和现实生活中的重要作用，提出道德责任有“一般”和“绝对”之分，认为道德责任是现实社会中约束日常生活的实际准则。除了古希腊、古罗马的先哲之外，西方近代也有不少贤哲围绕责任概念展开论述。培根将责任理解为维护整体利益的善，因此“务守对公家的善，比维持生命和存在更要珍贵得多”（周辅成，1987）。当然，对责任论述最多、最推崇责任的是德国古典哲学创始人康德（2012），他在《道德形而上学》一书中对责任问题进行了详细阐述。康德认为责任是一切道德价值的源泉，人们履行自己的责任就是善的美德，违背责任就是恶德；他认为责任是尊重客观规律而产生的行为必要性，是人的一种必要的自我强制和约束，是从先天善良意志出发的绝对命令。每一个在道德上有价值的人，都要有所承担，没有任何承担、不负任何责任的，不是人而是物件。黑格尔（1961）也曾说，人与其他生物之间的一个重大的区别在于，只有人才能对他们所做的事负起道德上的责任。可见，哲学家们主要从道德和善的角度，从人类社会存续、发展的宏观层面来定义责任，论证个体承担责任的必要性。

从社会学意义上讲，责任是社会良性发展的道德基础，责任与社会是伴生并存的，它随着人类社会关系产生而产生（沈国桢，2001），社会成员间责任依存关系的建立是社会得以生存和发展的前提（王健敏，2002）。因此，社会学视域下人们大多从人与社会的关系的角度出发探索责任的本质。马克思主义理论中的个人与社会关系学说、自由与责任关系学说都对责任的范畴进行了详细的阐述。马克思从历史唯物主义的立场、观点和方法出发，从社会关系的视角来研究人的存在和人的本质。人作为社会关系的存在，必然要承担对自我和现实世界的责任，人是社会人，就决定了他必然是责任人。责任是人类个体生存、发展和实现自我价值的产物，是人类长期的自由选择的结果（马克思 等，1979）。自由与责任关系学说认为，自由与责任是对立统一的辩证关系，一个人的责任的大小与其所享有的自由程度是密切相关的（马克思 等，2012）。社会学家涂尔干（2006）从社会整体发展的角度来论述道德的产生及其作用，他认为道德具有调节作用，是社会秩序形成的前提，道德共识与逻辑的一致性是社会延续的基础。涂尔干认为培养具有道德性的人是社会运行的基础，而群体生活又是培养道德精神的主要途径和方法。人是社会中的特定角色，社会的运转和发展依赖于个体的个人角色的承担和义务的履行，只有每个个体做好自己本分的工作，社会才能存在和发展；要具有这种履行义务的角色职责，人必须在社会群体中经过社会化的过程，通过社会的教化，掌握特定社会生活的义务与行为规范才能实现。鲍曼（2002）认为人的本质是一种道德存在，人与人处于“相依”的状态，既要面对他者的挑战，还要为他者承担责任。随着社会发展，道德责任凸显出它的人际价值，成为社会调整和社会良性发展的基础。可见，社会学领域大多从人与群体、社会的关系视角来强调责任贯穿于人类社会发展的始终，维护着社会的发展与稳定。

从心理学视角理解责任问题，必然首先剖析责任的心理结构。从个体道德发展的宏观层面出发对道德责任进行阐释，较早可追溯到皮亚杰的儿童道德研究。皮亚杰（1992）认为儿童的责任判断是从他律向自律发展的过程，他用编造的对偶故事测评了儿童的责任感，区分出客观责任感和主观责任感，由此构建了他的道德认知发展三阶段，即前道德阶段、他律道德阶段和自律道德阶段。科尔伯格在皮亚杰认知发展心理学基础上，使用编造的两难故事测评儿童和青少年的责任心，构建了“道德发展三水平六阶段”理论，旨在探索个体在道德困境下对社会规范的认知程度，培养个体对集体或社会的共同价值，增强个体对社会、集体的责任感和相互间的信任（Kohlberg，1976）。林德（2008）则在皮亚杰和科尔伯格研究基础上发展出了道德责任的双侧面理论（Dual-Aspect Theory），认为道德行为包含理想准则和按照准则进行推理的能力两个方面，并进一步提出情感和认知是平行发展的，情感在行为中表现并依赖于认知结构和能力。由此来看，皮亚杰和科尔伯格深入探讨了道德责任的认知方面，而林德则更进一步提出了道德责任的情感层面，这给心理学领域责任的研究者以很大启示。比如，史伦科等人（Schlenker et al.，1994）提出的责任结构的三角模型主张，任何特定情境条件下的责任都可以理解为事件、规范以及身份三者之间的互动。国内心理学家朱智贤（1989）认为责任心是个性心理的重要品质，一个人对其所属群体的共同活动、行为规范以及他所承担任务的自觉态度，包括责任认知、责任感、负责行为三种成分。所以心理学科倾向于从个体责任的发生、发展及其内在结构出发，围绕认知、情感、行为等因素对责任进行阐释。

教育学领域大多从教育哲学的角度来围绕“道德”这一综合概念对责任进行探讨。此外，教育学领域里还有很多关于如何培养个体责任意识或如何进行责任意识教育的论述和研究。比如，杜威（1990）从实用主义哲学和民主社会观出发提出了自己的道德观，认为道德是在具体经验中解决实际问题的能动的善，是经验由糟到好的持续改善过程；道德发展的过程不是遵守规则的过程，而是理性运用的过程。国内教育学者也多从道德的角度来阐述责任，或从教育的其他角度顺带论及责任问题。如叶澜（2001）认为负责是对每个人在人生各阶段承担的多重角色的共同性道德要求，并在人生的不同阶段通过不同的方式和内容表现出来，也具有不同的层次性。鲁洁、王逢贤（2000）在《德育新论》指出自由、自主是责任产生的基础和根本前提，没有自由则没有责任，自由的度和责任的量有密切关系，剥夺学生自由决定和自由创造的权利，也就取消了他们负责的内在依据。肖川（2002）在《教育的理想与信念》中指出，“责任一直和个人自由是互相联系的两个方面，只有当一个人能够如他所期望的那样从一开始就自由行动时，我们才能对实际上发生的事情追究责任，也就是说，自由意味着责任，责任要以自由为前提”。

总之，不同学科领域对责任的关注点有所不同，对责任的理解各有裨益。

3. 中西文化中责任观的差异

在不同文化背景下，人们对责任的认识和理解又是怎样的呢？一些关于跨文化的研究发现，中西方对责任的观念、认知存在差异，尤其体现在对责任范围的认知差异上。

冯友兰（2007）指出：“中国传统文化比较重视人与自然、人与人之间的和谐统一；西方近代文化则比较重视人与自然、人与人之间的分别和对抗。”由此，中国传统文化更加关注群体或社会人格，认为个体只是群体的一分子；而西方文化则更加关注个体人格，认为群体只是独立个体的组合。中国人在具有几千年历史文化底蕴的传统文化下成长，中庸、和谐、兼爱的传统文化使得其形成了独特的责任观；西方文化起源于古希腊和古罗马文化，推崇个人主义思想，认为个人的权利和自由是社会生活的重要组成部分（张元，2009）。

西方伦理学把责任和自由联系在一起，强调责任从自由而来，真正的责任首先应该是指向个人的，因为个人才是最真实的，更强调的是每个人在对国家、对他人尽义务时，不可忽视自我实现、自我发展这一最基本最切实的责任。中国伦理学则把责任和天意关联在一起，强调责任从天意而来，责任首先应该指向群体，因为群体才是最真实的，群体的利益不仅高于一切，而且就是一切（侯忠海 等，2007）。

中国文化背景下的个体倾向于对更大范围的事件和行为结果承担责任，不仅承担最直接结果的责任，而且对间接的、末梢的结果给予更多的责任。如徐复观（2005）说："齐家、治国、平天下，在中国知识分子的人生观中，认为这是修身所要达到的目的，亦即是认为家、国、天下与自己之一身，有不可分的关系，因而对之负有连带的责任感。"而西方文化背景中的个体倾向于对事件和行为的最直接结果承担更多的责任（陈碧云，2008）。这一点在麦达克斯和威廉（Maddux et al.，2005）的研究中得到了证实，他们发现，东亚人比西方人对行为做出更广泛的归因。此外，中国文化背景中的个体倾向于对更多的人和事承担责任，一向强调个体肩负的社会责任，孔子的"当仁不让"，孟子的"舍我其谁"，都显示了中国人独特的责任观。而西方文化背景中的个体倾向于只对自己承担责任，个体的责任是以自我为中心的，如果要求个体承担社会责任和义务，就被视为阻碍个体成为机能完善的人（Kasser et al.，1999）。当然，西方文化同时也强调在社会中追求个人自由的同时不影响他人的权利。比如萨特说："只要我承担责任，我就非得同时把别人的自由当做自己的自由追求不可。"（萨特，2012）由此可见，人们对责任的认知和理解受社会文化的制约和影响，关于责任的研究中必然要考虑文化因素。

4. 责任研究常见术语比较

责任是一个多学科介入的复杂社会文化主题。不同文化背景下、不同学科领域中表述"责任"时，所使用的术语都有所不同。如西方国家较多使用"公民责任、公民职责"等，强调个人责任；而在东方国家中，"社会责任感、国家意识"等术语更频繁地出现在研究中，更聚焦于集体责任。不同学科领域中对责任探究的侧重点不一样，所使用的术语也不尽相同，如德育领域更多使用“社会责任感、责任意识”等术语，而心理学科倾向于研究“责任心”这一概念。不同术语仅代表了具体语境以及研究的侧重点，并无严格的内涵界限之分。这样，必然存在交叉覆盖、相互解释的情况。本研究通过对国内外相关研究的分析与归纳，总结出以下几种主流术语。

1）国外责任研究常见术语

在西方文化中，责任的概念来源于义务（accountability），义务至今仍被看作责任（responsibility）的同义词出现在很多研究中。如有学者（Lerner et al.，1999）在关于义务的研究中将责任定义为：个人对于他人有关认知、情感和行为做出评价时所体现出来一种显性或隐性预期。还有学者（Quinn et al.，2002）认为，责任就是个体对其决定和行为负责的一种状态。国外心理学领域诸多关于责任的研究中经常使用 responsibility，一般译为“责任心”（McCormick et al.，1999；An et al.，2001；Winter，2007）。Harris（1954）认为，责任心不仅仅是一种能力、知识或才能，更是一种态度。Berkowitz（1968）将社会责任（social responsibility）定义为：在没有报偿的情况下，个体能够积极帮助他人的行为动机。Schlenker（1994）认为，责任心通常指个体通过承诺和履行符合社会规范的言行来对社会和别人负责的过程，包括由道德或法律确定的责任，以及与社会角色相应的职责。还有研究者认为，责任心是个体对履行或遵从社会规范的倾向（Auhagen et al.，2001），是一种受情境或事件影响的心理和行为活动过程，其成因则是个体内化了的行为规范或自我规定（Auhagen，2002）。

可见，国外对责任心的界定强调个体对待需要履责的事件的态度的重要性，以及对角色行为规范的内化和履责的倾向性。这对于界定责任和责任意识具有借鉴意义。

2）国内责任研究常见术语

“责任感”一词是国内学界使用最为频繁的一个术语，常见于教育学，尤其是思想政治教育研究的相关论述中。《心理学大辞典》（林崇德 等，2004）中，责任感（sense of responsibility）是个体在道德活动中因对自己完成道德任务的情况持积极主动、认真负责的态度而产生的情感体验，反映个体对承担任务负责的积极情绪体验和明确归因，决定道德任务的完成程度以及在没有完成时个体感觉到有过错或罪过的程度。其强弱程度受以下因素影响：①对道德任务要求的理解；②对道德任务情境的正确感知；③对完成特定任务所需各种能力的清醒认识；④对自己行为后果的预见；⑤对自己行为后果是否敢于承担责任等。在个体道德发展的早期有明显表现。若在社会和教育影响下没能培养起来，则会对个人道德的健康发展造成严重障碍。从德育角度看，责任感是道德情感的重要组成部分，对自己在道德活动中完成道德任务的情况是否满足的总体判断（杨茹 等，2012）。诸多关于责任的研究对责任感的定义并不一致。如谭小宏、秦启文（2005）在关于责任心的研究中指出，责任感是责任心的一个维度，是指一个人对自己的言论、行动、许诺等持认真负责、积极主动的态度，并随之产生的情感体验和反应。陈会昌（2004）在《道德发展心理学》中指出，责任感是指“个体对自己在承担人类社会和自身发展责任中做出的行为选择、行为过程及后果是否符合内心需要而产生的态度体验”。谌旻明（2012）对责任感进行综述后认为，责任感是个体对责任所产生的主观意识，是一种自觉主动地完成分内职责的心理状态。刘国华等（1997）提出责任感又称为责任情感，它是指个体在社会生活中强烈希望履行自己应尽责任的一种情感态度，它是在一定的责任认识的基础上形成的。综合来看，诸多研究者都倾向于认为责任感包含情感色彩成分，其内涵重在强调个体履行应承担义务与职责的自觉态度和随之产生的情绪体验。

“责任心”的概念界定、结构、测量以及影响因素等问题是心理学中的重要研究课题，国内外许多学者都从不同角度对责任心进行界定。朱智贤（1989）主编的《心理学大词典》认为，责任心是个性心理的重要品质，指一个人对其所属群体的共同活动、行为规范以及他所承担任务的自觉态度，包括责任认知、责任感、负责行为等三种成分。刘国华、张积家（1997）把责任心定义为：个体积极履行责任的态度特征和行为倾向，是个体对自己责任的自觉意识和积极履行的行为倾向。在西方心理学中，道德研究、认知心理学、社会心理学等领域常用 responsibility，一般译为“责任心”，也有人译为“责任感”“责任意识”等；人格心理学、管理心理学领域常研究 conscientiousness，较多译为“尽责性”（李明 等，2009）。综上所述，责任心是一种重要的社会性品质或人格特质，包含个体自觉履行责任的态度意识和行为倾向。

“责任意识”的概念亦较多见于思想政治教育和德育等研究领域。其所包含的意义相当广泛，基本上涉及责任认知、责任情感、责任行为的每一个方面。例如在殷尧（2006）的一项研究中，对责任意识内涵的定义是：责任意识是指社会群体或个人在一定社会历史条件下所形成的为了建立美好社会而承担相应责任、履行各种义务的自律意识和人格素质。从德育角度来看，责任意识是指个体对自己在人类社会和自我发展中所承担的责任的一种意识，是对自己在道德活动中完成道德任务的情况是否满足其道德需要而产生的情感体验。从社会实质上看，人的责任意识反映的是人的价值问题，即社会对个人的尊重和满足，以及个人对社会的职责和贡献。另一项有关道德责任意识的研究，对道德责任意识的定义与上述界定有近似之处，但更多强调的是道德责任行为的自觉性和执着性，认为道德责任意识即为承担意识，是为了追求正义，自觉地做出自我牺牲的精神（杨文军 等，2006）。此外，一些研究者将责任意识等同于责任心或责任感（叶浩生 等，2008；石瑞宝，2015）。其中叶浩生、杨文登（2008）认为责任意识应该是对责任的客观认知与主观体验，主要包括责任认知和责任情感两个方面，其中责任认知是对责任客观方面的认知，体现的是责任意识的认知维度，责任情感是对责任的客观方面的主观认同及情感体验，反映的是责任意识的主观价值维度。基于上述定义，可以发现，尽管研究者对于“责任意识”的内涵还未达成一致，但基本上围绕责任认知、责任情感、责任行为等要素来进行界定，由于不同研究侧重点不同，界定也显现出一定的差异性。

综上所述，责任意识、责任心二者之间没有本质区别，都强调个体对责任的认知和个体积极履责的行为倾向性。

对责任行为进行界定的研究较少，比较有代表性的是刘国华、张积家

（1997）所提出的定义，责任行为是指个人履行责任和义务的行为方式和行为习惯，是在责任认知的指导下、在责任情感的驱使下产生的，它的实施离不开个体的责任行为能力和履行责任的意志和习惯。谭小宏、秦启文（2005）认为责任行为指主体在做出责任判断后采取的行动，它监督自己与其他成员遵守群体规范并促使共同活动的顺利进行，责任行为是构成责任心的落实因素。很多研究一致认为责任行为是责任心的维度之一（朱智贤，1989；陈会昌，1985；姜勇 等，2000），但也有反对的声音认为，责任心作为一种心理现象，是行为的内在决定因素之一，但不能包括责任行为。

实际上，责任行为与责任心是责任的重要维度，二者为并列关系并相互影响，责任心使个体产生了责任行为的倾向性，在环境条件和自身条件具备的情况下，会产生责任行为。而责任行为的产生会进一步增强个体的责任心。但二者都是责任这一大概念下的子维度。通过对责任感、责任心、责任意识、责任行为等相关概念的分析，我们认为个体的履责过程应包含责任意识、责任行为和责任体验三个可以明确划分的心理行为层面。此外，责任意识起着决定性的作用，它是个体履责与否的前提，同时它也受其他两个层面的影响。

2.2 责任的结构及其分类

1. 责任的结构

通过以上综述可以发现，在国内外诸多关于责任的研究中，不仅所使用的术语有所不同，内在结构或维度划分也存在差异。不同研究者从不同的研究对象、研究目的出发，进行了划分，具体归纳如下：

1）责任的二分结构

有关责任结构的研究视角和研究切入点差异比较大。具有代表性的有责任二分结构模式，如伯巴克伯（Birnbacber，2002）将责任分为事前责任

（exante responsibility）和事后责任（expost responsibility）两类。事前责任将责任看作预期的、未来取向的；事后责任是一个人对自己过去的某些受托于人或被忽略的行为应承担的责任。从事前责任和事后责任的划分可以看出，事前责任是还未履行的责任，具有对人的角色期待和个体自身责任意识或责任心的性质，而事后责任则表现为当个体未能履行角色期待时的行为后果。该划分方法仅对事件发生前后的责任进行了划分，没有对责任主体、责任主体的自觉以及责任的内涵和外延等进行更深入的探讨。

奥海根和比尔霍夫（Auhagen & Bierhof，2001）主张责任包含积极与消极两种内涵。当人们用以表明一种行事的义务和要求时，“责任”一词在性质上有一种积极的含义；而当事件发生导致罪责、处罚或谴责时，责任的消极面就可能会出现在日常生活中。沙夫和舒特（Shaver & Schutte，2001）也主张从事件所涉及的结果来看，责任包含积极和消极两个方面：赋予责任可能是感知者与行为者之间人际协商的开端，无论感知者是社会、法律、某个熟人抑或是责任者自身，这个过程通常开始于一个清楚或含糊的问题：“你为什么那样做？”责任者对问题的回应可能是个托词、辩解、否认、抗辩，或是一种间接防卫，从这个意义上看，责任总是涉及消极事件或结果；但并非只涉及消极的结果，现实生活和研究将责任用以解释人们对一项任务意欲（和实际）取得积极结果的自我约定的程度时，责任便具有了积极的性质。这里所谓的积极的责任类似于伯巴克伯所说的事前责任，消极的责任则类似于事后责任。

除了上述两种分类模式之外，还有一种责任二分结构模式，即把责任区分为社会责任和个人责任（Montada，2001）。社会责任主要指个体对他人的责任，这种责任的产生通常基于责任主体与责任对象间的特定关系。个人责任是指人们对于自己的行为以及行为后果的责任。总体而言，伯巴克伯的事前和事后责任理论主要倾向于心理哲学层面的探索，强调对责任认定、归咎的情境要素以及责任主体对责任的认知、推断、承担等问题的一般性探讨。相对而言，沙夫和舒特等人的责任研究，心理学意味则浓了很多，他们主张要弄清责任的内在心理过程，首先应全面探明影响责任形成和责任体验的心理学基础。这个基础主要包含三个不同的方面：一是责任产生的社会背景，二是责任适用的基本条件，三是责任判断的过程。

2）责任的三因素论

持有三因素论观点的研究者大多是从责任心的角度出发进行探讨。国外对责任心结构的研究主要以史伦科（Schlenker，1994）的三角模型为代表，他指出责任心由责任规则、事件和主体三个要素构成。我国大部分学者认为责任心是个性心理的重要品质，由责任认知、责任情感和责任行为三个部分组成（况志华，2012；李伯黍 等，1998；朱智贤，1989；陈会昌，1985）。但也有研究者持有不同的观点，如李明、叶浩生（2009）认为责任心作为一种心理现象，是行为的内在决定因素之一，但并不包括责任行为。他们通过整理责任心相关的定义，并对定义进行归类整理，认为责任心是由静态的责任品质、责任情感、动态的责任认知三个不可分割的侧面构成，且它们在相互作用中影响责任行为。燕国材（1997）认为责任心是由责任认知、责任情感、责任意志、责任行为等四个因素构成的一种个性品质，责任认知是构成责任心的基础因素；责任情感是对责任的体验，也是构成责任心的动力因素；责任意志构成责任心的维持因素；责任行为是构成责任心的落实因素。事实上，上述认为责任心由责任认知、责任情感和责任行为构成的学者并不是否定责任意志的存在，而是将责任意志作为履行责任行为的必要元素，是责任行为的一个构面。由此来看，责任心基本涵盖了责任认知、责任情感、责任行为三个维度，它们反映了人的责任心心理现象的共性。此外，有关责任感结构的研究表明，大学生责任感的内在结构由责任内涵、责任生成和责任实现三部分组成，其中责任内涵描述责任的具体内容，形成从国家层面到个体层面的纵向责任结构，以社会关系为基础形成各领域的横向责任结构；责任生成揭示责任产生的机制和条件，形成客观社会关系与主体明确意识交互作用的动力机制；责任实现就是创造条件促使责任内容和目标变为现实的过程及结果，是各种行为主体在特定社会背景下履职尽责的过程（肖云忠，2015）。可见，因对责任心内在结构划分的依据和视角不同，导致其内在结构的相关术语也有所差异。

3）责任的多因素论

国内有研究者从责任关系的对象入手把责任心划分为不同成分，如姜勇、庞丽娟（2000）探讨了幼儿责任心维度的构成，结果表明幼儿责任心是一个包含多个相互关联维度的整体，主要有自我责任心、他人责任心、集体责任心、任务责任心、承诺责任心和过失责任心等六个维度。有研究通过文献和理论分析建立了一个多层次多维度的中学生责任心构想模型，该模型将责任心区分为多个层次（总体、一般和特殊）和多个维度（任务与过失），按抽象程度的高低依次为总体责任心、一般责任心和特殊责任心，一般责任心包括任务和过失两个维度，特殊责任心包括学业责任心、家庭责任心、他人责任心、集体责任心、社会责任心五个方面的具体内容，同样反映出任务和过失两个维度（黄希庭 等，2008）。张积家（1998）则认为，责任心包括责任认知、责任情感、责任行为、责任动机和责任能力五个维度。国外持多因论观点的研究倾向于从责任心特点角度对其结构进行划分，将责任心看作一种人格特质来探索其组成成分。如在人格的 AB5C 模型（abridged Big Five dimensional circumplex）中，责任心存在九个维度：尽职尽责、灵敏高效、谨慎细心、忠诚敬业、理性严格、坚定果断、尽善尽美、有条不紊、规整守序等九个特质（Hofstee et al.，1992）。而科斯塔等（Costa et al.，1992）在 NEO-PI-R 问卷中定义的责任心的维度包括：自信、有条理、可依赖性、追求成就、自律、深思熟虑、胜任力等。

综上所述，责任包含多种心理成分，涉及多个维度。当前，研究者们对责任结构的研究还存在较大的分歧：①对责任结构是从心理过程角度还是从责任对象角度以及其他视角划分存在分歧；②个别研究者划分责任的结构的各维度相互重叠，没有比较清晰的理论依据。但就责任心理结构而言，基本上都赞同责任认知、责任情感和责任行为是构成责任心的三个必要成分。

2. 责任的分类

关于责任的分类，学界主要有以下标准。按责任的性质和内容划分，有政治责任、经济责任、道德责任、法律责任、技术责任和伦理责任。按责任的主体划分，有社会责任、集体责任、家庭责任、个人责任等。按照所涉及的范围和责任的对象划分，有简单的二分法，将责任分为自我责任和社会责任。社会责任主要指个体对他人的责任；自我责任指人们对于自己的行为以及行为后果的责任（Bierhoff，2001）；也有研究者把责任划分为对社会的责任、对集体的责任、对他人的责任、对自己的责任（姚恩菊，2018）；还有学者主张应包含更广泛的责任对象，如对国家的责任，对生态环境的责任等（胡卫，1994）。按责任的认定程序分为追溯性责任和前瞻性责任。按照责任主体与其所负责任之事物的关系分为能力责任与角色－任务性责任（甘绍平，2002）。从承担义务的强制程度上将责任分为法律责任和道德责任（沈国桢，2001）。

责任划分标准不一，选取何种划分类别，主要根据各自研究所需。目前关于责任的分类，普遍认为责任涵盖国家、社会、家庭、个人四个层面。我们认为责任的分类还应加入人类和组织两个层面。加入人类层面是因为人类只有一个地球，各国共处一个世界。党的十八大提出的“人类命运共同体”理念中倡导的国际权力观、共同利益观、可持续发展观和全球治理观，深刻地阐释了不论人们身处何国、信仰如何、是否愿意，实际上整个人类社会就是一个命运共同体，每个个体都应为人类这一命运共同体承担该承担的责任。加入组织层面，是因为在社会与家庭之间还有各种各样的企业、团体或组织，它们是构成社会的基本单元之一，但又比家庭的范畴大，所衍生出的责任内容也不同。

2.3 责任及其培养的相关理论

1. 道德认同论

美国学者琼斯和瑞恩（Jones et al.，1997）认为现有的组织伦理决策模型无法解释道德判断和实际道德行为之间的不一致，故而在现有的道德哲学与社会心理学理论研究基础上，提出了一个组织伦理决策的道德认同（moral approbation）模型，以期能够合理解释道德判断与道德行为之间的不一致。这一模型与以往的大多数模型一样以社会心理学家莱斯特的个体伦理决策与行为四阶段模型为基础。莱斯特（1986）把伦理决策解释为一个包含四个阶段的伦理决策过程，即认识道德问题、做出道德判断、形成道德意向、从事道德行为。不同于以往的组织伦理决策模型，这一模型把研究的焦点集中在道德行为者做出道德判断后与建立道德行为意向之前，认为这之间还要经历若干环节，如道德认同，对于个体道德行为的产生至关重要。那么道德认同作为道德行为产生的重要环节，其有什么特点，发挥作用的机制是怎样的呢？阿奎诺和里德（Aquino et al.，2002）对道德认同进一步展开了研究。他们将道德认同定义为围绕一系列道德特性组织的自我概念，是一个人持有的有关道德特征的心理表征，是道德自我的认知图式。他们认为，如果认同深深地连接于一个人的自我概念，它会倾向于长时间相对稳定，但并不意味着道德认同是一个个性特征，它与一个人社会自我图式的其他社会认同一样，会被情境或个体差异变量激活或抑制（Daphna et al.，2009）。道德认同具有动机功能，会激发个体道德行为，如表现出较多的志愿服务、慈善捐赠和组织公民行为，较少的欺骗和反社会行为。道德认同图式影响着个体对社会情境信息的解释（Aquino et al.，2009），促使高道德认同者更倾向于激活道德自我调节功能，更重视自我道德承诺，且更容易抑制违反道德规范的认知和行为，保持行为与道德标准的一致，自我概念中的道德特质更容易被激活和提取（杨继平　等，2015；Rupp et al.，2013）。然而，对低道德认同者而言，道德品质在自我概念中并不占据核心地位，自我道德图式也不易获取或不易被情境所激活，在进行社会信息加工时较少从道德角度衡量自己（Rupp et al.，2013）。可见，个体道德行为的产生依赖于其在自我概念中对道德品质的认同程度。

在道德认同代表的联想认知网络中，道德联想的强度反映一个人道德认同长期重要的程度（Winterich et al.，2009）。道德认同自我重要性有两个维度：私下的内化维度和公开的表征维度（Aquino et al.，2002）。道德认同内化指的是道德特质对个体自我概念的重要性程度，而道德认同表征指的是个体是否期望将这些道德特质体现于其外部行为中。不管是道德认同内化还是表征，个体在道德相关心理和行为上都存在差异。首先，与道德认同内化者相比，道德认同表征者的道德品质的激活和提取受到情境的制约。例如，内化道德认同较高者无论是否获得社会认可都愿意从事亲社会行为，但是表征道德认同较高者只有在获得社会认可时才愿意从事亲社会行为（Reed et al.，2007；Winterich et al.，2013）。其次，高道德认同内化的个体有更广泛的道德关怀边界（Reed et al.，2003），他们会表现出较强的帮助外群体成员的道德义务，对帮助外群体成员有更积极的态度、意愿和行为。再次，道德认同内化上得分不同的个体会对道德相关行为产生不同的反应，阿奎诺等（Aquino et al.，2011）发现，在阅读完非比寻常的善行后，高道德认同内化的个体比低道德认同内化的个体经历更强烈的道德提升情绪，有更正面的人性观点，更想要成为一个更好的人，而且高道德认同内化个体更可能回忆起不寻常的道德善行，并且经历道德提升。最后，相比于低道德认同内化的个体，高道德认同内化的个体会更努力地坚持道德自我形象，更可能对他们之前的不诚实行为做出补偿性的反应（Mulder et al.，2013）。

综上所述，个体道德行为的产生依赖于个体对道德品质的认同程度，且道德认同内化与表征的程度不同也会影响个体内在情绪体验和外在行为表现。该理论的启示是，个体对责任的认同也可能是其责任行为产生机制中一个必不可缺的要素，无论是内化认同还是表征认同，都影响着责任情感体验和责任行为的表现。

2. 道德四因素论

科尔伯格和他的弟子利斯特提出的道德四因素理论得到了诸多研究者的肯定，认为其比较完整地体现了道德的不同层面（杨绍刚，2007）。道德四因素分别是道德敏感性、道德判断、道德动机、道德特性。利斯特（Rest，1999）强调这四个因素代表道德行为产生的过程，而非特质。道德敏感性包括在某种情形下哪些行动是可能的、谁是相关者、行动的结果会有怎样的影响，还包括移情、观点采择等。道德判断是被研究得最多的因素，它是指在特定情境下，应该选择哪些行为的决策判断过程，这也包括在特定情境下需要考虑不同人的需要和利益，科尔伯格研究的道德两难问题是典型的例子。道德动机是关于个体的价值优先性，更具体地说，就是相对于其他价值，个体赋予道德价值更大的优先性。利斯特认为道德动机的主要功能是从几种理想的竞争性价值中进行选择以及决定是否尽力去达成一个人的道德理想。研究者普遍认为，价值优先性对于理解和推测个体的态度及行为决定起到至关重要的作用（Myyry，2003）。道德特性则主要指个体在道德行为执行中的自我调节，即便道德四因素中其他三者都确定了，在执行时仍需要个体的自我调节，才能持之以恒，以达到期望的目标。

借鉴利斯特的道德四因素理论，可将责任分为责任敏感性、责任判断、责任动机以及责任特性四个部分，这有助于结合认知、情绪等多方面因素具体地对责任行为的心理过程进行探索。

3. 自我决定论

自我决定论是由美国心理学家德西和莱恩（Deci et al.，1985）等人在 20 世纪 80 年代提出的一种关于人类自我决定行为的动机过程理论。刘海燕、闫荣双、郭德俊（2003）比较详细地介绍了源自该理论的自我决定动机之含义和分支理论。他们认为，自我决定是一种关于经验选择的潜能，是在充分认识个人需要和环境信息的基础上，个体对行动所做出的自由选择。该理论认为人是积极的有机体，具有先天的心理成长和发展潜能。自我决定的潜能可以引导人们从事感兴趣的、有益于能力发展的行为，这种对自我决定的追求就构成了人类行为的内在动机。德西和莱恩（Deci et al.，1985）认为，自我决定不仅是个体的一种能力，而且是个体的一种需要。人们具有一种基本的内在的自我决定倾向性，这种倾向性引导人们从事感兴趣的、有益于能力发展的活动，从而实现与社会环境的灵活适应。自我决定论关注人类行为在多大程度上是自愿的或自我决定的，强调自我在动机过程中的能动作用，重视个体的主动性与社会情境之间的辩证关系。

自我决定论最显著的特色是辨识出人们从事活动的三种动机，即内在动机（intrinsic motivation）、外在动机（extrinsic motivation）和去动机（amotivation）。内在动机指由于自己的兴趣和活动本身的乐趣而从事活动的动机；外在动机指为获得活动所能带来的外在结果而从事活动的动机；去动机指缺乏从事活动意图的动机（Ryan et al., 2000a）。自我决定论进一步区分出外在动机的不同类型。人类具有内生的吸收、同化和整合社会赞许的行为、价值观和规范的倾向。由于个体对这些外部行为、价值观和规范的内化与整合程度有差异，导致了人们从事非内在激励的行为时可能呈现出不同类型的外在动机，即外部调节（external regulation）、摄入调节（introjected regulation）、认同调节（identified regulation）和整合调节（integrated regulation）。外部调节指依赖于外部条件，为获得行为所能带来的工具性结果而从事活动的动机；摄入调节指个体吸收外部规范或价值，但并没有完全同化这些外部规范或价值，为避免焦虑、愧疚或为提高自尊而从事活动的动机；认同调节指个体认同所从事活动的价值，感觉到活动对自身是重要的而从事活动的动机；整合调节指个体认同活动的价值并整合为自我价值的一部分而从事活动的动机（Ryan et al., 2000b）。他们（Ryan et al., 2000b）依据不同外在动机类型的自主性程度，将外在动机的类型依序排列在一个连续体上，从最少自主的外部调节、部分自主的摄入调节、充分自主的认同调节到完全自主的整合调节，再到内在动机。据此他们提出自主性动机（autonomous motivation）和控制性动机（controlled motivation）两种类型动机。自主性动机是指从事活动时具有充分的意愿感、意志感和选择感的动机，包括内在动机以及整合调节和认同调节两个外在动机类型；控制性动机是指从事活动时具有被外部条件或内部心理强迫或控制感的动机，包括外部调节和摄入调节两类外在动机。

自我决定论认为自主（autonomy）、胜任（competence）和关系（relatedness）三种基本心理需要是个体心理成长、内化和心理健康必备的条件。“自主需要”指个体体验到依据自己的意志和选择从事活动的心理自由感；“胜任需要”指个体体验到对自己所处环境的掌控和能力发展的感觉；“关系需要”指个体体验到与别人联系，爱和关爱他人以及被爱和被关爱的感觉（Ryan et al.，2017）。当环境满足个体的自主、胜任和关系三种基本心理需要时，就会体验到活动的意愿感、意志感和选择感，增强或维持自主性动机，此时行为就会更为持久，质量更高，最终产生更有效的行为结果，增进个体的身心健康。

自我决定论虽然是一个有关动机过程的理论，但该理论对于理解责任的内涵和深入探讨责任的心理机制却有很多可借鉴的地方。比如从外部动机到内部动机的转化过程、人的三种基本需要等对于理解个体责任意识或责任心的形成，以及个体勇于承担责任的内在心理机制等具有启发意义。

4. 道德责任双侧面论

从心理学的视角来说，责任的形成过程并非将社会道德伦理和法律规范简单地、机械地“写入”个体认知结构，而要经历个体的建构和诠释。通过个体主观建构和诠释后的责任作为个体独有的思维方式和行为规范成为认知结构的有机组成。责任心涉及心理活动的方方面面，且不断发展。目前关于责任心结构的研究大多属于静态结构研究，不能很好地解释责任心对行为的影响机制，未来研究需要引入动态的、发展的多水平研究。

由于学界对责任心维度划分标准不同，责任心相关的理论呈现多元化。最早的具有代表性的是林德（Lind，1976）基于皮亚杰和科尔伯格对道德判断能力的研究所提出的道德责任的双侧面理论（dual-aspect theory）。该理论认为，①对个体道德描述必须包含情感和认知两个方面，即如果认为某种行为是道德的，个体不仅要有自己所认可的道德理念和原则，还要有能力将这些理念和原则贯彻到行为中去。因此，可以把道德判断能力更多地看作连接道德意图和道德行为的纽带。②由于可以明显地区分道德的两个方面，因此可以以一种逻辑上独立的方式对道德情感和认知两个方面分别进行描述和测量，但是，这两个方面是不可分离的，不能认为它们是两个独立的道德成分。③道德的这两个方面需要采用不同的方法来改变和提高，直接讲授或灌输道德观念的做法虽然有利于改变道德态度，但不能促进道德能力的发展，而教会学生一些处理问题的方法能更好地促进其道德能力的发展。④道德两方面的发展在时间上是平行的，也就是说，某种道德观点的获得总是伴随着道德判断能力的发展，道德观点为道德判断能力的发展提供了目标和理念，“平行发展”意味着两个方面可以在逻辑上加以区分和独立评估，但是它们在经验上是相关的。为此，林德在该理论基础上编制了著名的道德判断测验（moral judgment test），创造性地将心理实验设计与心理测量结合了起来，使用同一个测验来评估道德认知和道德情感两个方面，这使得测验结果更具有明确性。通过实证研究，验证了他的道德责任双侧面理论的正确性。

责任与道德在很多方面是相似甚至是重叠的，道德情感与道德认知的研究有助于进一步认识责任情感与责任认知之间的关系，道德认知与道德情感的测验也为责任认知和责任情感的测验提供了参考。

5. 责任三角模型论

史伦科（Schlenker，1994）等人提出的责任三角模型（triangle model of accountability，见图 2-1）由责任规则、事件和主体三个要素构成，规则与事件结合成为对规则的理解，规则与主体结合成为主体意愿，事件和主体结合成为主体对行为的控制。规则是指行为的编码或规则，包括外显的或内隐的有关目标信息、绩效标准和达到目标的合适途径。规则决定了人们在特定情境下应该做什么的标准，可以用来引导行为或者评价行为。事件是行为的单元和结果，人们和观察者为了评价而把它们看成一个统一的部分，该部分的大小决定于评价的目的。身份指的是人们的规则、品质、承诺和主张，它们是与情境相关的行为人的身份组成。在责任情境中，这三个要素对于行动者和评价者的重要性是不一致的。规则—事件联结指的是主体知觉到的适用于某事件的并应以此约束行为的一组清晰度不同的规则，当目标和规则被清晰定义，不存在其他可能的解释，也没有和其他潜在的规则冲突时，规则—事件联结的强度大。规则—主体联结是指对规则适用于具有某种特征、角色和信念的主体的知觉程度，代表主体对规则的认同程度，当特定的规则和人的一些特质（如个性特点、角色、信仰）相符时，规则—主体的联结强度大。主体—事件联结指的是主体与事件关联的程度，也代表主体对行为的控制，当人们有意图地引起某些特定结果，也有能力和自由去做这些事情时，主体—事件的联结强。随着知觉到的主体对事件的控制程度增强，联结也逐步增强。总之，史伦科等人以三要素间的联结解释责任心的强弱，把责任心定义为一种“心理黏合剂”，它把行为者与事件和相关行为规则关联了起来。但责任三角更像行为解释模型，而非行为预测模型。责任心的心理学研究不仅要解释既成责任事实，更要重视对责任行为的预测和干预。如果不能对个体真实的、内在的责任判断做出准确评估，就无法全面认知个体的责任心状况，也就难以保证行为预测和干预的有效性。

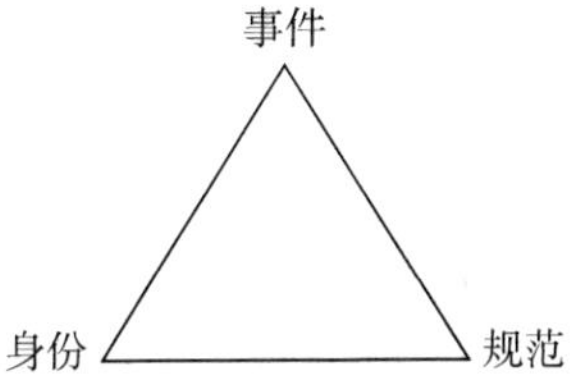

图 2-1　责任三角模型（Schlenker，1994）

6. 责任心三侧面模型论

基于西方责任心内涵、结构和理论建构模式，李明和叶浩生（2009）提出了一个三侧面模型的理论构想，将责任心界定为：责任心是影响责任行为的心理倾向、心理活动和心理内容的统一体，包括责任品质、责任情感和责任认知三个不可分割的侧面，它们在相互作用中影响责任行为，由此构成了责任心理的三侧面模型，如图 2-2 所示。其中，责任品质是个体在长期的社会化过程中由认知操作和责任情感塑造而来的个体特征，包括内隐和外显的各种与责任相关的动机、情感、价值观、效能感、信念、意志特征，以及在认知操作过程中表现出来的认知、行为和能力特征；责任情感是个体在责任品质基础上对情境进行认知操作前后出现的情感反应；责任认知则是具有某种特定责任品质的个体对环境条件和自我资源的认知操作，包括自我认知、人际知觉、角色认知、规则认知、结果预期等。其对象包括文化环境、社会规范、风俗习惯、任务要求、岗位角色等内容。三侧面模型能够体现责任心的整体性和可分析性，旨在为设计新的责任心测量工具、探索责任心各侧面及其子维度之间的运作机制服务。此外，该模型还通过引入时间轴，试图整合责任心的稳定性和情境性。责任心以个体的信念、价值取向为基础，一旦形成就不容易改变，这种稳定成分被称为整体责任心或一般责任心。同时，责任心还包括情感因素和对具体情境认知的影响，因而又具有波动性和起伏性。

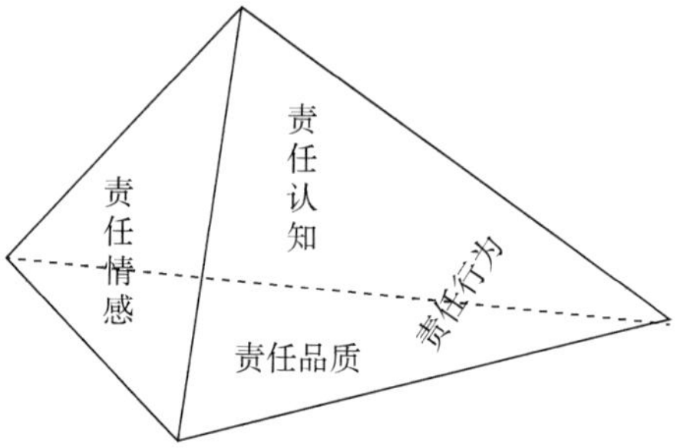

图 2-2　责任心三侧面模型

显然，不同理论的侧重点不同，道德责任心理论从责任心的发展与形成出发，通过两难故事或对偶故事等构成两难情境，对道德责任心的认知发展阶段与水平，在普遍意义上进行了描述和理论推断，构建了道德责任心的发展阶段模型，但把责任行为表现作为评判的依据并不能体现责任的心理维度。三角模型虽关注了责任心的影响因素及其互动机制，却未对其心理结构本身进行分析；三侧面模型在理论上体现了责任心的整体性和可分析性，还通过引入时间轴，试图整合责任心的稳定性和情境性，在方法上提出运用项目反应理论和内隐联想测验，但三侧面模型仅停留在理论构想阶段，尚未得到进一步的实证支持。

7. 责任归因论

韦纳把动机归因理论引入责任推断的研究中，他主张责任归因是个体社会性行为的起点，人们在对事件进行责任归因的同时也在进行责任推断，责任推断的不同结果会引发个体不同的情感体验并诱发不同的行为反应。韦纳注重归因过程的起源和控制性的作用，重视分析事件发生的起因部位和事件的可控程度，故而他主要从责任归因和推断的层面探究事后责任的心理结构问题。由此，韦纳（Weiner，1995）提出了他人责任归因与推断的双通道模型并对之进行了一系列的实证验证。在成就评估的责任推断研究中，韦纳将这种双通道模型描述为“失败→原因是不够努力→原因是可控的→有责任→愤怒→消极评价”和“失败→原因是能力所限→原因不可控→无责任→同情→不做消极评价”两条通道共同构成的。韦纳的双通道模型不再单纯地认为责任心是单一概念，而是将被试置于一定情境中，要求被试对现实或虚拟的其他当事人的行为及其结果进行责任归因和推断，同时要求被试对当事人可能产生的情感体验和行为反应做出评估，其核心是对他人责任归因与推断的心理结构与特征的研究。在韦纳（Weiner，2002）后期的研究中，他主张个体对于许多社会现象或情境的认知、情感和行为过程亦可以纳入这个模型之中。国内一些学者对该模型进行了验证、补充和丰富。如林钟敏（2001）验证了韦纳责任归因理论对我国学生的适用程度，探讨大学生对日常不同学习行为的控制程度的认知、责任判断、情感反应和帮助行为之间的关系特点，结果证明我国大学生对设定情境的反应同韦纳责任归因理论基本一致。然而，研究结果表明大学生虽在可控程度低的场合对各变量的判断与归因理论十分一致，但在可控程度高（如旷课）的场合对情感和帮助行为的判断与归因理论模式却不大一致。随后，韦纳责任归因理论的相关研究从成就领域转向人际责任归因领域，其中最有代表性的是张爱卿、刘华山等学者取得的有价值的研究成果，包括责任归因与报复行为的关系（张爱卿 等，2003），行为归因与批评程度的关系（张爱卿 等，2003），责任归因、幸灾乐祸与帮助意愿的关系（张爱卿 等，2004），同时还发现了责任归因存在某些群体差异和文化差异特征。

责任归因与推断的双通道模型为行为责任的推断提供了一个新的视角，但它仅适用于个体对于事后责任的解释，且该理论主要涉及对他人责任归因与判断过程的研究，并未涉及人们如何对自身行为及其结果进行归因与推断。

8. 社会规范激活论

社会规范激活论（norm activation model）是美国学者施瓦泽（Schwartz，1977）提出的用来解释助人行为影响因素的一套理论。社会规范激活理论强调个体的亲社会行为取决于被情境所激活的道德义务感的大小；同时，在特定情境下产生的道德义务感是由个人对规范和价值的认知结构所激发的。规范的激活是从社会规范开始的，社会规范是指那些社会中为多数人所认同的行为，它代表多数人的价值观及态度，但社会规范过于笼统，很难控制个体的行为，只有将社会规范内化成个体水平上的个人规范时，它才能影响到个体的行为（Schwartz，1970）。除此之外，施瓦泽还主张，这些个人规范的激活需要具备两个重要条件：首先，个体必须能意识到自己的某种潜在行为可能会对他人的福祉产生影响；其次，个体必须对自己的行为及行为后果承担一定的责任。因此规范激活理论由三个变量构成，分别是结果意识、责任归属以及个人规范。结果意识代表个体对自己行为后果严重性的意识程度。责任归属代表个体对于不良行为后果的责任感，有些人在发生不良后果时会将责任归咎于自身，而有些人会将这些责任推卸给其他人或其他某些原因。个人规范是特定情境下个体实施行为的自我期望，是被内化的社会规范，是个体内在的道德义务感。规范激活理论的重点在于个人规范与行为之间的关系。有关规范激活理论各变量间的具体关系，在学术界主要有两种解释：一种是调节路径模型，主张个人规范直接对个体的亲社会行为产生影响，而这种影响受到结果意识和责任归属的调节（Schultz et al.，1998；Schwartz et al.，1980）。另一种是中介路径模型，主张结果意识通过责任归属的中介作用激活个人规范，而个人规范的激活最终导致了亲社会行为的产生

（DeRuyter et al.，2000）。其中的中介路径模型更加被研究者认可并得到广泛应用。

综上所述，关于责任的相关理论为未来的研究提供了坚实的理论基础，可借鉴之处颇多，如从认知、情感、行为三个维度来探索责任的心理结构。但由于责任结构并不是完全静态的，而是动态发展的，个体所处的人生阶段、对责任的认同、内在动机、自主调节、责任归因等都可能以某种方式存在于促进个体责任行为产生的因子序列中。这有待后续研究去深入挖掘和探讨。

2.4　责任的培养途径

责任培养是道德教育的重要内容，它并不是孤立进行的，而是作为一个重要元素融入道德培养过程中，故而道德培养的途径和渠道也适用于责任培养。本研究将主要论述道德的培养途径。首先，就培养渠道来说，主要有学校、家庭、社会；其次，具体的培养方法和手段确实丰富多样，不同的德育实践中所使用的方式、形式各有千秋，但归结起来基本从学生的认知、情感、动机、行为等方面来培养学生道德能力。

1. 说服教育法

这是最基本的责任教育手段，也是目前普遍使用的方法。教师或家长借助语言劝导来教化学生，根据学生认识水平充分地陈述理由，使学生理解并接受某种责任观念和提高责任认知水平，改变或形成某种责任态度（谢志远 等，2006）。说服教育的方法易于操作，是学校德育教育的传统有效方法之一，但容易流于表面，需要融合其他德育方法才能让德育知识内化为学生的行为习惯。

2. 榜样示范法

榜样是社会所期望的道德内在要求的承载者，是人们借以模仿的对象。

榜样的力量就在于向他人提供现成的模式和途径，使行为准则、道德规范易于理解，易于效仿，成为影响、改变和激励他人行为的一种力量。社会心理学家班杜拉认为，人的学习活动是一个人的认知、行为和环境三者交互作用的过程，在这一社会学习的模式中，人的学习活动主要通过观察他人在特定情境中的行为，审视他人所接受的强化，把他人的示范作为媒介的模仿活动，他把这种发生在人与人之间的观察和模仿称之为社会学习。因此，树立一定的榜样，让学生进行模仿，有利于促进他们道德的形成和发展（李苑静，2017）。榜样示范的方法包括直接示范和间接示范，“学高为师，身正为范”就是教师的直接示范。教师以历史上或现实生活中负责任的典型事例为样板，鼓励学生见贤思齐，效法他们的行为方式和思维方式，就是间接示范。榜样示范的方法就是使大学生直观地认识到行为的责任正误性，进而自觉规范自身行为的责任取向。

3. 情境手段法

情境手段是针对受教育者的心理、情感等深层次的教育。情境手段的种类比较复杂，包括实验情境、说明情境、体验情境、责任两难情境、体谅情境、后果情境、冲突情境等。在对大学生进行责任教育时，应该多采用责任两难情境和冲突情境，让学生独立做出判断，培养学生的自主责任判断能力，进行责任考验和责任锤炼。也有研究发现应该多采用体谅情境，对于具有一定文化知识水平、一定思想品质修养和心理情感逐渐走向成熟的大学生而言，体谅或许比任何教育手段都有效（夏春雨，2006）。通过情境手段达到的教育效果往往是比较长效的、深刻的，有利于培养学生的责任情感，修正大学生的责任动机，也能适当地调节和引发大学生的责任行为。

4. 实践教育法

在责任情感、责任信念形成的过程中，学生的体验和实践是非常重要的。大学生只有在参加社会实践，在顶岗实习中体验到责任的重要，才能牢固树立责任意识（程东峰，2006）。在开展大学生责任教育过程中，应该有计划地向学生提供这种体验，引导学生通过践行来培养责任感。例如，组织学生开展志愿者、献血、义务支教等体现对他人、对社会责任感的实践活动，不仅可以培养学生的回馈责任意识，也使得学生感受到对社会、对他人负责本身就是人的自我价值和社会价值达到统一的过程，从而产生责任认识和责任行为相结合的需要，进而内化为责任意识和责任感。

5. 奖赏与惩罚结合法

教师在鼓励和奖赏学生的高尚行为、指导学生的正确行为时，往往同时以一定的消极语气、表情、体势等约束学生的不规范行为。在责任教育过程中适当运用奖赏与惩罚等辅助手段对责任教育会起到一定的推动作用。这是最典型的责任教育辅助手段。有研究显示，奖赏对大学生责任行为的强化功能、惩罚对大学生失责行为的抑制作用是责任教育其他手段无法代替的（夏春雨，2006）。当然，需要说明的一点是，奖赏与惩罚毕竟是一种辅助手段，在运用时需配合得恰到好处，不可多用、滥用、错用，否则将对责任教育起消极阻碍作用。

6. 责任讨论法

自集体教育制度形成以来，学生集体其实也是影响学生个体责任发展的重要因素。教师组织和指导学生以班级或小组为单位，围绕一定的责任问题展开讨论，就是一种学生集体教育学生个体的方法。责任讨论的教育意义不限于讨论的结果，即使集体讨论没有达成明显共识，讨论的过程也可能影响学生责任判断的发展；而且责任讨论的教育意义首先在于经学生集体共同讨论决定的公约、规则，有助于学生个体责任态度的改变（谢志远 等，2006）。它们使集体中的每个成员承担了规定的责任，因而对学生个体会产生约束力。这种集体讨论的方法有利于培养大学生的责任判断力。

7. 角色扮演法

角色扮演理论最初由心理学家莫雷诺利用“心理剧”进行心理治疗而创

设，主要以个人为中心探讨其内心世界，偏重研究个体的人格。具体方法是让扮演者暂时置身于某一角色位置，要求他按角色所要求的方式和态度行事，从而增进他对所扮演角色的理解。“角色扮演”在责任意识的培养中也可扮演重要角色（叶浩生 等，2008）。它不需要真实的演练环境，只需一种虚拟情境，把学员集中起来，要求他们扮演与其职务相关的一些角色。在扮演过程中，扮演者不断模仿其扮演职务的责任行为，体验到相应的责任情感，从而加深对职务内容的理解。扮演完成后，扮演者可以自我评价，指导者与其他学员也可以指出其中的问题，互相讨论，让扮演者与其他学员在虚拟的情境中习得良好的责任意识。

每一种方法对大学生的责任教育都有一定的优势，但也有一定的局限性。单纯依靠其中的任何一种方法，都不足以实现大学生责任教育的全部目标。真正的道德责任培养，是知、情、意相互联系、相互作用，互为条件、协调发展的结果。大学生的责任教育有赖于学校与教师根据学生的道德发展水平、知识修养层次和道德发展规律，针对具体情况加以灵活和综合运用，灵活机动地使用各种教育方法，并把它们有机地结合起来。

2.5 责任的测量方法

责任的测量是责任研究的重要方面。20 世纪，皮亚杰认为责任心是单维的结构，他采用对偶故事法来考察儿童的道德发展。科尔伯格在皮亚杰发生认识论的基础上，把对偶故事法改为假设性的两难故事法，把研究对象从儿童延伸到青少年，对青少年的道德发展进行研究。以后的研究者发展出问卷测验法、作品分析法、行为观察法、访谈法等方法测量责任心。但在责任心的测量体系中最常用的方法还是问卷法，研究者根据自己的研究内容和目的，编制了各种用于测量责任、责任意识、责任心等的问卷及量表。

国外有关责任测量的常用问卷如下。明尼苏达多相人格量表中（MMPI）

包含关于社会责任感的量表，该分量表是用来评估个体愿意对自己的行为负责任和对社团尽义务的程度，高分表示能对自己的行为后果负责、可靠、可信任、对集体有责任感、对伦理道德等问题较关心、正义感强、自信。加州心理调查表（CPI）有一个责任心测验，测量责任心、可靠性或事业心、道德感，高分表示善于计划、进取、高尚、独立、有能力、高效率、讲良心、对道德和伦理问题有高度警惕；低分表示不成熟、情绪化、懒惰、笨拙、易变不可信、缺少自省和控制、行为易冲动。约翰等（John et al.，1991）编制的大五人格问卷中的"尽责性"分量表测量社会责任感，指一个人是否有责任感、可靠、持久，成就感是否强烈等，该分量表共 12 个项目，采用 5 点计分，得分越高说明社会责任感越强。马塔尔等（Martel et al.，1987）编制了专门测量责任心的量表，该量表共有 30 个题项，具有较好的信效度，是针对大学生设计的。辛格和艾德（Singg et al.，2001）编制的大学生责任感问卷包含 10 个题目，例如"当我承诺参与某个项目时，我会坚持到底"，所有项目采用 4 点计分，从 1（完全不符合）到 4（完全符合），得分越高说明大学生责任感越强。

国内关于责任的问卷可以根据所针对的年龄段进行划分。姜勇与庞丽娟（2000）通过相关文献和对幼儿责任心表现的实际观察，以及对教师进行访谈，编制了幼儿责任心问卷，由自我责任心、他人责任心、任务责任心、过失责任心、承诺责任心、集体责任心 6 个因素构成。徐玉玲（2008）编制初中生集体责任心问卷，并将其发展成集体责任认知分问卷、责任情感分问卷、责任行为分问卷。张良才与孙继红（2006）编制了高中生责任心问卷，包括自我责任心、家庭责任心、集体责任心、社会责任心和环境责任心 5 个维度。赵兴奎（2007）选取大学生群体作为研究被试，通过问卷调查和统计分析，编制出大学生社会责任心问卷，包括物质、文化和群体三个维度。罗香群（2007）也编制了大学生责任心问卷，该问卷包括一般责任心和具体责任心两个部分，其中一般责任心包括责任认知、责任情感和责任行为 3 个维度，具体责任心包括自我责任心、家庭责任心、社会责任心、集体责任心 4 个维度。叶宝娟等（2009）以企事业员工为被试，编制了责任心调查问卷，共 7 个维度、25 个题目，其中 7 个维度是：条理计划、承担责任、团结助人、成就追求、传统道德、勤奋努力、关爱家人。陶金花等（2020）编制了大学生责任心问卷，包括责任认同、责任回避、责任追究、责任行为、责任意向 5 个维度，共 40 个题目。

问卷法虽然便捷，可行性高，但测量结果容易受到社会赞许效应的影响，真实性有待考量。所以要结合其他测量手段进行综合评估。近年来国内外研究者对责任心的研究，多采用定量研究和定性研究相结合的方式，以问卷法为主，同时采用观察法、访谈法、作品分析法等多种定性研究的方法。如叶宝娟在进行责任心的量表编制时，既使用了访谈法，围绕“一个有高度责任心的人是什么样子的？有什么样的品质和行为表现？”，要求访谈对象可以举具体的事例说明；王琴（2011）通过作品分析法来了解研究对象的心理活动，在对作品进行定量和定性分析的基础上，揭示作品背后隐藏的研究对象的行为、态度和价值观念。可以成为研究对象的作品很多，如作业、日记、作文、笔记、绘画作品、考试试卷、工艺制品等。在教育实践中，作品分析法是用来研究和解决学校与课堂教育问题的方法，它是观察法、访谈法的重要辅助方法。

由以上分析可见，责任相关的测量方法几乎都是行为测量，但在心理学研究领域，责任心是一种复杂的心理特质。为了更深入地研究，一些新的方法论也逐渐被运用到研究中来。奥海根（Auhagen，2002）认为，传统的责任研究习惯于使用调查问卷，虚构案例或“意外事件研究模式”，这些研究方法都缺乏足够的生态学效度，她主张责任研究重在分析人们如何体验其在生活中感觉应承担责任的特定情境，因此提出了日常经验取向的责任研究新模式，日常经验取向的责任是一种社会现象，一个被个体建构和诠释的概念或结构，涉及认知、情感、动机、目标等诸多侧面，并依赖于特定的责任情境。我国学者况志华（2012）借鉴该“日常经验取向”方法，运用理论建构和深度访谈的方法，研究得出责任是一个由责任认知、责任情感和责任行为构成的一元单向决定模式，即责任认知决定责任情感，责任情感决定责任行为。

还有研究者运用了内隐测验对责任心进行探讨。比如温特（Winter，1985）基于主题统觉测验（TAT）原理发展出了责任心的心理动力学测量方法，认为责任心测量有 5 个计分标准：行为道德—法律标准、主观义务感、对他人的关注、对不良后果的关注、自我判断。温特将这些标准应用在随后的系列研究中，他以 5 个标准为想象性的口头材料计分，考察了责任心对其他变量的影响。史蒂芬（Steffens，2006）则使用了标准 IAT（Implicit Association Test，IAT，内隐联结测验）程序编造了一个尽责心的 ITA 测验，以“我 / 他”为目标词，以“尽责 / 非尽责”为属性词，结果发现，IAT 尽责性与大五人格中的尽责性存在相关。格林瓦德（Greenwald，2007）提出了责任心反应时内隐测量—多因素特质内隐联结测验（MFT-IAT），IAT 程序由“我”及“非我”两种不同的属性词构成。其中，“尽责性”属性词用有组织性、注重实效、高效能干和认真细致 4 个词语，“非尽责性”属性词则从其他 4 个人格因素中分别抽出最有代表性的 2 个词语。内隐测验的方法规避了量表测量的某些缺陷，但通过对被试模糊刺激的自由反应分析是否能真实地推断被试的潜意识仍有待进一步验证。

随着研究手段的进一步提升，有研究者提出用神经影像学的方法对责任心进行测量。神经影像确实可以揭示大脑的哪一个部分参与各种类型的道德判断任务；其次，这些信息能尝试解释特定个人做出奇怪道德推断的原因。因此，比如文森特（Vincent，2008）利用神经影像来研究道德责任感的神经基础，以确定一个有责任或者作为道德代表所具有的核心心理能力，然后用这些特征去评估特定个体的责任感，包括他们是否具备这些心理能力。神经影像的测量方法具体来说包括：首先假设个体具备相关的责任能力，神经影像学可以精确地解释个人责任的大脑机制，通过检查特定个体是否具备那些大脑机制而评估一个人的责任。也就是说，一个有责任的个体必须具备心理能力，而这需要大脑机制执行，因此神经影像可以定位大脑机制，确定责任心的核心心理能力，然后看相关脑区是否激活来评估其责任心。

日常经验取向的责任心研究侧重分析人们如何体验其在生活中感觉应承担责任的特定情境，通过模型建构、开放式访谈和结构化访谈的方法，探索和验证责任的心理结构模型以及个体对于责任情境的认知特征，但目前缺少实证研究。责任心内隐测验法在一定程度上有较高的信度，但由于其操作性难度较高，因此没有足够的实证研究证明其具备较高的效度。而神经影像学的方法不依赖于任何人的真实性，不会因为欺骗或撒谎而影响研究结果的效度，也不依赖于他人对某个体责任心评价的效度。神经影像使我们直接观察一个人有什么心理能力，同时也避免了模态谬误的问题。但是，神经影像学的测量仍存在两点不足：①在特定情境中大脑区域的激活可能受到刺激物或者是其他因素的影响；②神经影像学忽略了社会因素的影响。综合来看，每种测量方法都有各自的优缺点，应针对实际所具备的研究条件等综合考虑决定要使用哪种方法。比较而言，问卷法使用最为便捷，实施可行性最高，可覆盖的被试群体可以很大，对于以学生为研究对象的研究来说，问卷法是比较经济实用的方法，只是必须要考虑问卷法会受社会赞许性的影响，需要结合其他测量方法或评估手段以尽可能保证测量结果的有效性。

2.6 大学生责任意识干预策略的理论基础及方法

大学生责任意识干预策略的理论基础包括教学学术、认知失调理论、游戏理论，干预方法包括过程写作法、服务式学习、游戏教学法等。

1. 教学学术

1）教学学术的概念、内涵与外延

1990 年，为了提高高等教育的教学质量、平衡教学与科研的关系，博耶提出了教学学术（scholarship of teaching）这一概念（Boyer，1990）。从外延的角度来说，“教学学术”的上位概念是“学术”。博耶认为“教授的工作应该包括四个不同又相互重叠的功能，即发现的学术、整合的学术、应用的学术和教学学术”，教学学术要“使用有效的可证实的学术标准对‘教’和

'学'进行系统研究，从而了解怎样教才能使学生学的效果最大化，能够对学生的学有更精准的了解，且最终结果能够在相应的团体中公开分享，接受评论"。从内涵上来说,"教学学术"是"如何将知识有效地传授给学生"的学术，是如何提高教育质量，让当代的学生肩负起社会责任的学术。这是它区别于其他三类学术的本质属性。博耶认为"一个学者的工作还意味着走出单纯的问题研究，寻求问题间的相互联系，在理论与实践之间建立桥梁，并把自己的知识有效地传授给学生"（王玉衡，2006）。博耶把教学置于学术的范畴，但又不等同于科学的研究，使教学学术成为一种全新的学术形态，冲击着人们的传统学术观念，为解决教学与科研的矛盾找到了合适的切入点，也为教学地位与职能的复归提供了根本路径。

自博耶创造性地提出"教学学术"这一概念后，高校和学界对其表现出了极大的兴趣与热情，学者们围绕这一概念进行了不同解读。就已有研究而言，人们主要从学术范式、教学实践、教师专业发展等视域对教学学术的内涵进行了深入探究。斯坦福大学专注于基础教育领域研究的教育心理学家舒尔曼在 1997 年被聘为卡耐基教学促进会主席，之后他便尝试在高等教育领域全面推广教学学术的主张，不遗余力地促成大学教学研究理论化。与博耶略微不同，舒尔曼不仅强调"教"，而且更重视学生的学习，他特意撰文重申"学"的重要性，将"学"这一要素加入"教学学术"的定义之中，根据自己多年的教学经验和对教学学术的理解，认为真正重要的以及促使大家不断探究的因素是学生的学习，要用更加系统和学术性的方法来研究在使学习发生方面"什么有用"，他将这视为教学工作领域的目标（Shulman，1999）。于是，他将博耶的"教学学术"改为"教与学的学术"（Scholarship of Teaching and learning，简称 SoTL），并在美国获得了广泛认可（王玉衡，2006）。舒尔曼和他的合作者指出，教的学术应具有公共性、对批评持开放态度和可评价等特征，它所涉及的所有问题的探究都需要"围绕学生学习的议题"，研究的"不仅仅是教师的实践，而且是由这种实践所带来的学生学习表现特征与深度"。教的学术虽然不等于卓越教学，但它必须与学生的学习发生关联，不仅要服务于教师，让所有教师的教学不再随性而为，而且还要让学生受益

（Hutchings & Shulman，1999）。

综上，教学学术主要包含两个核心要素：①教学学术要符合学术研究的特征，比如提出问题，应用有效方法，提供实证数据，取得显著的结果，整个研究有效呈现，接受公开评价等。②研究的问题主要集中在如何让学生更有效地学习，如何将知识有效传授给学生，提升学生的社会责任感，或者说如何让学生对知识的理解更接近教师对知识的理解，甚至能有所超越。正如布法罗大学的一线教师约翰·德雷克所说，教学学术之所以重要是因为学习很重要，教学学术有助于学生更高效地学习（Draeger，2013）。

2）教学学术的功能

教学学术这一概念从诞生之日起即被赋予了明确的功能，即“协调大学教学与科研之间的关系，提升大学教学的地位，提高高等教育教学质量”（朱炎军，2014）。这一功能反映了国家与高校的急迫需求。在理论研究与实践研究的过程中，教学学术对教师个体、大学文化氛围、学术氛围也产生了许多重要影响。对于教师而言，教学学术有助于教授们上好课，以填补教材内容与奇闻轶事之间的空隙；有助于让教师知晓如何以最佳的途径吸引学生听讲。也就是说，教学学术为“教”与“学”提供了一种学术的方法，架设起教师与学生之间沟通的桥梁，从而改善高等教育质量（Saathoff，2013）。同时，教学学术还为教学与传统的学术之间、教育的社会责任与教育内容之间架起了桥梁（Gilpin，2011）。教学学术也有助于重塑教师的角色，促进教师由“学者”向“教师”的回归，推进教师专业化（南钢，2016），使得教学不再单凭个人感觉、直觉、经验和习惯，而是要遵循某些基本原则或者符合某些基本原理，即体现 SoTL 的公共或可共享属性，这种属性不仅表现为价值层面共同的基本伦理乃至社会关怀，如人的尊严和社会公正，更重要的是在认知层面上能够实现学科知识的内在逻辑、学生的心理发展结构特征与规律以及特定情境的三者兼顾（阎光才，2019）。教学学术的研究与实践已成为大学教师的新风尚，但现有大部分教学学术的有关研究都聚焦于如何促进教师“教”的水平和学生“学”的效果，在内容上局限于学科知识的传授。自古以来，“教”都不仅仅是单纯地传授知识，更多的是承载着育人功能。大学是孕育高素质人才的重要场所，更应将育人职责渗透到日常教学中去，实现教育性教学。对大学生而言，"德"与"才"都很重要，应当兼备。知识传递与德育分别进行，不仅占用学生太多时间，使得其学业负担过重，也耗费了过多的师资资源，将德育融入学科教学中是高校教学的必然发展趋势。因此，如何利用教学学术这一利器，探索大学生责任意识培养的有效途径，正是本研究所要探讨的主要问题。

2. 认知失调论及过程写作法

1）认知失调论

认知失调论（cognitive dissonance theory）由社会心理学家利昂·费斯汀格（Leon Festinger）首次提出，是解释人类态度和行为的重要理论之一，被广泛应用于教育学、心理学、管理学、信息科学等多个领域。该理论认为，个体在社会生活中常常会遇到与自己固有认知信念不协调、不一致的信息，即体验到认知失调，继而造成个体的焦虑并引发不适感，从而使个体产生减少或避免增加这种失调的压力。在压力作用下，个体会有一种需求来降低这种焦虑情绪，缓解压力。因此个体常常会无意识地调整自己已有的认知框架，或者通过接触新信息和新知识来使自己的认知重新达到协调状态，寻求一种稳定的感受（费斯汀格·利昂，1957）。当个体体验到认知失调时，一般会通过以下几种方式进行自我调适：①改变认知，改变其中一个认知，使其与另一认知相一致。发生失调的两种认知都可以作为改变的要素，人们通常会选择那些与价值观联系不太密切的认知作为改变对象。②增加新的认知，如果两个不一致的认知导致了失调，可以通过增加更多的协调认知来减少失调。③改变认知的相对重要性，多个矛盾的认知需要根据其重要性来加权，强调某个认知的重要性，而淡化另一个认知因素，因此可以通过改变认知的重要性来减少失调（刘琪琪　等，2020）。费斯汀格还提出了认知失调理论应用的 4 个特殊情境：①决策，失调是决策不可避免的结果，决策后的失调程度取决于决定的重要性、未选择方案的相对吸引力等；②强迫服从，认知失调理论在强迫服从情境中的应用只限于通过惩罚性威胁或允诺奖励的服从，但个体的内心观点不会发生改变，个体产生的失调程度与内心观点的重要性、惩罚或奖励的强度有关；③接触信息，失调使个体产生了对所接触信息的选择——追求产生协调的信息，避免产生失调的信息；④社会支持，个体了解到其他人具有与自己相反的观点，即缺乏社会支持时也会产生认知失调，其失调程度与群体人数、意见分歧程度等有关（Festinger，1957）。

认知失调论一经提出，就引起了广大心理学家的浓厚兴趣并进行了大量研究，但学界认为该理论本身还存在定义模糊，没有详细说明引起失调的确切环境和减少失调方法的应用条件等问题。于是很多学者包括费斯汀格本人在内，对认知失调论进行了修正、更新、完善和拓展，其中修订的一个主要方面就是补充了导致认知失调的原因。1964 年，费斯汀格考虑了“承诺”这一因素，对之前提出的理论进行了修改。如果一个人的决定影响了后续行为，那么决策者就对决定做出了承诺，如果决定是难以更改的，此时改变决定（违背承诺）就可能引起认知失调（费斯汀格·利昂，1957）。阿罗森（Aronson，1968）认为，认知失调与“自我概念”有关，是人们的自我概念与行为冲突的结果。具体而言，由于大多数人都有积极的自我概念，因此当一个人表现出消极行为如无能、不道德时，就会产生认知失调。柏姆（Bem，1972）通过实验的方法发现个体的自我判断和自我观察能力会导致认知失调效应。库柏（Cooper，1984）等提出了另一种修正观点，认为认知失调与认知之间的不一致无关，只有当人们的行为导致了令人厌恶的后果时，他们才会因内心的责任感而产生失调。斯蒂尔（Steele，1988）认为人们具有维持积极的整体自我形象的动机，由于认知失调威胁着这种积极的自我形象，个体才会改变自己的态度或行为。

认知失调理论还对公开行为和内心信念间的差异进行了大量研究。研究发现，当个体接收到施加于他们身上并要他们改变观点、信念或行动的影响或压力时，虽然这类压力的影响有时可能不成功——没有带来任何改变，但有时可能成功了——促使个体的观点或信念发生了改变。在另一些时候，这种影响尽管成功改变了人们的外在行为或口头观点，人们仍持有原有信念或看法。费斯汀格（Festinger，1957）认为常常有以下两种情况发生：

①因个体无法抗拒和逃避的惩罚或威胁所产生的服从。这种情况下，个体面临无法逃避的威胁有两种选择，要么服从，要么遭受惩罚。然而，由于外界施加的压力或惩罚威胁远远超过了个体的承受能力，个体不得不在外显行为或口头语言上屈从。而此时，他们的内心信念并未因此而改变。②外界出现了极具诱惑力的高额奖赏。在此情况下，若外界提供的特殊奖励具有足够的诱惑力和吸引力，可以让个体克服已有原则的约束和阻抗，获得允诺的奖励而外显地服从或顺从。从道德动机层面而言，人们可能只是在外显层面做出了外显行为上的改变，然而这种改变并不是内在动机所致，并不是在“善的”动机驱使下做出的具有“善的”结果的行为，这便是所谓的“道德伪善”。根据“道德认同理论”，出现这种现象的原因可能是缺乏道德认同，或道德认同内化程度较低。因此，如何增强个体的道德认同感，促使其动机与言行一致，进一步消除认知失调，是值得深入研究的问题。

认知失调论作为强化理论的对立面，所激起的研究曾一度远远超过任何一种理论，被广泛地应用到行为决策领域，用来解释态度的产生与行为的改变（Hinojosa et al.，2017）。在我国，传统的教育观一直偏重于用行为主义学习理论（操作性条件反射，强化理论等）来促成和解释教育中的各种行为，忽视了个体认知心理规律。因此，分析概括西方心理学界对认知失调论的研究，探讨该理论对当代教育的启示，对于促进我国的有关研究和教育实践十分必要。事实上，国内已有研究者基于认知失调论，探讨了促进高校思想政治理论课教学认知协调的策略（柳楠，2019）。认知是行为的起点，认知失调论及相关研究给我们的启示是，大学生责任意识的培养应当把“认知改变”作为起点。虽然过往的研究和实践已意识到这一问题，但对于大学生责任意识的研究和培养基本采取“思辨”和“说教”的形式。“思辨”式的研究能让大家在必要性上产生深刻认识，但在具体实施上没有切实可行的参考策略。“说教”式的培养方法，传递给学生一些抽象的道理和理论知识，并不能促进学生对道德观念的真正认同，还可能引起学生的排斥心理。大学生作为高学识的成年人群体，具备独立思考、分析、判断能力，“说教”式的课堂只能适得其反。相反，根据认知失调论，静态的、可提供思考空间的学习任务可能更有利于其认知的改变。因此，本研究将在认知失调论的基础上，结合大学生的认知特点和规律，探讨有关责任意识的写作对于促进其责任意识认知改变的效果。

2）过程写作法

写作行为是写作主体的认知活动（张悦群，2000），是一项特殊的实践活动，它以语言文字为工具，以精神生产为核心，表现出不同于一般物质生产活动的特点。当代认知心理学认为，写作包括如下过程：收集信息、组织信息、写出草稿、修改草稿。学生不仅要对写作过程各阶段所涉及的技能进行学习、练习，还要对这些技能进行整合，写作过程并不是单纯的流水线，而是一种循环往复螺旋上升的质变。因此，现代写作教学研究以“过程”为导向，在分析学生写作心理过程的基础上，对学生的写作过程加以干预与指导，并设计出一些专门练习来提高写作水平。从20世纪六七十年代开始，世界写作教学领域发生了一场声势浩大的“过程写作运动”，即由“结果写作”（product writing）向“过程写作”（process writing）的转型，过程写作逐步取代成果写作教学法的主流地位。美国学者道格拉斯是过程写作法的首创者，他认为，写作是一个过程，写作课应该教授的是构成写作课程的一步步的操作方法（Douglas，1970）。随着几十年来过程写作法的理论和实践不断完善和发展，如今已成为西方写作教学法的主流。2000年以来，我国部分学者、一线教师也将目光转向了“过程写作法”，对其进行了一系列的理论研究和实践探索，以期找到启发意义。关于“过程写作法”的概念，学界并没有给出一个统一的说法，但它注重写作过程、管理写作行为的本质得到了一致的认同。

过程写作法主要是重点突出建构主义和认知心理学的理论价值。从建构主义角度分析，写作是学习者通过已有的认知对新的写作题材进行加工，强调对于所写知识的学习和传授，重点在于个体的转换、加工和处理（张一宁，2010）。在写作过程中重点突出学生主动建构，通过重复性改稿修正来提升学生写作思维能力以及基本写作能力。从认知心理学角度分析，当前语言应用能力的提升是在语言输入基础上，通过循环往复练习来提升写作表达能力，通过知识的有效输出能够确保语言知识内容能够得到有效内化（张晴华，2015）。海耶斯和费洛尔（Hayes & Flower，1980）借鉴当时信息认知心理学的最新研究成果，整合了阶段写作模式的合理因素，提出了著名的写作“认知模式”。这个模式至今仍是流传最广、影响最大的写作模型。该模型认为，写作是一个复杂的思维和问题解决过程，这个过程由“写作任务环境、写作者的长期记忆、写作过程”三大系统构成。写作过程又分“计划—转译—回顾”三个阶段。其中“计划”由“生成想法、组织想法和设定目标”三个子过程组成。鉴于这个模型包含写作的三个系统和写作过程的三个阶段，学界将其称为“三三”模型。可见，过程写作法将写作视为一种复杂的、循环式的心理认知过程、思维创造过程和社会交互过程，视写作活动为社会交际活动，注重写作思想内容的挖掘和表达，注重学生作为写作主体的能动性。

综上所述，写作的本质是人思维过程的展开与生成，属于认知活动。过程写作法的相关研究给我们的启示是：学生的各种认知转变和意识、信念、价值观的培养也可以借助过程写作来开展。因此，大学生责任意识的培养也可以通过过程写作来进行，如教师可以通过为学生设定目标（对于某些涉及责任问题的社会现象或某种价值观进行思辨性写作）和提供参考资料，让学生进行相关主题的写作。学生在写作中得到思想的启迪和文化的浸润，认识到承担责任对于自己、他人、社会、国家、人类的意义和价值。这样一来，学生在非强制、无报酬（或极少报酬）的情形下为责任行为进行思考和辩护，进而促使学生内化责任意识和责任行为。

3. 服务式学习

20 世纪初，服务式学习在美国萌芽。1916 年，美国学者亚瑟·丹恩（Athur Dunn）从北美大陆移民潮中的志愿服务受到启发，将社区服务与课程学习结合起来，这就是“服务式学习”的雏形。20 世纪 60 年代，罗伯特·西格蒙（Robert Sigmon）和威廉·拉姆西（William Ramsey）在美国南部地区教育董事会议上首次提出了服务式学习的术语，并提倡在北美开展服务式学习。此后，美国和加拿大的“服务式学习”取得了繁荣发展。虽然没有“放之四海而皆准”的服务式学习的定义，但是20世纪90年代美国政府颁布的《国家与社区服务法案》(*The National and Community Service Act of 1990*)和《全美服务信任法案》(*The National Service Trust Act of 1993*)阐释了服务式学习的愿景目标、项目类型、资金类型以及培训和技术援助等，确立了服务式学习的法律地位。官方对服务式学习的解释是：服务式学习是指“社区、学校和社区服务计划中心相互配合，安排学生完成社区真正需要的服务，以促进学生或参与者的学习和成长，进而培养其社会责任意识。这是将学术性课程与社区服务整合为教学单元，学生或参与者共享服务所得经验与心得的活动”。

此外，一些机构和学者也从不同角度对服务式学习进行了定义。如服务行动（Service Action）把服务式学习定义为：一种通过学校和社会的合作，将提供给社会的服务与课程联系起来，学生参与到有组织的服务行动中，以满足社会需求并培养其社会责任意识，同时在学习中获得知识和技能，提高与同伴和其他社会成员合作与解决问题之能力的方法（Kendall，1991）。美国经验教育协会（National Society for Experiential Education）提出，服务式学习是“学生有明确的学习目标，并且在服务过程中对所学的东西进行积极反思的、有组织的服务活动”。雅克布（Jacoby，1996）认为，服务式学习是一种经验教育模式，通过有计划安排的社区服务活动和结构性设计的反思过程，满足被服务者的需求，促进服务者自身的学习与发展。服务式学习不是服务对学习的补充，而是服务与学习的融合，反思（Reflection）与互惠（Reciprocity）是其两个核心要素。

我国学者对服务式学习的概念和内涵也有相关研究，但相对国外来说尚处于起步阶段。许多人把服务式学习与志愿服务混为一谈，其概念的本土化与中国化仍需深入探索。国内关于服务式学习的定义，主要分为广义和狭义两种。从广义上看，彭华民等（2009）认为，服务式学习是一种新型的将志愿服务整合到大学教育中的模式。从狭义上看，陆根书（2019）将服务式学习定义为“学生通过有目的、有组织地参与社会服务进行学习，并在服务式学习中通过反思其服务经历，进而在认知、情感、态度、能力、价值观等方面获得发展的学习方式”。田华（2012）认为，服务式学习是指将课堂教学、有意义的社区服务和批判性思维结合起来，以提高学生学业成绩、促进人格发展和培养公民责任感的教学模式和方法，一般包括规划、服务、反思、评价四个阶段。本研究中狭义上的服务式学习是指：将课堂教学、有意义的社区服务和批判性思维结合起来，以提高学生的能力素质、促进人格发展和培养公民责任意识的教学模式和方法，包括规划、培训、服务、反思、评价五个阶段。

综上所述，服务式学习是一种经验性的教育形式，通过让学生参与一些有意设计的、可以将个人与社区需要有机结合起来的结构化活动，促进学生的学习和发展。反思和互惠是其核心。服务式学习不仅能促进学生的专业学习，还可以提高其公民意识和道德责任意识。因此，根据大学生责任意识培养目标体系，拟采用服务式学习，促使学生在为他人、社会或组织提供无偿服务的过程中体验积极的责任情感，培养责任需要。

2.7　对以往研究的总结

1. 责任研究的总特点

有关责任的研究历史悠久，层面多维，学科广泛，成果众多，理论多元。具体表现为：

（1）有关责任的研究历史悠久。最早的有文献记载的对责任的研究可以追溯到古希腊时期的芝诺、苏格拉底、柏拉图以及中国的孔子。苏格拉底把责任看作“善良公民”对国家和人民服务所应具备的一种才能，侧重于社会责任（章海山，1984），这对于大学生责任教育的培养具有借鉴意义。我们需要从“认知”出发，借助能够改变认知的手段和策略来培养大学生的责任意识。早在春秋时期，教育之鼻祖孔子也很重视君子道德责任的培养，他曾发表了一系列有关责任论的言谈，主要涉及家庭责任论、社会责任论和国家责任论三个方面。孔子的责任论思想首先表现在他本人有关责任感方面的言行中。他的责任观点起自忧患意识，由于具有深切的忧患意识，孔子以传承、振兴中华文明为己任，一方面自强不息，刻苦学习；一方面开门办学，有教无类。孔子认为，欲改变当时社会的混乱局面，必须要从改变颓俗开始，欲改变颓俗，必须从改变人们的思想观念、培养仁德入手。孔子高度的社会责任感更表现在他排除一切干扰，积极寻求入世机会方面。入世可以利用行政之便，积极推行仁政主张。孔子具有传承文明、振兴华夏的高度社会责任感，同时他认为社会各界人士都应该具有各自的责任感，只有这样才能调动全社会的力量，建成理想社会，即谓“君君，臣臣，父父，子子”。孔子的家庭责任论主要集中在“孝悌”方面，社会责任论主要涉及君子的社会责任和士的社会责任两个层面，国家责任论主要涉及君主的责任与臣僚的责任两个层面（冯浩菲，2005）。两千多年来，孔子的责任感与责任论激励、鼓舞、培养了一代又一代优秀的中华儿女，为民族的繁荣和国家的振兴做出了巨大贡献。其倡导的积极向上的责任意识和精神原则带有普世性，至今都对我们具有重大参考价值。

（2）责任的研究维度丰富。责任不是一个单维概念，它包含很多维度，因出发点和视角的不同，不同研究对责任维度的划分存在差异。依据共性大致可分为三类：首先是依据责任定义中的“应做的分内事”“未能做好分内事而承担的过失”这两个基本内涵进行划分的“二分结构”，如事前责任和事后责任（Birnbacber，2002）、积极责任和消极责任（Auhagen et al.，2001）等。其次是依据责任的主体、涉及的范围或责任的对象进行分类，有的研究将责任简单分为“个人责任”和“社会责任”（Montada，2001）；有学者则将个体应承担的责任分为对自己责任、对他人的责任、对集体的责任、对国家的责任、对人类社会的责任、对生态环境的责任等（胡卫，1994）；大部分研究都普遍认为责任所涉及的范围主要涵盖国家、社会、家庭、个人四个层面。事实上，考虑到当前人类世界所面临的两个重要命题：“人类的可持续发展和生存”以及“如何缔造人类命运共同体”，“人类”层面也应是个体责任所应包含的重要维度。最后，最为普遍的一种维度划分方式是根据责任的心理结构进行划分，主要包括认知、情感、态度、行为、意志等。大部分学者都赞同责任认知、责任情感和责任行为是构成责任心理结构的三个必要成分。

（3）越来越多的学科开始关注责任问题。最开始，责任研究主要集中在哲学领域，哲学家们主要从道德和善的角度，从人类社会存续、发展的宏观层面来定义责任，论证个体承担责任的必要性。后来，对责任的研究逐渐出现在社会学、心理学、教育学等学科领域。其中，社会学领域多从人与群体、社会的关系视角来强调责任贯穿于人类社会发展的始终，维护着社会的发展与稳定。心理学科则倾向于从个体责任的发生、发展及其内在结构出发，围绕认知、情感、行为等因素对责任进行阐释。教育学领域对于责任的研究大多从教育哲学的角度来围绕"道德"这一综合概念进行探讨，而责任又是道德的重要条目之一。此外教育学领域里还有很多关于如何培养个体责任或如何进行责任教育的论述和研究。

（4）相关成果不仅包括理论模型的建构，更有各种培养模式的探讨。有的研究者从宏观的道德层面提出相关理论，主要围绕"道德行为"产生机制来建构理论，如道德认同理论主要解释道德判断和实际道德行为之间不一致的现象；道德四要素论聚焦于道德行为产生的过程，探索道德的不同层面。还有一些学者则从微观的心理层面探讨责任的结构，并提出相关理论。如道德责任双侧面理论认为责任由认知和情感两个不可分割的侧面构成；责任心的三侧面模型理论则进一步提出责任心包括责任品质、责任情感和责任认知三个侧面。一些学者则提出动机理论对责任意识的提升和责任行为的产生也有一定的启发和借鉴意义。如自我决定论是一个有关动机过程的理论，但该理论的一些核心观点对研究责任和培养责任意识具有重要的启发意义。从外部动机到内部动机的转化过程，人的三种基本需要等对于我们理解个体责任意识或责任心的形成，以及个体勇于承担责任的内在的心理机制等具有启发意义。动机归因理论也为行为责任的推断提供了一个新的视角。此外，众多研究者一直在探寻责任教育的切入点和方法。具体的培养方式和实现多种多样，如说服教育方式、榜样示范、情境手段、实践教育、奖赏与惩罚、责任讨论、角色扮演等。实践形式虽多样，但归纳起来基本是从学生的认知、情感、动机、行为等不同方面来培养学生的责任能力。

2. 国内有关大学生责任意识研究的特点与成果

对于大学生责任意识的研究，国内学者主要将研究重点集中在对其现状描述、成因揭示以及责任意识的培养途径和策略上，具体表现在以下 4 个方面。

1）大学生责任意识培养的必要性研究

学界主要从三个层面进行了阐释。在国家社会层面，是构建社会主义和谐社会，促进社会进步和发展的必然要求；在大学生层面，是促进大学生成长成才的重要保证；在道德教育层面，是促进高校德育实现有效化的重要途径。培养与提升大学生的社会责任感，既是大学生成长成才的素质支撑，也是建设中国特色社会主义事业的必然要求（张晓星 等，2016）。将大学生社会责任感教育与中国梦相结合，不仅可以更好地促进大学生将自我价值的实现与社会需求相统一，还能够促使大学生将自我发展、国家发展和社会发展三者相融合（万洁，2018）。

2）大学生责任意识现状研究

当代大学生责任意识主要表现为缺失和淡化。现在一部分大学生缺乏社会责任感的倾向，主要表现在重个人理想，轻社会理想；重自我价值，轻社会价值；重金钱崇拜，轻事业追求；自我责任意识强，社会责任意识弱。大学生在价值取向上表现为由社会本位向个人本位转化，在人生奋斗目标上表现出日益增强的个人意识逐步取代整体意识和社会意识，在利益关系上表现为以"我"为核心，重个人利益，轻社会利益（杨燕群，2016）。整体而言，大学生的社会责任感不同程度地出现了缺失，有的大学生缺乏坚定清晰的理想信念，有的大学生价值取向出现不同程度的歪曲，有的大学生主观社会责任意识不足（侯士兵 等，2016）。但也有调查研究显示，当代大学生的社会责任认知与社会责任行为现状呈现出主流积极向上的分布状态，社会责任认同意识显著增强，更加关注现实生活中的社会责任践行（朱磊，2016）。当代大学生责任意识现状究竟如何？这需要更客观的工具去调查。

3）当代大学生责任意识弱化的成因研究

对于大学生责任意识弱化和缺失的原因，学界主要从以下几个方面展开论述：一是大学生自身的主观原因。当代大学生自我意识不成熟，角色定位不清晰，责任能力较弱，且多为独生子女，具有天生的优越性和过分关注自我的特征。二是社会原因。社会转型所带来的价值多元，导致人们思想上的复杂与多变。西方社会不良思潮如极端个人主义、享乐主义、拜金主义的涌入，也弱化了人们的社会责任意识。三是家庭和学校教育在价值取向上发生偏离。家庭教育中，父母对孩子责任心出现"超重"趋势，孩子只享受权利，却未曾体验责任；在学校教育上，整个责任教育体系以集体主义为核心，将学生完全对象化，使责任教育迷失于情感领域。长期以来，整个社会教育出现重智轻德的倾向，造成大学生价值取向偏离，从而极大地导致了他们社会责任意识的缺失。除此之外，有学者还对传统文化的影响进行了探讨。传统文化中，责任意识文化断层是导致大学生社会责任意识缺失的重要原因（凌新华，2006）。中国传统的"臣民"文化导致责任的单向性，在某种程度上将个人所应承担的责任抽象化和空洞化，造成社会责任的弥散（张雪，2011）。

4）大学生责任意识培育的对策和途径研究

对于提高大学生责任意识的对策，研究者们仁者见仁，智者见智，对具体的途径、方法和原则进行了有益探讨。如程东峰（2006）认为，应"有效使用社会化育功能、学校训育功能、家庭养育功能"，整合不同的育人环境，发挥整体教育功能。对于大学生责任意识教育的方法，主要借鉴西方国家，采取渗透式教育，将显性教育和隐性教育结合起来。有研究者提出，应该利用网络世界、新媒体来引导大学生汲取正能量，促使他们通过自觉承担道德责任来加强自己社会责任感的培养（黄滢，2016；邹燕娇 等，2016）。有研究者对工科大学生责任教育路径进行探讨，认为在工科大学生中进行工程伦理教育是工科大学生社会责任教育的路径之一，可以通过揭示工程伦理教育中存在的问题来培养大学生工程伦理的自觉意识，通过具有时代特点的工程价值观讲解来引导大学生对工程伦理原则的认同，通过分析在工程实践中遇到的典型案例来提升工程伦理的应用能力（曹文军，2017）。还有研究者认为大学生社会责任感培育的路径有依托教育教学来加强大学生的责任认知、深化大学生主体对责任的认同、渗透责任情感，通过开展大学生社会实践来强化他们的责任意志，激发他们的责任行为（艾楚君 等，2017）。

3. 以往研究的不足

就目前的研究成果来看，国内有关责任及责任意识培养方面的研究仍显不足，主要表现在以下 4 个方面。

（1）基本概念的内涵界定仍显模糊。如对责任的界定不够全面，且说法不一，尚未形成明确的界定；有关责任术语的使用含混不清，边界不清晰；对责任的内容构成标准不一，缺乏明确划分；对我国大学生责任意识培养的具体内容，缺乏不同时期的历史梳理；对责任培育的策略较为片面，更多是基于主观经验和实践取向的策略和方法总结，缺乏科学性。

（2）基于实证数据且适用性强的培养策略欠缺。虽然在大学生责任意识培养的重要性方面已有诸多共识，但在培养方法或策略上偏重文献分析与哲学思辨。有些虽然从学校、家庭、社会、自身等方面提出培养大学生责任意识的方法，但未经验证，适用性存疑。研究方法多为定性分析，尽管也有少数学者采用了实证研究，进行定量分析，但大多不够深入，调查内容雷同化、简单化，调查结果笼统化、表面化现象较为严重。

（3）有关责任意识培养的研究缺乏心理学、教育学理论与方法的支撑。相当多的研究流于表面，着力于现象的描述，缺乏令人信服的理论支撑，研究深度不够；且研究较为分散，不够全面，缺乏系统性。大学生责任意识教育研究应结合教育学和心理学的理论和方法，贯穿教育教学全过程，瞄准全程育人、全方位育人。通过“教学学术”来探讨责任意识的培养，有望能较好地解决该问题。

（4）在大学生责任意识的培养上专业教师与思政教师各行其是。当前高校的思想政治教育似乎是思政教师的专有职责，与其他专业教师毫不相关。思想政治教育成了学生选修的一个专业，而不是一种育人模式。虽然思政教师有自己的专业优势，但一般不具备与其他专业课密切结合的一线教学经验，提出的培养策略难以引起学生兴趣。

教学学术的核心思想可以作为大学生责任意识培养的指导性理论思想。教学学术的最大特点就是注重教学过程中的数据收集，以检验学生的学习效果。通过教学学术来探讨责任意识的培养，有望获得经过实证检验的有说服力的结论。结合以认知失调论为基础的写作式认知改变法、高等教育中的服务式学习模式、皮亚杰游戏理论基础上发展而来的游戏教学法，鼓励教育学、思想政治教育及各专业教师队伍协作，把责任意识的培养融入“教”与“学”中，将思想政治教育融入专业学习之中，让一线教师参与，利用心理学、教育学的理论方法，在真实课堂上实施并验证具体的培养策略。

4. 本研究的思路

通过对以往研究结果的归纳与分析，针对当前国内有关责任及其培养方面的研究不足与薄弱点，本研究拟从以下思路开展基于教学学术的大学生责任意识培养实证研究。

（1）对“责任”进行再定义。有关责任的研究历史悠久，结果众多，存在学科差异性，已有的关于责任的定义并不能直接借用。本研究基于大量相关文献的阅读与分析提出，责任界定时应将责任的意义、承担责任的对象、能力水平及角色身份纳入其中，责任形成过程中个体的自由选择、认同至关重要。因此，本研究根据社会认同理论，并借鉴国外对承诺的界定，对责任进行了新的界定。

（2）建构大学生责任意识培养目标体系。依据有形的规定性和无形的规定性、国家大政方针以及学界的相关研究，从人类（人作为物种的存在所应承担的责任）、国家（人作为归属的存在所应承担的责任）、社会（人作为社会文化与氛围之构建者的存在所应承担的责任）、组织（人作为特定主体的存在所应承担的责任）、家庭（人作为社会单元的存在所应承担的责任）、个人（人作为人而非其他动物的存在所应承担的责任）等不同层次建构大学生的责任意识培养目标体系。

（3）深入探讨责任的多维结构，创建责任结构模型。随着研究的深入，人们越来越发现，个体从产生责任意识到获得责任体验之间是一个复杂的通道，只有从多角度、多维度对责任进行研究，才能全方位揭示责任行为产生的过程和机制。因此，本研究希望在以往研究基础上，依据相关理论，创建责任的结构模型。

（4）开发适用于大学生这一特殊群体的、符合心理测量学指标的责任意识评价量表。鉴于本研究对责任进行了重新定义，且创建了新的责任结构模型，因此，需要开发设计与责任的定义、模型相匹配的一套测量工具。

（5）基于教学学术的责任意识培养方案设计。以教学学术的理论和方法为纲，借助教育教学中效果显著的两种方法来培养大学生的责任意识。具体方法为：写作式认知改变法和服务式学习。结合当前服务式学习存在的弊端设计相应的项目运行方案，具体方案应包括：需求确定、规划干预、培训学习、服务提供、反思平衡等。方案需符合高校对学生的培养目标，具有可行性。

（6）基于教学学术的责任意识培养方案实施。首先，设置课程思政项目、教学发展基金项目、教学设计项目等教学学术类基金项目。其次，注重过程管理，重点培养教师的教学学术能力，使其具备采用教学学术的方法研究提升大学生责任意识的方法和策略。最后，采用多种方法和策略，为教师提供分享和交流教学学术方法和成果的平台和机会。

（7）责任意识培养方案实施效果验证。根据前测和后测数据的差异性检验来验证大学生责任意识培养方案的效果，将对行为的追踪观察结果作为验证效果的辅助数据。具体研究框架如图 2-3 所示。

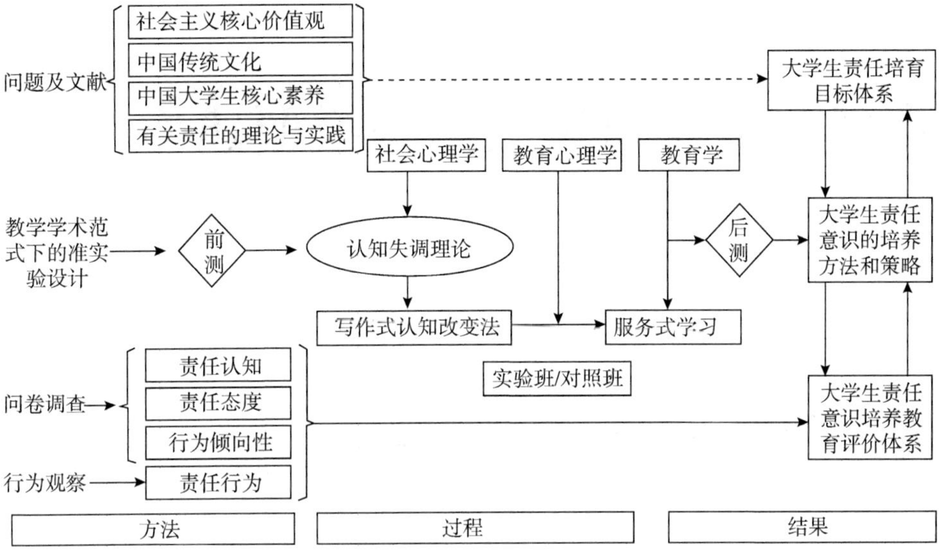
问题及文献
社会主义核心价值观
中国传统文化
中国大学生核心素养
有关责任的理论与实践
大学生责任培育目标体系
社会心理学
教育心理学
教育学
教学学术范式下的准实验设计
前测
认知失调理论
后测
大学生责任意识的培养方法和策略
写作式认知改变法
服务式学习
实验班/对照班
问卷调查
责任认知
责任态度
行为倾向性
行为观察
责任行为
大学生责任意识培养教育评价体系
方法
过程
结果

图 2-3　研究框架

第 3 章
责任与责任意识的结构模型建构

3.1 责任的初始结构模型建构

1. 研究目的

责任的研究历史虽然悠久，但不同学科探讨的角度和维度不同，到目前为止大家并没有形成关于责任的共识，这将责任人为地割裂开来。责任应该是一个整体，因此要在已有研究的基础上重新界定责任，构建一个完整的责任内在机制模型，并在此基础上，进一步构建大学生责任意识的培养目标体系和编制大学生责任意识问卷。

2. 研究程序

首先，通过梳理已有研究，确定责任的定义，构建责任的结构模型，在此基础上有目标地选取不同领域（哲学、教育学、心理学、社会学）的专家学者对责任模型的有效性进行评定，其次，探究大学生责任意识的培养目标体系及大学生责任意识问卷的编制，在调查的基础上进一步验证责任结构模型的有效性。

3. 责任的概念界定

本研究的对象为中国大学生，因此在界定“责任”这一概念时需充分考虑文化差异这一客观因素，同时参考国内相关研究对责任做出的定义，尽可能与研究主体与研究问题高度契合。文献梳理发现，国内诸多研究学者已对“责任”下过定义，但都是在各自学科背景的意义上使用“责任”这一术语，不尽相同。概括来看，国内学者关于“责任”定义的差异体现在所包含的具体层面上。一部分学者从职责义务和后果两个层面对责任进行解释，认为责任是人应该主动承担的角色义务和对其因过失所造成的后果应承担的责罚（赵兴奎 等，2007；沈国桢，2001；田秀云，2008）。郭金鸿在《道德责任论》中对责任的论述比较全面，认为责任概念包含三层含义：责任主体分内之事、责任主体没有做好分内之事应受到的谴责和制裁、对责任主体行为的评价。具体而言，责任就是指一个人或者一个团体的资格（包括作为人和作为某种特定角色的资格）所赋予的，从事与此相适应的某些活动、完成某些任务以及承担后果的要求，也就是对他人、社会、团体组织的应答，以及做出或没有做出回应所应得的赞赏或责罚。

责任与特定角色和角色的规定性相关联。人的社会角色决定社会责任，即使是同一事件，不同社会角色的人承担的责任不尽相同。王兆林和姬焕芳（2004）认为，责任是社会成员对社会所负担的与自己的社会角色相适应的应为的行为和社会成员对自己实际所为的行为承担一定后果的义务，并把责任分为承担社会角色的行为和个体对行为后果的承担两个层次。还有研究者认为，责任就是“承诺”，是社会成员对社会任务的自觉确认与承诺，有两个方面的特征，一是社会赋予其成员的任务，二是社会成员在个人能力基础上对社会客观要求的自我选择和自觉认同（刘国华 等，1997）。程东峰（1994）在《责任论》中认为：责任就是行为主体对在特定社会关系中特定任务的自由确认和自觉服从。这说明责任的履行与个体的自我选择和自我认同密切相关。况志华和叶浩生（2008）进行了跨学科的文献综述研究，他认为责任本质上是人类生存和发展过程中形成的一种对自身心理和行为的规定性，它包括外在的社会规定性，也包括个体内在的自我规定性，前者反映了社会个体心理和行为的控制与约束，后者则体现了个体自由意志对于社会规定性以及相应行为取向之意义的觉知、断言和意识选择。该定义重点阐释了责任的产生，但并没有涉及责任的意义，也未能充分强调个体在履责过程中的能动作用。

在以往关于责任界定的基础上，本研究认为对责任界定时应将责任的意义、承担责任的对象、能力水平及角色身份纳入其中，不同角色、能力水平的个体，所应承担和履行的职责也会有所差异。此外，从心理学视角来说，道德伦理与规范并不是机械地“写入”个体认知结构，而是经历了个体的建构和诠释。也就是说，责任形成过程中个体的自由选择、认同至关重要。认同是人们在交往活动中彼此从自我出发而寻求共同性的过程和结果，它表征着人与人之间的共性关系，其核心是价值认同（贾英健，2006）。根据社会认同理论，并借鉴国外对承诺（commitment）（Johnson，1973；Bielby，1992）的界定，我们认为**责任是在人类生存和发展过程中产生的有益于群体或个人的各种有形或无形的规定性，以及个体对于这种规定性的遵守、选择、认同和履行的过程。这里的“有形”指的是各种成文的法律、规范等。“无形”指的是一些不成文的价值、道德、伦理、习俗以及针对每个个体的角色义务和角色期待等。**

该定义包含以下内涵：①责任既是一个群体意义上的概念，又是一个个体意义上的概念。所谓群体意义上的概念是指责任的最终目的是为了群体的良好存续、运行和发展。所谓个体意义上的概念是指责任最终必将落实到一个个具体的个体身上，个体通过对某些价值、道德、规范、角色要求或角色期待等的认同和选择，最终完成履责的行为。②在该责任定义中，“认同”和“履行”是核心，表明在个体的自我认同层次结构或意义系统中，与责任有关的部分对个体来说显得格外重要且格外有意义。但是，仅有认同还不够，履行才能保障与责任有关的事情得以顺利实施。③责任与日常生活事件密切关联，富有责任意识并认真履责的人，其自身具备的各种能力必然也高，因为履责本身就是个体成长的动力和最好的锻炼能力的机会。但有些能力高的人，不一定会认真履责，这还与其履责的意愿有关。

4. 责任的初始结构模型建构

1）责任结构模型的理论构想

根据对责任的界定，责任的内容是人类在生存和发展的过程中产生的有益于群体或个人的各种有形或无形的规定性。因此，这些规定性就是责任的具体内容，包括各种成文的法律、规范和不成文的价值、道德、伦理、习俗和角色义务或角色规范等。

依据道德认同论、自我决定论、责任的三角模型、责任心的三侧面模型理论、责任归因论和社会规范激活理论等，责任的执行主体是每个个体，责任的履行过程中每个个体的能动作用显得格外重要，特别是个体对于各种责任内容的选择、认同是责任得以履行的前提。如果个体对于责任内容的认同感高，就会产生强烈的责任意识，强烈的责任意识会促使个体产生履责的行为倾向性，从而产生责任行为。伴随着责任行为的发生，个体可能会获得较高的社会赞许或个体较高的内在自我认同感，这种体验会进一步增强个体良好的责任体验，好的责任体验会促进个体对责任内容产生更高的认同。这样就形成了一个从责任内容到责任主体，再到责任履行的良性闭环（见图 3–1）。不过，从责任内容到责任的履行并不总是良性循环的，如果个体对于责任内容的认同感低，个体就会缺乏责任意识，责任意识的缺乏就会导致个体在面对责任情境时缺失履责的行为倾向性，责任行为就很难发生或发生的效果较差，这种履责行为的缺失或低效会导致较低的社会赞许及较低的个体内在自我认同，进而导致责任体验较差，较差的责任体验进一步影响个体对责任内容的认同和选择，从而形成一个恶性的闭环（见图 3–1）。

从整个循环来看，责任意识的强弱对于责任的履行至关重要。要想让个体在责任情境下发生责任行为，前提是要让个体产生勇于承担责任的责任意识。这也是重点培养大学生之责任意识的主要原因。

以往关于责任意识的界定中，很多将责任意识界定为责任认知与责任情感的合一，甚至将责任行为也作为责任意识的组成要素之一。在此模型中，责任意识不包含责任情感与责任行为，它是个体对于责任内容的认同并由此产生的自觉态度和积极履行责任的行为倾向性。因此，它包含对责任内容的认知和赞同与否，以及由此产生的行为倾向性。

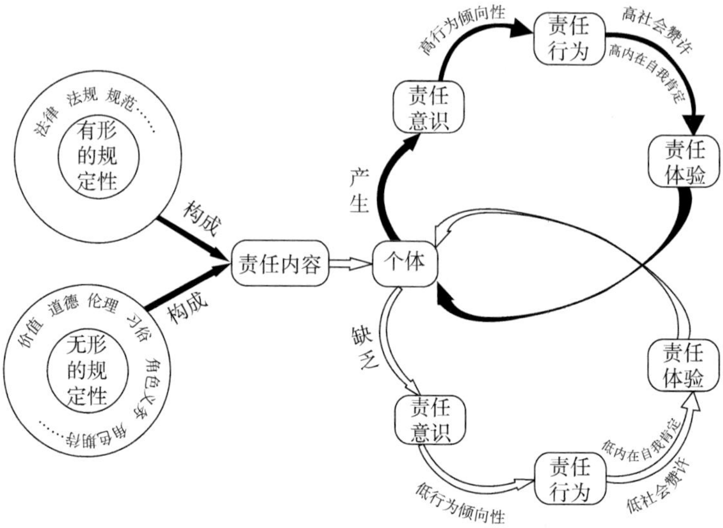

图 3-1 责任内部机制

这里的责任行为是指个体在责任意识驱动下对责任内容范畴内相关规定性（道德、法律、习俗等有形或无形的规定性）的具体实施或履行。

责任体验是个体在责任的履行过程中，对于责任内容、履责过程中的环境和条件、自身能力等因素的具体感受和认可程度。责任体验会影响个体对责任内容的认同感，并进一步影响责任意识。

模型中的社会赞许是个体表现出责任行为之后，所获得的来自外部的各种精神上或物质上的奖励。

模型中的自我肯定是个体表现出责任行为之后，产生于个体内心对自身责任行为表现、责任行为能力和责任行为结果等方面的认可、欣赏和肯定。个体内在的自我肯定与外在的社会赞许共同影响着个体责任体验的好与坏。但内在自我肯定与外在社会赞许之间并不总是一致的，有时会出现高外在社会赞许低内在自我肯定和低外在社会赞许高内在自我肯定的情况。这两种情况都有可能进一步导致责任意识的提高和责任行为的增加。

总体来说，责任包括责任意识、责任行为和责任体验三个维度。这三个维度相互影响，互为因果（见图 3-2）。

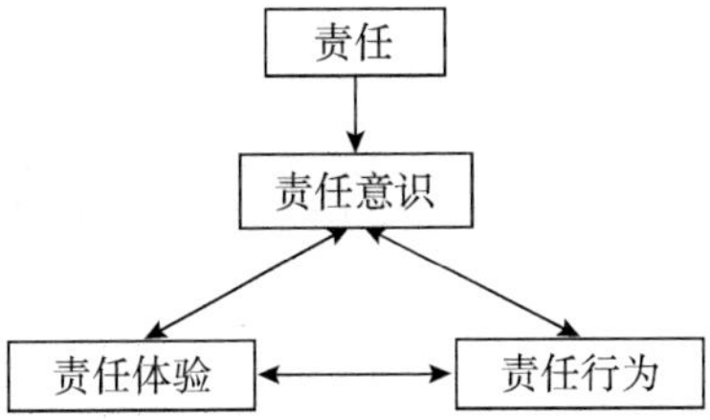

图 3-2　责任初始内部结构

2）责任意识的内部结构

如前所述，责任由责任意识、责任行为和责任体验三部分构成。而责任意识是个体对于责任内容的认同并由此产生的自觉态度和积极履行责任的行为倾向性。它包含对责任内容的认知和赞同，以及由此产生的行为倾向性。它是整个责任模型的核心，也是本研究关注的核心。从它的定义可以看出，责任意识由对责任内容的认知、对责任内容的赞同和行为倾向性三部分构成。根据认知心理学的观点，“我们的感觉、思维和行动依赖于内在的转换和运算。我们通过感受器获得信息，但我们理解信息、将其识别为我们曾经经验过的东西以及选择恰当反应的能力，则依赖于一套复杂的相互作用的加工过程”（Gazzaniga et al.，2020）。可见，个体对责任内容的认知首先要有信息的输入，也就是责任有关内容的获得，信息获得后，个体通过对信息进行加工、判断，产生积极或消极的责任态度，在责任态度和对周围环境信息进行加工判断之共同作用下，个体会产生一种相对于个体和环境来说比较恰当的行为倾向。这里的责任认知是指个体对外界输入的责任内容在大脑中进行的加工和判断。责任态度是个体在对责任内容加工判断的过程中产生的情感、情绪反应。行为倾向性是指由情绪、情感反应驱动的行为反应意向。责任意识内部各维度之间的关系如图 3-3 所示。

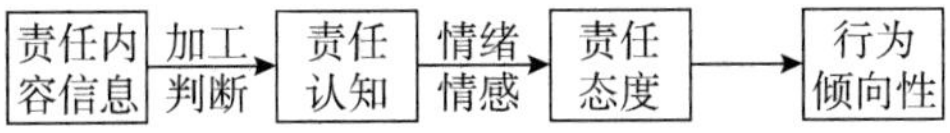

图 3-3　责任意识初始内部结构

3.2 责任和责任意识结构模型的专家评定效度

在某“双一流”高校（以下简称“S校”）的在职教师中抽取高等教育学、理论物理学、有机化学、汉语言文学、历史学、英语语言文学、微电子学、生物医学工程8个专业的8名教授和24名副教授组成专家组成员（见表3-1），以征集不同领域的专业教师对责任和责任意识内部结构模型的意见和建议。责任这一概念在日常生活中经常被提及，已经成为人们的惯用语言，尤其是大学教师，他们在日常的教学和生活中经常接触学生，对于当代大学生责任意识和责任行为的现状有深刻的体验。学生表现出来的行为经常会引发他们的思考和感慨，甚至抱怨。也就是说，他们已经对责任和责任意识有过很多思考，在此基础上，征集他们对于责任和责任意识内在结构的意见和建议，可以较好地帮助本研究进一步完善这些理论模型。此外，在这些专家中，高等教育学的专家所占比例较高，这是特意在该校教育学院多抽取一些教师的原因所致。责任本来就属于教育学领域的研究，高等教育学方面的专家更有专业上的发言权。专家组成员中副教授（特别是教学型副教授）的比例大大高于教授的比例，原因是在抽取的过程中考虑到副教授上课的课时数明显高于教授，因此接触学生的机会远远多于教授，对学生的了解和对责任问题的思考也会多于教授。

表3-1 专家组成员构成

	高等教育学	理论物理学	有机化学	汉语言文学	历史学	英语语言文学	微电子学	生物医学工程	合计
男	2	2	2	1	1	2	1	1	12
女	5	0	3	3	3	3	2	1	20
合计	7	2	5	4	4	5	3	2	32
副教授	4	2	4	3	4	4	1	2	24
教授	3	0	1	1	0	1	2	0	8

在问卷调查过程中，请专家对责任和责任意识初始结构内容的全面性、逻辑性、正确性和相关性等进行评定和检验（专家问卷见附录 1，具体调查结果见表 3-2）。经专家评定，在内容上和语言表达上，有些专家认为责任体验与责任态度有的时候无法完全分开，比如在加工责任信息（责任认知）时也会产生责任体验；而且在维度内涵表述上，二者存在重叠的情况，比如都有对责任内容进行加工的部分，因此建议在语言表达上进一步明确区分责任意识与责任体验两个概念。总体来说，责任和责任意识两个概念的内部结构维度的专家效度较高，各个维度及其内涵被评定为“适当”和“非常适当”的比率都在 88% ~ 100%。

表 3-2　专家问卷调查结果统计

维度			非常适当	适当	尚可	不适当	非常不适当	总体
责任	责任意识	频率	20	12	0	0	0	32
		占比	62.5%	37.5%	0.0%	0.0%	0.0%	100%
	责任体验	频率	16	14	1	1	0	32
		占比	50.0%	43.8%	3.1%	3.1%	0.0%	100%
	责任行为	频率	28	4	0	0	0	32
		占比	87.4%	12.6%	0.0%	0.0%	0.0%	100%
责任意识	责任认知	频率	28	4	0	0	0	32
		占比	87.4%	12.6%	0.0%	0.0%	0.0%	100%
	责任态度	频率	14	14	4	0	0	32
		占比	43.7%	43.7%	12.6%	0.0%	0.0%	100%
	行为倾向性	频率	26	6	0	0	0	32
		占比	81.2%	18.8%	0.0%	0.0%	0.0%	100%

3.3　责任和责任意识结构模型的修订

在仔细分析和吸取各专家的意见与建议后，决定调整责任体验与责任态度的定义，去掉内涵重叠之处，在语言表达方面争取用词更加准确、全面。比如责任体验，专家调查之后我们将其定义为：个体在责任的履行过程中，对履责行为本身、履责过程中的环境和条件、履责的能力等因素的具体感受和认可程度。责任体验会影响个体对于责任内容的认同感，并进一步影响责任意识。这样最终形成的责任和责任意识的结构模型及其各维度的界定如下（见图 3-2、图 3-3）。

图 3-2 中的责任意识是个体对责任内容的认同并由此产生的自觉态度和积极履行责任的行为倾向性。因此它包含对责任内容的认知和赞同，以及由此产生的行为倾向性。

责任行为是指个体在责任意识驱动下对于责任内容范畴内相关规定性（道德、法律、习俗等有形或无形的规定性）的具体实施或履行。

责任体验是个体在责任的履行过程中，对履责行为本身、履责过程中的环境和条件、履责的能力等因素的具体感受和认可程度。责任体验会影响个体对于责任内容的认同感，并进一步影响责任意识。

图 3-3 中的责任认知是与责任有关的信息输入大脑后，个体对这些信息所进行的加工、判断和选择。

责任态度是个体对责任有关的信息进行加工、判断和选择的过程中产生的积极或消极的情感、情绪反应。

行为倾向性是责任认知产生的情绪及情感反应驱动的行为反应意向。

第4章
大学生责任意识培养的目标体系与效果评价体系及其测量

4.1 大学生的责任类别

大学生是国家未来的中流砥柱，其肩负的责任应包含更丰富的内容。以下将按照责任的层级对象来阐述大学生对个人、家庭、社会、组织、国家、人类承担的责任。

（1）对自我的责任。人首先是作为个体而存在，只有先对自己负责，才能承担对他人和社会负担的责任。大学生首先要对自己的生命负责。人作为自然个体，有血有肉的身体正是承载一切责任的基础，所以要爱惜身体，保障身心健康。其次要对自身发展负责，应当具备对自我的生存和发展方向的责任感，树立科学的个人精神追求和奋斗目标，注重个人心理健康状态的培养和精神世界的丰富；思想道德方面，应当不断提升个人的道德素质、自我修养，提高个人的整体综合素质，实现更高的自我价值（晋婷婷，2019）。

（2）对家庭的责任。家庭与每个人息息相关，每个家庭成员共同分担家庭责任，才能使家庭保持强大的凝聚力和向心力，从而促进社会的稳定和发展。大学生应积极承担属于自己的家庭责任，孝敬长辈、爱护兄弟姐妹，承担必要的家庭劳动，培养良好的生活习惯，努力维护和营造家庭和谐氛围。

（3）对组织的责任。组织是由一定的利益关系、权利和义务关系联系起来的人的各种社会有机体。每个人都存在于一个个或大或小的组织中，一个具有强烈组织责任感的人，不仅会密切关注组织的发展，而且会以主人翁的姿态积极投入到组织的工作生活中去。对于大学生而言，所在的组织包括学校、院系、班级或实习单位等。对组织负责就是要正确处理个人与组织的关系，个人的行为要遵循组织的规范，个人的利益要服从组织的利益。

（4）对社会的责任。社会层面的责任为每个社会成员所必须承担的职责和义务，它能保证社会和个人的持续发展。这里的社会责任包含两个方面，一个是现实社会，一个是网络社会。大学生作为现实社会人，需要为他人和社会服务，同时为自己的行为承担后果。大学生应履行的现实社会层面的责任至少包括三个部分。第一，努力完成学业，积极提高自身知识水平和能力水平，为承接社会工作和建设和谐社会做准备。第二，了解社会规范，自觉提升社会公德心，维护社会秩序。第三，在能力范围内主动投身各类社会实践、志愿者服务等工作。锻炼自己的同时，更深刻地理解自己所肩负的责任，同时为未来的履责做好准备。在网络社会，大学生除了承担原有一般责任，还应有适应新时代的责任要求。大学生在自媒体平台上扮演着信息传播者和信息接受者的双重角色，应当遵守相关法律法规，建立对自媒体性质及信息的基本认识，学会鉴别和筛选自媒体信息，传递客观真实信息，培养监督自媒体的基本能力，提升传播者自我道德修养。

（5）对国家的责任。大学生是重要的青年群体之一，对于国家的责任感来源于对国家的归属感和认同感以及与自己公民身份相符的国家责任自觉。大学生对于国家的认同首先是对自己的国籍或者某种政治情感的集体认同。而对国家的认同感和归属感会逐步发展形成国家意识，可以帮助大学生更自觉地思考并承担自己对国家的义务，保持对国家的忠诚，自觉维护国家尊严、主权、利益和民族团结，为国家的发展贡献自己的力量。

（6）对人类的责任。在全球化、国际化的趋势下，世界各国联系越来越紧密，人类已不再是一个抽象的概念，具体的个体除了生存于特定的国家，同时也拥有一个共同的家园，个人和国家的存在是一个整体类的存在，即人类命运共同体。大学生应树立全球化的观念，具有国际化的视野，从人类社会发展的角度来看待问题，关注当今世界的共同问题，如环境、人口和能源等。通过掌握高新技术来解决这些问题，承担起为人类长远发展、为子孙后代负责的重任，利用一切机会参与国际间的合作和交流，尊重和欣赏他国文化，努力为世界和平和人类幸福做出贡献。

毋庸置疑，社会和国家期待大学生应肩负起责任，但大学生正处于自我统整时期，面临着角色的确立与价值的定向。该阶段是大学生价值观的形成期，对大学生责任意识培养和责任感的形成进行干预尤其有意义。因此，责任是学校教育的重要目标，学校教育要发挥引导与培育作用，帮助大学生形成积极、正向的责任观，选择并认同自己应当肩负的各种责任。

4.2 大学生的责任培养目标体系

大学生作为国家未来的栋梁，其责任担当意识尤其重要。应该培养大学生具备何种责任意识？或者说大学生的责任培养目标是怎样的呢？为此，构建了大学生责任培养目标体系（见图 4-1）。

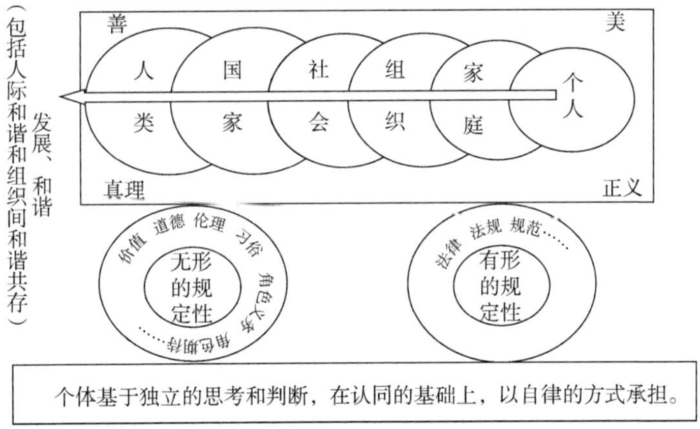

图 4-1　大学生责任培养的目标体系

大量已有研究指出，大学生应分别从个人、家庭、社会、国家的层面承担起相应的责任。本研究增加了组织和人类层面。但在这些层面中，大学生到底应该承担哪些具体责任呢？这可以从前述责任结构模型中的责任内容来确定，即各种有形的和无形的规定性。这些有形的和无形的规定性并不是要去盲目履行和承担，而是在高阶道德的引领下来承担。所谓高阶道德指的是皮亚杰的自律道德和科尔伯格的后习俗水平道德，即个体面对与道德有关的情境时，有自己独立的思考和判断，在合乎大众利益和未来发展的基础上寻求更适当的社会规范。其信念的基础是大家共识的人性尊严、真理、正义、善、美、未来的发展和人权等，以及林德的道德双侧面理论中的道德判断能力。

由图 4–1 可见，大学生需要承担的责任从具体角色层面分为个人、家庭、组织、社会、国家、人类六类。也就是说，人类承担责任总是通过承担一个个具体的角色任务，履行一个个具体的角色责任和期待体现出来的。基本可以分为如下情形。

（1）个体自身作为一个独立的“人”的存在，需要为自己承担相应的责任。比如人生发展之责（珍爱生命、终身学习、独立奋进、追求人生的真善美等）、与他人和谐共处之责等。

（2）个体还要承担更大群体赋予的角色定位和角色期待之责，即为更大群体的发展承担责任。比如家庭责任。作为家庭中的一分子，必然有确定的角色定位，如父亲、母亲、妻子、丈夫、子女等。社会法律、法规和习俗对这些角色定位都有相应的角色规定和角色期待。个体在承担这些角色规定和角色期待的过程中须基于自己独立的思考和判断，在正义、真理、善和美的基础上履行。当某些风俗习惯或法律、法规不再适合于当下的社会环境时，个体有责任承担起移风易俗和改革的使命。特别是大学生群体将成长为未来社会的中坚力量，培养他们在责任意识方面的独立思考和判断能力显得尤为重要。这体现了大学生作为独特个体的价值和意义。换句话说就是“如果人生真有意义和价值的话，其意义与价值就在于对人类发展的承上启下、承前启后的责任感”（季羡林，2020）。

（3）个体须承担更大群体内的人际和谐与组织间的和谐共存之责。群体作为一个概念意指两个或更多互动并相互影响的人（Shaw，1981）。在群体中，群体成员把自己群体中的人看作“我们”而不是“他们”（Turner et al.,

1987）。群体最重要的特征就是由多个个体组成，个体在群体内的互动会因群体人数的增加而成几何级数增加，这决定了群体内的人际和谐变得尤为重要。因此，个体作为群体中的一分子，有义务承担群体中的人际和谐之责。主要表现为个体具有修养自身人格之责，因人际和谐与否主要取决于个体自身的人格修养。研究发现（黄希庭，1984），那些具有自我中心、缺乏责任感、虚伪、固执、吹毛求疵、不尊重他人、操纵欲强、猜疑、粗鲁、狂妄自大、气量狭小、势利眼等人格特征的人，在一个群体中经常会遭到他人的嫌弃，并破坏集体内的人际和谐。而那些具有尊重、关心、可靠、负责、忠厚老实、待人真诚、乐于助人、谦逊、不刻薄等人格特征的人更受他人喜欢，能很好地促进群体内的人际和谐。从更大层面看，整个世界由一个个大大小小的群体构成，大到国家，小到家庭，都是一个个群体。世界的和谐来源于众多群体间的和谐，群体间的和谐来源于群体负责人和群体成员的人格修养，归根结底是每个个体的人格修养。

（4）对大学生的责任意识培养至关重要。所有责任的发端都是个体，因此个人的责任培养至关重要，它决定了更大群体的健康良序发展。而大学生作为社会中的知识分子，国家和民族未来的栋梁，其责任意识的培养尤其重要，这也是将研究的主题聚焦于大学生责任意识培养的起因。

（5）个体每次履责应基于独立的思考和判断。个体在承担和履行责任时，并不是像工具或玩偶一样，让他（她）怎么做他（她）就怎么做，特别是大学生群体，他们每次履责时都应该在自己的知识、思想和认识的基础上，进行独立的思考和判断后承担责任或提出变革的思路，起到移风易俗的作用。只有这样，社会才能发展、国家才能强大、人类才能进步。因此，个体承担和履行责任时不应盲目、迂腐和教条。

（6）制止或停止那些威胁更大群体生存和发展的行为也是每个个体应该承担的责任。当不同主体的某些“规定性”之间存在矛盾或不一致时，个体有责任顾大局，为更大群体的生存和发展着想。比如，企业的排污、森林的砍伐、野生动物的捕杀、国家滥用各种武器等会对人类的环境造成破坏，给人类的生存带来威胁时，作为群体中的每一个个体都有责任和义务站出来反对并承担起制止或停止这些不良行为之责。

（7）个体履责的核心和关键是对各种“规定性”的认同。要想让个体自觉自愿地履行个体、家庭、组织、社会、国家、人类等层面内各种有形或无形的“规定性”，前提是他本身要认同这些“规定性”。只有当个体认同某个观点或主张时，才会自觉约束自己的言行，按着观点或主张的“规定性”行事，无须任何外界干预。因此，个体履责的关键环节是认同。人并不会天生就认同现有社会中存在的各种“规定性”，要想达到这一目标，教育和培养就显得尤为重要。

（8）个体履责的最高目标是大家都通过自律的方式进行。最理想的状态应该是每个个体都认同那些有利于家庭、组织、国家、社会、人类发展的各种有形或无形的“规定性”，并自己约束自己在这些“规定性”的范畴内行事。当个体不能自我约束时，就需要设定各种规则或法律，要求大家来遵守。

图 4–1 中的六个责任角色相互嵌套，这是因为在真实的生活中，有些责任无法明确区分，经常出现重叠和多重的特色。比如个人履行发展之责（包括努力读书、从各方面完善自己等），既属于个人责任，也会对家庭、组织、社会、国家和人类的发展贡献力量。因更大群体的发展必然基于个体发展之上，家庭责任履行得好，对于整个社会和国家的和谐、稳定、发展同样具有积极作用；更大群体的发展之责履行得好，同样会直接影响更小群体或个体的发展，比如国家推行更好的义务教育或良好的社会保障机制，这给个体的发展带来了诸多便利；国家的和平与繁荣富强，是家庭稳定和个体安居乐业的重要保障。

4.3 大学生责任意识培养效果评价体系

依据泰勒及其同事提出的“行为目标评价”模式，开展评价的依据是把所要评价的内容分成具体可见的、可操作的行为目标，以便在评价中能够围绕这些目标进行观察和测定。具体过程包括：①拟定一般目标或具体目标；

②把目标进行分类；③用可衡量的行为动词描述目标；④建立可以展示具体目标业已达成的情景；⑤选择和编制客观性、可靠度、有效性较高的测验，确定问卷、观察、交谈、作品分析等评价手段；⑥收集学生行为表现的资料；⑦把学生的行为表现与既定目标进行比较；⑧修改方案，重新执行（王孝玲，1999）。因此，大学生责任意识评价体系的建立就可以依据泰勒的“行为目标评价”模式的步骤来进行。大学生责任意识目标体系已经完成了这一模式的前两个步骤，也就是拟定了一般目标和具体目标，对目标进行了分类。接下来需要做的是要用可衡量的行为动词对目标进行描述，一旦用可衡量的行为动词对目标进行描述，目标就变成了将要达成的结果。在衡量目标是否达成时，只需要根据这些可衡量的行为动词对结果进行衡量就能很好地判断培养结果是否达成了目标。大学生责任意识的培养结果评价体系见表 4–1。

表 4–1　大学生责任意识培养结果评价体系

一般目标	具体目标	目标达成后的结果
责任	责任意识	责任意识是个体对于责任内容的认同并由此产生的自觉态度和积极履行责任的行为倾向性。因此，它包含个体对责任内容的认知和赞同，个体在对责任内容加工判断的过程中产生的情感、情绪反应，以及由此产生的行为倾向性。
	责任体验	个体在责任的履行过程中，对责任内容、履责过程中的环境和条件、自身能力等因素的具体感受和认可程度。责任体验会影响个体对责任内容的认同感，并进一步影响责任意识。
	责任行为	个体在责任意识驱动下对责任内容范畴内相关规定性（道德、法律、习俗等有形或无形的规定性）的具体实施或履行。
责任意识	责任认知	①个体能准确判断哪些行为和观点与有形（法律、法规、规范等）或无形（道德、伦理、习俗、价值、角色期待、角色义务等）的规定性相符，哪些不相符。②个体能够对外界输入的责任内容本身在大脑中进行理性的加工和判断。
	责任态度	①个体对于那些有利于人类、国家、社会、组织、家庭、个体发展的责任内容持认可态度，对于那些不利的责任内容持否定态度。②个体在对责任内容进行加工判断的过程中，因认可或否定而产生积极或消极的情感、情绪体验。
	行为倾向性	①主动和积极地履行各种责任。②如果自己未能很好地履行责任，会产生内疚等不良感受，并期待在后续的行为中主动进行弥补。③对于某些不利于大家未来发展的责任内容能主动担负起移风易俗的使命。

当大学生们具备积极的责任意识时，他们自身能珍爱生命、终身学习、独立奋进和思考，追求人生的真善美，与他人和谐共处，顾全大局，成为社

会的中坚、民族的脊梁，进而能促进社会的稳定、国家的繁荣富强和人类的不断发展进步。

4.4 大学生责任意识问卷的编制

一个优秀的理论模型，不仅需要在理论上能经受住推敲，更需要在实践中经得起检验（王力娟，2012）。为更好地检验大学生责任意识结构模型的有效性，我们需要根据这一结构模型及半结构式访谈和半开放式问卷调查的结果编制大学生责任意识问卷，一方面可以开发一个实用的问卷，另一方面可以根据问卷的测量结果进一步验证模型的结构效度。

1. 研究工具

问卷编制过程中所使用的材料为责任意识的内部结构模型（见图 3–3）、自编的大学生责任意识试测问卷（见附录 3）、大学生责任意识半结构式访谈提纲（见附录 2）。

2. 研究方法和被试

在问卷编制过程中所使用的方法主要有问卷法和访谈法。被试包括半结构式访谈被试和初测被试，具体构成如下。

（1）半结构式访谈被试。在 S 校的本科生和硕士研究生中随机抽取 10 名学生（见表 4–2），分别来自机械与动力工程学院、生命科学学院、教育学院、物理学院、数学科学学院。对这些学生进行半结构式访谈。

表 4–2　半结构式访谈被试构成

	机械与动力工程学院	生命科学学院	教育学院	物理学院	数学科学学院	合计	本科	硕士
男	2	1	0	2	2	7	1	6
女	0	1	2	0	0	3	1	2
合计	2	2	2	2	2	10	2	8

（2）初测被试。从 S 校工科平台中机械与动力工程学院、材料科学与工程学院、电子信息与电气工程学院、船舶海洋与建筑工程学院的大一新生中采取整群随机抽样的方法抽取了 118 人为初测被试，以获得对大学生责任意识问卷进行项目分析和信度分析的初始数据。发放问卷 118 份，回收有效问卷 118 份（见表 4-3），回收率为 100%；为保证研究的精确性，对参与统计变量的缺失值采用代替的方法处理。

表 4-3　初测被试构成

	机械与动力工程学院	材料科学与工程学院	船舶海洋与建筑工程学院	电子信息与电气工程学院	合计
男	28	17	32	25	102
女	4	2	8	2	16
合计	32	19	40	27	118

初测被试的人数相对于问卷的题项数来说较少，主要基于以下两方面原因：首先，所抽取的群体代表性比较强，可以弥补人数较少的缺陷。采取的抽样方法为整群随机抽样，即从参加“大学生心理健康教育”课程中的学生中随机抽取了 4 个班的学生，而这 4 个班的学生分别来自于该高校的前 4 个最大的学院。其次，问卷的填答质量高，进一步弥补了人数较少的缺陷。在现场填答的过程中，一方面填答者有少许报酬，另一方面填答为现场线下填答，教师和问卷的发放者现场认真解释。这保证了问卷的填答质量，问卷的回收率和有效回收率都达到了 100%。

3. 研究程序

（1）编制大学生责任意识初始问卷。根据现有责任和责任意识的内部结构假设及当前大学生责任意识现状，形成半结构式访谈提纲，之后对访谈结果进行整理。在上述大学生责任意识培养目标体系的基础上，横向分别从个体、家庭、组织、社会、国家、人类 6 个层面，纵向从价值、道德、伦理、风俗、习惯、法律、法规等方面的角色规定和角色期待出发，根据责任意识内部结构模型各个维度的界定，通过访谈大学生对以上各个层面和内容的话语体系和具体倾向，编制大学生责任意识的初始问卷（详见附录3）。问卷包含3个维度：责任认知、责任态度、行为倾向性，29个题项。因题项内容不属于过于敏感问题，因而没有在量表中穿插“测谎题”。另外，根据研究的实际情况，问卷采用李克特量表法（Likert-type Scale）中的4点量表法进行记分：非常符合、比较符合、比较不符合、非常不符合。

（2）专家评定效度检验。初始问卷的结构维度（责任意识的结构维度）确定后，随机抽取S校不同学院的一线教师对问卷结构维度的合理性、完整性和有效性等进行评定（见第3章的3.2和3.3部分）。

（3）实施问卷的初测。初始问卷编好后，随机抽取了与正式施测问卷要抽取的对象性质相同的118名大学生进行初测，初测有效问卷为118份，问卷有效回收率为100%。根据初测数据，对问卷进行项目分析，删除未能达到显著的题项。另外，根据问卷的题项数不要太多的原则，以及每个维度题项数的多少，删除部分虽然达到显著但出现内容重叠的题项，或者改变某些题项的表达方式，使其更能反映所在维度的内涵，最终形成大学生责任意识的正式问卷。

（4）分析问卷的信度和结构效度。问卷的信度采用科隆巴赫 α 系数进行分析，问卷的结构效度采用因子分析进行分析。

4. 统计方法

所有数据都采用SPSS21.0和AMOS24.0统计软件进行统计分析。

5. 结果

1）大学生责任意识初测问卷的项目分析

项目分析的主要目的在于对初测的题项进行统计学分析，以检验所编制问卷或量表个别题项的区分度，进而作为正式问卷中个别题项筛选或修改的依据和参考。也就是说，项目分析的目的是为了检验问卷内各个题项的区分度。但是没有区分度不等于题目无效，如果一个问卷只是想测查某个变量的得分情况，那么区分度就没有必要。例如测量国民的幸福感、爱国情感等，就有可能出现一些题目得分都非常高，出现天花板效应，因而没有区分度。但这不代表题目就没有意义，因为这些结果表明，国人的幸福感都很高、都很爱国。如果删除了，就无法知道这方面的测量情况。因此，任何一个问卷或量表，其题目的构成首先要确保内容效度，也就是能够测量到该测量的东西，在此基础之上再考虑哪些题目可以删减。此外，项目区分度受样本和数据分布形态的影响。例如，采用相关法、差异显著法作为区分度指标时，统计检验的显著性容易受到样本量的影响，样本量越大越容易达到显著水平。因此，如果样本量较小，很容易出现某些题目区分度小而被删除的情况。项目区分度还受到抽样样本同质性的影响。当抽样样本同质性较高时，例如抽样的被试恰好是同一类人，这样，一些题目的得分基本上相同，从而导致这些题目没有区分度。如果抽样范围更大，涉及不同类型的被试，这些题目的得分分布范围就会更大，从而提高项目区分度。

在考虑上述情况的基础上，采用的项目分析方法为 t 检验法。操作步骤为：求出每个初测被试在初测问卷中的总分，将总分按高低顺序排列，找出高低 27% 处的分数，再将高低 27% 处的两组分数进行独立样本 t 检验，最后根据题项的显著性、问卷的测量主题、目的以及初测被试的数量和质性反馈等综合考虑和决定是否删除未达到显著的题项。大学生责任意识问卷初测结果的项目分析结果见附录 5。由附录 5 可见，其中第二个维度，即责任态度维度的第 2.5、2.6、2.7、2.8、2.9、2.10 个题项，以及第三个维度，即行为倾向性维度的第 3.4、3.5、3.6、3.8、3.9、3.10 个题项都未达到显著。这些题项都是有关态度和行为倾向性的，主题都与道德和法律等相关，而且都是一些没有实施的行为，如果个体在这些方面表现不出差异是极有可能的。因此，这些题项是否应该删除，应该进一步根据信度指标来确定。

2）大学生责任意识初测问卷的同质性信度

自编《大学生责任意识问卷》的信度采用同质性信度（homogeneity reliability）进行分析。同质性信度又叫内部一致性信度，即问卷内部所有题项间的一致性程度。这里的一致性包含两层含义，其一是所有题项都测的是同一心理特质，其二是所有题项得分之间具有较高的正相关。当一个问卷具有较高的同质性信度时，说明测验主要测的是某一单一心理特质，实测结果就是该特质真实状态的反映。如果一个问卷的同质性信度不高，说明测试结果可能是几种心理特质的综合反映，这时的问卷填答结果不好解释。

估计问卷内部一致性系数的方法很多，其中适用于本问卷记分方法的内部一致性系数估计方法是科隆巴赫 α 系数，该系数是测量信度下限的一个估计值。α 值大，信度必高，但 α 值小时，却不能断定测量信度不高（戴海琦等，1999）。至于信度系数多大才能认为该问卷的信度较高，没有统一的标准。一般而言，任何问卷或量表的信度系数如果在 0.9 以上，则说明该问卷或量表的信度非常好；信度系数在 0.8~0.9 之间，说明该问卷或量表的信度较好；如果在 0.7~0.8 之间，表明该问卷或量表也是可以接受的；如果在 0.6~0.7 之间，表明该问卷或量表应该进行较大的修订，但仍不失其价值；如果低于 0.6，则认为信度过低，不可用。此外，在较长的问卷或量表中，一组问题往往用于集中测量心理特质或信息的某一维度。此时的信度分析应该按问题组或各个分维度来进行，而不是直接给出整个问卷或量表的信度（张文彤、田晓燕等，2002）。在信度分析过程中，如果校正项的总计相关性（CITC 值）低于 0.3，可考虑将该项进行删除，如果“项已删除的 α 系数”值明显高于 α 系数，此时则可考虑对将该项进行删除后重新分析。

在遵循上述原则的基础上，得出了自编的《大学生责任意识初测问卷》的内部一致性信度数据，见附录 6。具体的初测问卷信度和各维度信度见表 4–4。可见，自编《大学生责任意识初测问卷》的各维度分量表和总量表的信度系数在 0.816~0.878 之间，都达到了较好的信度标准。在此进一步考虑前面的项目分析结果，虽然有些题项在项目分析的过程中没有达到显著，但问卷的信度较高，因此不必将未达到显著的题项全部删除，可以进一步根据参与初测问卷填答者的感受和建议等进一步修订问卷。

表 4-4 《大学生责任意识初测问卷》信度指标

总问卷及各维度	Cronbach's Alpha	基于标准化项的 Cronbachs Alpha	题项数
大学生责任意识总问卷	.846	.917	26
责任认知维度	.878	.885	6
责任态度维度	.845	.849	10
行为倾向性维度	.816	.817	10

3）大学生责任意识初测问卷的结构效度

通过前面的研究，获得了《大学生责任意识初测问卷》的结构模型，是一个一阶三因子、二阶单因子的模型。二阶单因子是大学生责任意识，一阶三因子包括责任认知、责任态度和行为倾向性。虽然前面已经从专家角度对这一结构进行了效度评定，但该结构模型的准确性和全面性还需要通过探索性因子分析（Exploratory Factor Analysis，EFA）和验证性因子分析（Confirmatory Factor Analysis，CFA）来检验，以进一步验证大学生责任意识结构模型的内部潜变量之间与外显变量之间的关系。

探索性因子分析和验证性因子分析还可以同时检验问卷的结构效度。一个问卷实际测得所要测量的理论结构和特质的程度，或者说测验分数能够说明心理学理论的某种结构或特质的程度就是这个问卷的结构效度。根据大学生责任意识结构模型和实际调查信息编制而成的《大学生责任意识初测问卷》所能测量的结构模型的程度如何呢？为回答此问题，本研究选择探索性因子分析和验证性因子分析来检验模型的正确性、简洁性以及量表的结构效度。如果探索性因子分析中的 KMO 值高于 0.7，说明适合进行探索性因子分析。如果验证性因子分析的各项指标拟合很好，说明编制的问卷所能测量的理论结构的程度高，具有高结构效度，适合推广应用。

首先进行探索性因子分析的可行性检验，由表 4-5 可见，Bartlett 球形检验的检测值为 1640.892（df=325），$p<0.001$，说明各项目间有共享因子的可能性；同时，样本的适当性度量值 KMO 为 0.845，表明数据样本适宜做探索性因素分析。探索性因子分析发现（见表 4-6、图 4-2），当问卷析

出三个共享因子时，可解释方差总变异的 49.764%。旋转因子负荷矩阵见表 4-7。

表 4-5 《大学生责任意识初测问卷》因子分析的 KMO 和 Bartlett 检验结果

KMO 和 Bartlett 的检验		
取样足够度的 Kaiser-Meyer-Olkin 度量	.845	
Bartlett 的球形度检验	近似卡方	1640.892
	df	325
	Sig.	.000

表 4-6 《大学生责任意识初测问卷》三个因子解释总方差的百分比

解释的总方差									
成分	初始特征值	提取平方和载入	旋转平方和载入						
	合计	方差的 %	累积 %	合计	方差的 %	累积 %	合计	方差的 %	累积 %
1	9.035	34.748	34.748	9.035	34.748	34.748	5.036	19.370	19.370
2	1.963	7.549	42.297	1.963	7.549	42.297	4.246	16.330	35.700
3	1.941	7.467	49.764	1.941	7.467	49.764	3.657	14.064	49.764
4	1.473	5.663	55.428						
5	1.262	4.855	60.282						
6	1.172	4.508	64.790						
7	1.027	3.949	68.739						
8	.897	3.452	72.191						
9	.797	3.065	75.256						
10	.760	2.923	78.178						
11	.687	2.644	80.822						
12	.650	2.499	83.321						
13	.581	2.234	85.555						
14	.493	1.897	87.452						
15	.431	1.656	89.108						
16	.424	1.632	90.740						

续表

解释的总方差									
成分	初始特征值	提取平方和载入	旋转平方和载入						
	合计	方差的 %	累积 %	合计	方差的 %	累积 %	合计	方差的 %	累积 %
17	.386	1.484	92.224						
18	.370	1.423	93.647						
19	.312	1.198	94.845						
20	.287	1.102	95.947						
21	.270	1.040	96.987						
22	.224	.862	97.849						
23	.186	.714	98.563						
24	.172	.663	99.227						
25	.120	.463	99.690						
26	.081	.310	100.000						

提取方法：主成分分析

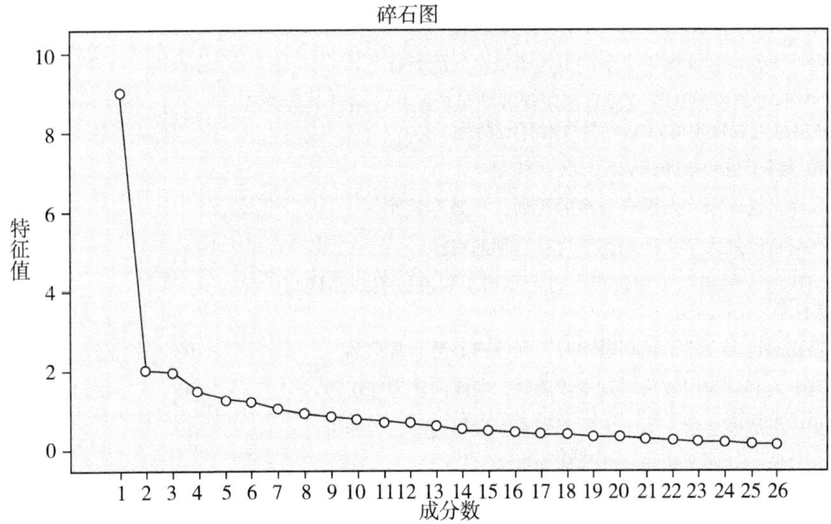

图 4-2 《大学生责任意识初测问卷》因子分析的碎石图

表 4-7 《大学生责任意识初测问卷》三个因子的旋转成分矩阵表

旋转成分矩阵 a			
	成分		
	1	2	3
1.1 个体要对自己的成长和发展负责		.629	
1.2 个体要为所属家庭的和谐与发展担负应有的责任		.793	
1.3 个体要为所属组织的发展与和谐担负应有的责任		.805	
1.4 个体要为所属社会的和谐、繁荣和发展担负应有的责任		.862	
1.5 个体要为所属国家的和谐、稳定、繁荣和发展担负应有的责任		.779	
1.6 个体要为整个人类的发展和存亡担负应有的责任		.521	
2.1 国家须将人们应该承担的各种责任和义务用法律的形式规定下来	.583		
2.2 社会应该用有利于发展的伦理来约束大家的行为	.751		
2.3 社会应该保持各种有利于发展和进步的习俗	.637		
2.4 每个组织或团体都应用各种规定来约束成员的行为，以保证大家的共同利益	.651		
2.5 国家应该用各种道德来约束国民的行为	.596		
2.6 国家应该用集体主义的价值观来塑造国民的价值观	.622		
2.7 每个人都应该为其家庭承担应有的责任和义务	.457		
2.8 每个人都应该为自己发展的好或坏负责任	.394		
2.9 每个人都应该为整个人类的发展贡献自己的力量	.447		
2.10 每个人都应该认真完成自己所承载的角色期待（指社会或个人对某种角色应表现出的特定行为所抱有的期待）	.462		
3.1 我习惯于主动帮助我的家庭分忧解难			.597
3.2 我对自己的未来发展有清晰的规划，并努力实现			.796
3.3 我对自己的大学生活如何度过有合理的安排			.846
3.4 当我所在的组织（如班级、讨论小组）发展或表现不佳时，我会非常着急			.367
3.5 当我的行为有违伦理和道德时，我的内心会非常煎熬	.493		
3.6 当个人利益与国家法律发生矛盾时，我倾向于遵守法律	.489		
3.7 我痛恨那些会给人类未来发展带来不良影响的行为和事件	.612		
3.8 我习惯于密切关注我国的发展和影响			.575
3.9 我经常试图为所属组织的发展做一点事			.414
3.10 我倾向于努力完成所承载的每一个角色任务（比如学生角色、子女角色等）和角色期待			.420

提取方法：主成分
旋转法：具有 Kaiser 标准化的正交旋转法

a. 旋转在 4 次迭代后收敛

通过前面的项目分析、信度分析以及学生的质性反馈结果，发现问卷（见附录 3）中的 3.2 和 3.3 存在语义重复，因此在正式问卷中将 3.3 删除。此外，学生在填答问卷的过程中感觉初始问卷的四级评分过于绝对，缺少中间状态，因此，我们给每一个题目的选项都增加了中间项，如在赞同和不赞同中间加了“中立”选项，在比较符合和比较不符合中间加了“不确定”选项；3.10 题项中的“每一个”也过于绝对，因此删除这几个字；2.10 题项中初测问卷对“角色期待”的解释过于晦涩，填答者不易看懂，在正式问卷中调整了解释的语言；初测问卷的 2.10 题项中的“承载”二字用词不够准确，在正式问卷中改为“承担”。这样，最终形成了大学生责任意识的正式施测问卷（见附录 4），问卷包含 25 个题项，采用李克特 5 级量表法进行评分，问卷包含 3 个维度：责任认知、责任态度和行为倾向性。正式施测问卷的信度见表 4–8，能明显看出比初测问卷的信度（见表 4–4）更好了。

表 4–8 《大学生责任意识正式施测问卷》的信度指标

总问卷及各维度	Cronbach's Alpha	基于标准化项的 Cronbachs Alpha	题项数
大学生责任意识总问卷	.927	.933	25
责任认知维度	.885	.902	6
责任态度维度	.908	.911	10
行为倾向性维度	.841	.850	9

由表 4–7 可知，题项 3.5、3.6、3.7 在探索性因子分析的过程中在因子 1 上具有较高的载荷。为检验这几个题项的类别归属，再次抽取 112 名大学生心理健康教育课程中的学生填答正式问卷，分别将上述 3 个题项归入因子 3 和因子 1 进行验证性因子分析，得到两个结构方程模型 M1（归入因子 3）和 M2（归入因子 1）。2 个模型的拟合指数见表 4–9。学术界普遍认为在大样本情况下：NFI、CFI、IFI、TLI、RFI 大于 0.9，RMR 小于 0.035，RMSEA 值小于 0.08，表明模型与数据的拟合程度很好。但由表 4–9 可见，两个模型拟合得都不是很好，原因可能是样本量过小。从现有的模型拟合指标来看，将题

项 3.5、3.6、3.7 归入模型 1 的方式更合理，这恰好是我们之前假定的理论模型，即责任认知维度包含 6 个题项，责任态度维度包含 10 个题项，行为倾向性维度包含 9 个题项的模型（见图 4–3）。

表 4–9 M1 和 M2 两个结构方程模型的拟合指数

结构方程模型	RMR	RMSEA	NFI	RFI	IFI	TLI	CFI
M1	0.047	0.104	0.728	0.700	0.759	0.733	0.758
M2	0.069	0.108	0.712	0.683	0.742	0.715	0.741

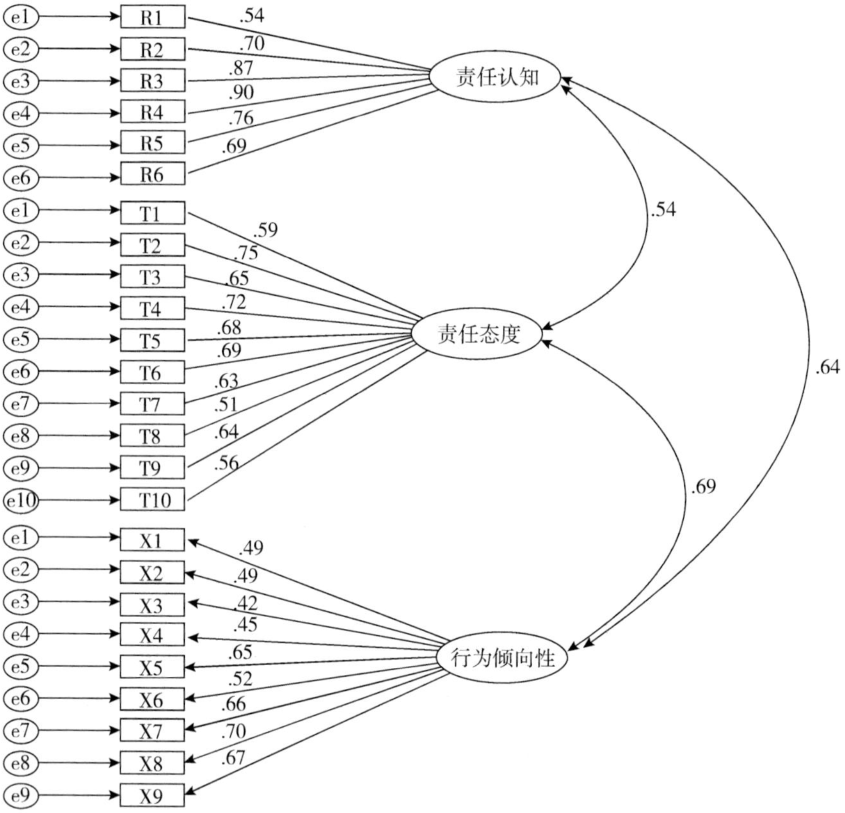

图 4–3 大学生责任意识的内部结构模型

由以上关于大学生责任意识问卷的信度和结构效度检验可以看出，大学生责任意识这一概念包含 3 个内在潜变量，即责任认知、责任态度和行为倾向性。在本研究中，大学生责任意识内部结构模型的建构是通过理论和实证相结合的途径实现的。这避免了因泛泛的理论思辨而无法证实的形而上的缺陷，也避免了只追求数据和实证的那种无源之水、无本之木的绝对实证主义缺陷，保证了大学生责任意识结构模型的合理性和可证实性。

4.5　大学生责任意识的现状调查

采用自编的《大学生责任意识量表》对 S 校一年级 112 名本科生进行调查，发放问卷 112 份，回收问卷 112 份，有效问卷 112 份，问卷的回收率和有效率都是 100%。学生的专业和性别构成见表 4–10。量表共 25 个题项，包含 3 个维度，即责任认知、责任态度、行为倾向性。量表的信度为 0.933。

表 4–10　大学生责任意识现状调查学生构成

专业 / 性别	电子信息专业	材料科学专业	物理专业	航空航天专业	生物医学工程专业	设计专业	英语专业	合计
男	19	17	21	14	9	1	0	81
女	2	1	2	2	2	10	12	31
合计	21	18	23	16	11	11	12	112

1. 大学生责任意识的总体特点

通过对 112 名学生调查问卷的统计分析发现，总体上大学生的责任意识水平比较高，无论是责任意识的总体水平还是其内部各个维度的水平都在 4.0 分以上（见图 4–4）。由附录 3 可知，这里的 4 代表比较符合或赞同，而 5 代表非常符合和赞同。可见，学生的平均分高于 4 分说明他们的责任意识水平较高。但由图 4–4 可见，学生的责任认知维度均分最高，高达 4.69 分，而责任的行为倾向性维度均分最低，只有 4.40 分。这些维度间以及维度与总分之间的分数差异是否达到显著性水平呢？接下来将通过配对样本 t 检验进行统计分析。

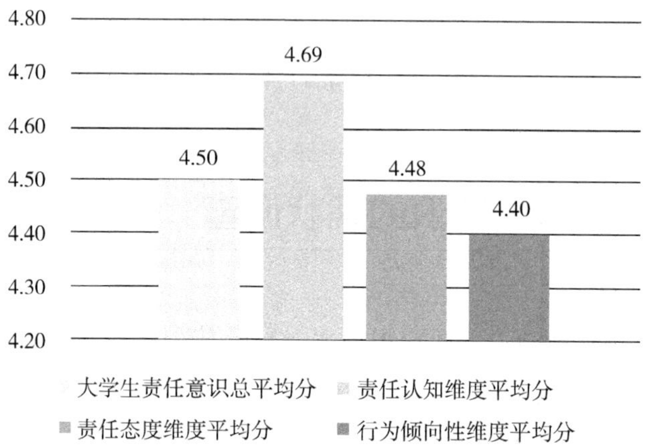

图 4-4　大学生责任意识及其各维度水平

2. 大学生责任意识总体水平与行为倾向性维度存在显著性差异

为检验大学生责任意识总体水平与行为倾向性维度之间是否存在显著性差异，进行了配对样本 t 检验，结果发现二者存在显著性差异，大学生责任意识的总体水平分数显著高于行为倾向性维度的分数（见表 4-11）。这说明学生在履责方面还存在很多欠缺。

表 4-11　大学生责任意识总均分与行为倾向性维度均分的配对样本 t 检验结果

	大学生责任意识总平均分	大学生责任意识行为倾向性维度均分
平均	4.50	4.40
方差	0.21	0.28
观测值	112	112
泊松相关系数	0.84	
假设平均差	0	

续表

	大学生责任意识总平均分	大学生责任意识行为倾向性维度均分
df	111	
t Stat	3.69	
P（T ≤ t）单尾	0.00	
t 单尾临界	1.66	
P（T ≤ t）双尾	0.00	
t 双尾临界	1.98	

3. 大学生责任意识认知维度水平与行为倾向性维度存在显著性差异

进一步检验大学生责任意识认知维度水平与行为倾向性维度之间的差异，发现二者存在显著性差异，责任认知维度的分数显著高于行为倾向性维度的分数（见表 4-12）。这进一步说明了大学生在责任方面的知行错位情况，表面上学生的大脑中已经装了大量责任方面的知识，但具体如何在实际的生活中将责任付诸实践还有一段距离。因此，未来的研究应重点集中在如何促进大学生积极履行责任方面。

表 4-12　大学生责任意识认知维度均分与行为倾向性维度均分的配对样本 t 检验结果

	大学生责任意识认知维度均分	大学生责任意识行为倾向性维度均分
平均	4.69	4.40
方差	0.25	0.28
观测值	112	112
泊松相关系数	0.59	
假设平均差	0	
df	111	
t Stat	6.59	

续表

	大学生责任意识认知维度均分	大学生责任意识行为倾向性维度均分
P（T ≤ t）单尾	0.00	
t 单尾临界	1.66	
P（T ≤ t）双尾	0.00	
t 双尾临界	1.98	

4. 大学生责任意识认知维度水平与态度维度存在显著性差异

检验大学生责任意识认知维度与态度维度之间的差异，发现二者差异显著，责任认知维度的分数显著高于责任态度维度的分数（见表 4–13）。这说明大学生对于大脑中的很多责任方面的有形或无形的规定性并不认同，或者被激发的情感情绪体验并不好，因此他们对某些观念持排斥态度。大学生不履责并不是他们不知道应该履责，而是他们根本就不想履责。

表 4–13　大学生责任意识认知维度均分与态度维度均分的配对样本 t 检验结果

	大学生责任意识认知维度均分	大学生责任意识态度维度均分
平均	4.69	4.48
方差	0.25	0.35
观测值	112	112
泊松相关系数	0.51	
假设平均差	0	
df	111	
t Stat	4.21	
P（T ≤ t）单尾	0.00	
t 单尾临界	1.66	
P（T ≤ t）双尾	0.00	
t 双尾临界	1.98	

5. 大学生责任意识的总体水平与认知维度存在显著性差异

进一步检验大学生责任意识的总体水平与认知维度之间的差异性，发现二者呈显著性差异，认知维度分数显著高于责任意识的总体水平（见表4-14）。这说明外界输入的责任内容非常多，大学生对应该在哪些事情上履行责任非常清楚，但是他们因为并不是很认同这些责任内容，或者在履行的过程中感到无能为力等原因，导致他们在真正的履行责任的过程中出现了知行错位的现象。

表 4-14　大学生责任意识总均分与认知维度均分的配对样本 t 检验结果

	大学生责任意识总平均分	大学生责任意识认知维度均分
平均	4.50	4.69
方差	0.21	0.25
观测值	112	112
泊松相关系数	0.77	
假设平均差	0	
df	111	
t Stat	-6.21	
P（T ≤ t）单尾	0.00	
t 单尾临界	1.69	
P（T ≤ t）双尾	0.00	
t 双尾临界	1.98	

第 5 章 数字化服务式学习与大学生社会责任意识的提升

5.1 引言

从第四章呈现的调查结果可以看出，提升大学生的责任意识存在不少挑战。大学生作为未来社会发展的重要力量，承担着实现中华民族伟大复兴的历史使命，而社会责任意识是影响其能否完成使命的关键因素。高校中有一部分学生责任意识较强，但也有一部分学生出现责任意识缺失的情况，以自我为中心、不愿承担责任和义务、自我责任意识不强、集体责任意识淡薄等（石瑞宝，2015）。这不仅不利于个人的身心健康，也使得大学生无法承担起国家建设的重任，甚至会给社会带来危害。如果不对大学生责任意识加以引导，将影响其良好道德品质的形成，导致其产生不良情绪，进而影响其行为，从而影响社会的和谐稳定发展。

那么，该如何提升大学生的社会责任意识呢？一种有效途径正是服务式学习。服务式学习（Service Learning）是一种兴起于 20 世纪的教学模式和方法（王炜，2006），它注重通过实践活动和社会参与来增强公民教育的效果。与志愿服务和课程实习不同，服务式学习不只是为社会和社区提供服务，还具有“公民教育”的功能（尤晓磊，2012）。已有研究表明，服务式学习能有效促进学生的全面发展，改进教学效果和改进社区服务质量。它将学生的课堂学习与现实社会的问题和需要结合起来，既促进学生的智力发展，又促进学生的公民参与。能有效增强学生的社会参与精神和公民责任意识，发展其人格（Bringle et al.，2012），已成为德育的重要途径。2020 年 7 月，教育部制定的《大中小学劳动教育指导纲要（试行）》指出，普通高等学校专业类课程要与服务式学习等形式相结合，开展各类劳动实践，同时提出要引导学生认识社会，增强社会责任意识，明确服务式学习的重要地位。

服务式学习能够促进理论与实践的结合，它既是教育中的实践，又是实践中的教育。20 年来，服务式学习已在全球多个国家和地区取得迅猛发展，成为德育的重要形式。在我国，一些高校也积极开展服务式学习的探索和实践，但数字化服务式学习的尝试并不多见，新冠疫情环境和当今经济社会环境的发展为数字化服务式学习的推广提供了土壤，在此背景下，我们以 S 校 2021 年开展的一个线上支教数字化服务式学习项目作为案例开展进一步研究。

5.2　概念界定及相关研究

1. 数字化服务式学习

数字化服务式学习（e-service learning）又称电子服务式学习，是指在数字环境下开展的服务式学习活动，属于服务式学习与数字化学习的融合。在信息技术迅猛发展的今天，在线学习正在如火如荼的发展之中。由于在线学习平台具有在任何时间、任何地点提供更灵活的内容和教学的特点，在线学习平台如雨后春笋般发展。马尔维和汉比（Malvey & Hamby，2006）率先提出数字化服务式学习的概念，认为数字化服务式学习是电子技术支持下的服务式学习，属于经验教育的一种，主要借助互联网和相关技术平台来让学生、教师、社区伙伴协同实施有组织、有目标、基于体验的服务式学习活动，这类活动既可以提高学生的社会责任感，又可以满足社区需求，具有多重社会效益。戴利 - 赫伯特和唐内利将数字化服务式学习描述为“一种通过技术让学习者参与公民探究、服务、反思和行动的综合教学法”。综合上述观点，本研究将数字化服务式学习定义为：学生基于一定的培养目标，利用数字化资源学习等相关知识和平台，为一定组织或个人提供服务，并借助反思和评价等形式来增强自身的综合素养，从而提高应用知识、解决实际问题能力的教学模式和方法。按照服务式学习模型，可以将其划分为：规划干预、培训学习、服务行为和反思平衡四个环节。服务式学习的数字化程度见图 5-1 所示。开展形式完全线下的即为传统服务式学习，完全线上的服务式学习即为极端数字化服务式学习。本研究选取的项目各环节均为线上开展，属于极端数字化服务式学习。

图 5-1　数字化服务式学习水平（Waldner，Widener & Mcgorry，2012）

2. 社会责任意识

如前所述，责任和责任意识是两个紧密联系，又互相区别的概念。责任属于客观范畴，而责任意识则属主观范畴，社会责任意识属于责任意识的一个重要方面。社会责任意识指“一个享有独立人格的社会成员的公民义务意识，对社会不公及其复杂原因的意识，以及致力于社会公平的意识”。在没有报偿的情况下，个体能够积极帮助他人的行为动机（Berkowitz & Lutterman，1968），即是公民的责任意识在社会层面的具体体现。这是个体对社会责任的一种强烈的自觉意识，它与崇高的意志、态度密切相关，与人的理想、志向和价值观高度统一。它不仅是一种内在的心理状态，而且是一种由心理过程外化的社会责任行动。基于已有研究，本研究将社会责任意识界定为公民对社会责任的深刻认知与特殊情感认同，以及负责任的行动，具体内涵包括社会责任认知、社会责任情感和社会责任行为。

5.3　理论框架

在探索如何通过数字化服务式学习干预学生发展的过程中，人们发现参与服务式学习与学生价值观的发展是共生关系。我们以德尔夫服务式学习模型（Service Learning Model）与双循环圈体验学习理论（The Twin-Cycle Experiential Learning Model）为代表开展研究。

1. 德尔夫服务式学习模型

德尔夫服务式学习模型由塞西莉亚·德尔夫（Cecilia Delve）、苏珊娜·明茨（Suzanne Mintz）和格里格·斯图尔特（Greig Stewart）在 1990 年提出，这一模型可根据学生不同的发展阶段对服务式学习项目进行干预设计。

作为指导学生个体参与服务式学习的理论，德尔夫服务式学习描述了学生从参与服务式学习项目到社会责任意识内化的发展过程，是在道德认知发展理论的基础上发展起来的，以下对这一理论的发展历程进行简单介绍。

（1）佩里的大学生认知发展论。20 世纪 50 至 60 年代，威廉·佩里（Perry，1970）在对两所高校的学生进行访谈研究的基础上，构建了学生认知发展模型，将学生的智力和道德发展历程分为不断向前推进的九个阶段：从“基础二分阶段（Basic Duality）到多元化（Multiplicity），再到相对主义阶段（Relativism），最后到信守阶段（Commitment）”（见表 5-1）。

佩里的大学生认知发展理论主要关注学生如何看待权威与知识。对于权威，在“基础二分阶段”的学生认为权威（如老师、家长等）知道所有问题的答案；处于“相对主义阶段”的学生则认为权威有对有错，以及哪些是错的。对于知识，处于“基础二分阶段”的学生认为知识是绝对的，每个问题都有正确的答案；处于“相对主义阶段”的个体则认为知识是相对的，是社会构建的，是与时空相关的，认同知识的每个组成部分都是更大整体中的一部分。从多元化到相对主义的转变至关重要。在“信守阶段”，个体在一个多元化的世界中确立了自己的身份，行为和信仰是一体的，但他们欣赏周围世界的多样性。处于“相对主义阶段”的学生需要具备简单具体的世界观（是非黑白）和鉴别真伪的辨识能力。

表 5-1 佩里的认知发展模型

	阶段一（1-2）	过渡（3-4）	阶段二（5-6）	阶段三（7-9）
名称	基础二分阶段	多元化	相对主义阶段	信守阶段
特点	非此即彼 非对即错		通过比较不同理论、方法，找到有效的理论和方法	能结合个人的实际情况，具体问题具体分析

佩里的大学生认知发展理论对学生发展相关的理论和学生事务工作实践产生了深远影响，该理论是学生学业安排和学生事务工作项目设置的重要支撑。

（2）科尔伯格的道德发展阶段论。科尔伯格（Kohlberg，1976）的道德发展模型概括了道德发展的三个阶段：前习俗（preconventional）、习俗（conventional）和后习俗（postconventional），如表 5-2 所示。在“前习俗”水平，个体主要以遵守规则、以得到奖励或避免惩罚为特征；在“习俗”水平，以满足他人对自己的期望、维护现行社会秩序为特征，但并不质疑社会秩序是基于何种准则确立的；“后习俗”水平优先考虑尊重人的权利、增加社会的福利、应用社会正义普遍适用的原则来审视和评价社会运行规则。

表 5-2 科尔伯格的道德发展阶段模型

	水平一：前习俗	水平二：习俗	水平三：后习俗
阶段一	避免惩罚，服从权威	维持关系，受人夸奖的道德	民主地接受法律的道德
阶段二	工具享乐主义	维持社会及法律秩序的道德	个人良心的道德

“前习俗水平”拥有两个阶段：第一阶段决定一个人遵守规则的动机是避免惩罚、相信权威，还是寻求满足；第二个阶段是朴素的工具享乐主义阶段，

把满足自己需要的行为描述为道德行为。处于这一阶段的人会将很多努力花在操纵他人以达到自己的目标上。“习俗水平”也包括两个阶段：第一个阶段又称为人际和谐阶段，这是个体开始道德判断的常规水平，从以自我为中心转向取悦他人，以便得到更大群体的认可；“习俗水平”的第二个阶段是“法律与秩序”阶段，个体认为应该不惜任何代价来维持社会秩序。“后习俗水平”也分为两个阶段：第一个阶段个体认为法律可能不是公平公正的，需要通过适当的途径加以改变；第二个阶段个体认同普遍的道德判断，认为尊重个人尊严至关重要，必须在任何现有法律之上予以捍卫，遵守以个人良心为原则的道德。

虽然科尔伯格的研究并非针对大学生，但其理论常被学生事务工作人员运用到工作实践中，作为维护校园秩序的理论基础，促进学生批判性思维的发展。科尔伯格和佩里的研究都对学生事务领域产生深远影响，却受到来自女性主义者的批判，因为其只反映了男性的发展。有一些女性研究者对女性进行了研究，具有代表性的是卡罗尔·吉利根（Carol Gilligan），作为科尔伯格的学生，其研究直接针对科尔伯格理论的核心，攻击其理论构建背后的基本逻辑。

（3）吉利根女性道德发展论。卡罗尔·吉利根的女性道德判断发展模型关注男性和女性道德发展之间的差异，认为道德发展存在性别特异性，女性不以“正义之德（ethic of justice）”为最高道德准则，而是以“关怀（ethic of care）”为最高道德准则（Gilligan et al.，1991）。这与女性看重人际关系、重视人际关爱的思想一脉相承。吉利根女性道德发展理论是一个三层次模型，第一层次是务实和自我，关系被视为痛苦。从第一层次到第二层次的转变依赖于从自私转向对他人的责任感。对他人的依恋和联系变得越发重要，越来越能很现实地看待自我的局限性。第二层次是自我牺牲的美德。在这一层次，被他人接受变得至关重要，要求对各自所做的选择负责。在这一阶段，个体愿意保护被剥夺权利的他人。在第三层次，个体消除了自私与责任之间的紧张关系，关注他人与自我的关系。这时关怀成了判断自我选择的原则，完成了从善到真的过渡。

吉利根的理论模型是对佩里和科尔伯格理论的有益补充。这种对女性认知和价值观发展的研究，使得学生事务工作人员具备了更多理论工具，能更加全面地了解男女学生的发展与成长。这些研究为高校干预学生价值观的教育教学设计做出了重要贡献，提供了制定教育计划和政策的总体框架，有助于促进学生成长，同时推动其他理论的产生。此外，莱温（Lewin，1936）很早以前就提出，个体的行为（B）是个体（P）和个体与环境（E）的相互作用函数，即 B=f｛P×E｝。瓦什（Walsh，1975）则提出学生与环境的相互作用至关重要。这些理论为学生发展研究专家提供了提高学习效果的设计方法。然而，学生的学习效果取决于在任何给定的学生环境中保持挑战和支持之间的微妙平衡，要让学生发生质的变化，必须在活动设计中给其带来支持的同时提出一些有挑战性的任务（Scanford，2017），服务式学习模式由此应运而生。

（4）德尔夫服务式学习模型。德尔夫服务式学习模型包括学生社会责任意识发展的五个阶段：探索（Exploration）、明确（Clarification）、领悟（Realization）、激活（Activation）和内化（Internalization），这五个阶段是学生参与某种服务式学习干预的结果。五个阶段包含四个关键发展变量：干预、承诺、行为和平衡。每个变量有两种描述性分类，如表 5-3 所示。

在“**探索**”阶段，学生通常对有帮助他人的机会而感到兴奋，但对他人面临的实际问题“思考”得较为天真。在这一阶段，参与者与特定的社会群体几乎没有情感联系。在“**明确**”阶段，参与者探索许多不同的志愿者机会。他们可能会受到同伴群体的影响而参与进来，在寻找对其个人较为重要的群体或问题方面取得了进展。在“**领悟**”阶段，学生会意识到服务式学习的全部内涵，并领会到那些看似无关的社区服务是如何融合在一起的。通常经过服务经验的深刻转化，他们认识到了“更真实的自我”，学生变得专注于特定人群或问题。在“**激活**”阶段，参与者开始参与许多复杂的社会问题，这也是由他们参与的服务促成的。参与者通常会对与他们一起工作的团体有强烈的归属感，并可能成为其中的积极分子。在“**内化**”阶段，参与者已经将他们的服务经历完全融入其生活中，可能包括生活方式或职业的改变，以更符合他们在参与解决社会问题的过程中所获得的价值观。

表 5-3　德尔夫服务式学习模型范式

发展变量		阶段一：探索	阶段二：明确	阶段三：领悟	阶段四：激活	阶段五：内化
干预	模式	团队	团队	团队 / 个人	团队 / 个人	个人
	设置	非直接 / 间接	非直接 / 间接 / 直接	间接 / 直接	间接 / 直接	间接 / 直接
承诺	频率	一次	一次多活动地点	持续	持续	持续
	时间	短期	短期团队	长期活动、地点、问题	终身致力于某问题	终身致力于社会正义
行为	需求	参与激励活动	认同群体友爱	致力于活动地点问题	倡导问题	提升价值观
	结果	感觉良好，满足	属于这个群体	了解活动、地点问题	改变生活方式	实现个人价值
平衡	挑战	打破参与周期	多种方案中解决团队问题	面对多样性，脱离团队	质疑权威，适应同伴	生活价值观如一
	支持	主动性，结构化	团队设定	协调员，督导，志愿者	搭档，客户，志愿者	社区内部和平
过渡目标		从个人到团队	从团队到活动、地点问题	从活动、地点问题到社区		从社区到社会
		慈善———————————————————————社会正义				

就四个关键发展变量来说，如表 5-3 所示，“**干预**”通过学生和社区之间的互动模式（群体或个人）和互动程度（非直接、间接或直接）来表示；“**承诺**”通过个人参与给定人群或志愿者活动的频率和持续时间来表示；“**行为**”通过个人与所在社区的需求之间的关系以及参与该活动如何影响其自身观点（如感觉良好、属于某个团体等）来表示；“**平衡**”通过参与者需要或获得的挑战和支持来表示。

然而，有学者在实际开展调研和开发量表时发现前两个阶段（探索和明确）之间的区别不足以创建相对独立的量表，在最后的激活和内化两个阶段亦是如此。一般只能创建三个子量表，包括探索、领悟和内化三个维度，来解释服务式学习过程中学生发展的五个阶段。本研究采用服务式学习模型来分析 S 校数字化服务式学习项目中学生社会责任意识在不同阶段的发展与变化。

2. 体验学习理论

本研究采用的第二个理论为体验学习理论中的体验学习双循环圈理论。体验学习是一种以学习者为中心的、从体验和反思中获得进步的学习方式。尽管学者们对体验学习提出了不同的框架与模型，但多数模型将体验学习描述为一个循环的过程。体验学习理论提供了完全不同于经验主义认识论的行为主义理论，它强调学习者从体验和反思中获得进步。

大卫·库伯（David Kolb）在库尔特·勒温（Kurt Lewin）、约翰·杜威（John. Dewey）和让·皮亚杰（Jean Piaget）的经验学习模式的基础之上，于 1984 年提出体验学习理论（Experiential Learning Theory），即经验学习圈理论。

勒温认为以即时体验为开端，紧随收集资料与观察经验的综合过程能更好地推动学习、改变与发展。由图 5–2 可知，个体的即时具体体验是观察与反思的基础，是学习的核心，它赋予人们生活、感觉与主观上的抽象概念，对行动的新启示可通过推断得出，这些启示成为创造新体验的行动指导纲领（车文博，1998）。

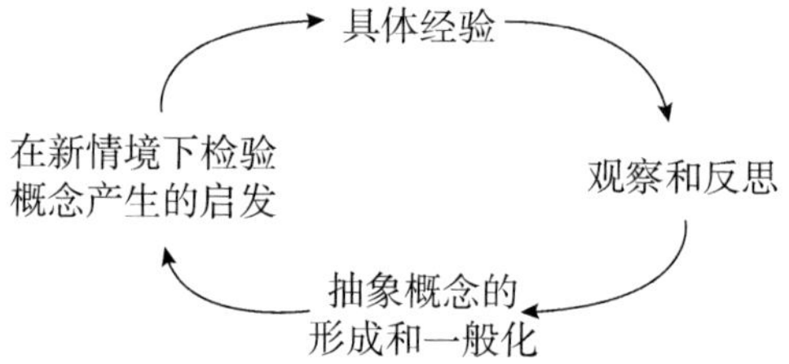

图 5–2　勒温的体验式学习模型

杜威强调学习是整合体验、概念、观察与行动的认知辩证过程。其中，体验促进观念的形成，观念指导体验，通过求同存异过程的整合，行动才经体验产生（Dewey，1938）。皮亚杰认为，学习过程是个体与环境循环互动的发展过程（李文君，2012），体验、概念、反思与行动是发展至成人思维的连续统一体，该观点与杜威和勒温的学习模式相似（Piaget，1964），如图 5–3 所示。

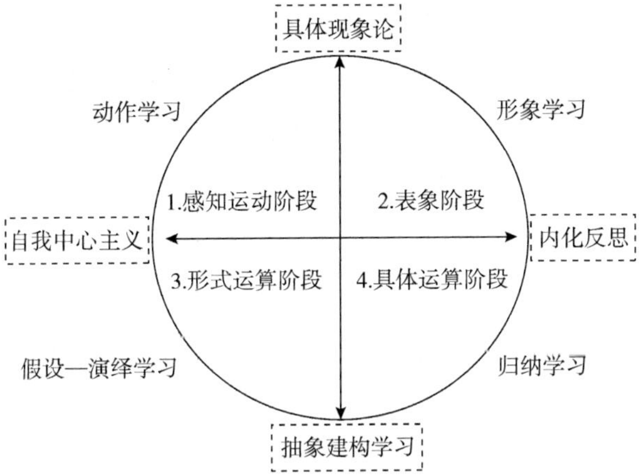

图 5-3　皮亚杰的体验学习模型

库伯（Kolb，2012）认为，学习是一个创造知识的过程，知识来源于个体对体验的理解和转换，经验学习过程是由四个适应性学习阶段，包括具体经验、反思观察、抽象概念、主动实践构成的环形结构。此外，库伯按照学习风格将学习者划分为四种类型，包括行动型学习者、务实型学习者、想象型学习者和理论型学习者，如图 5-4 所示。

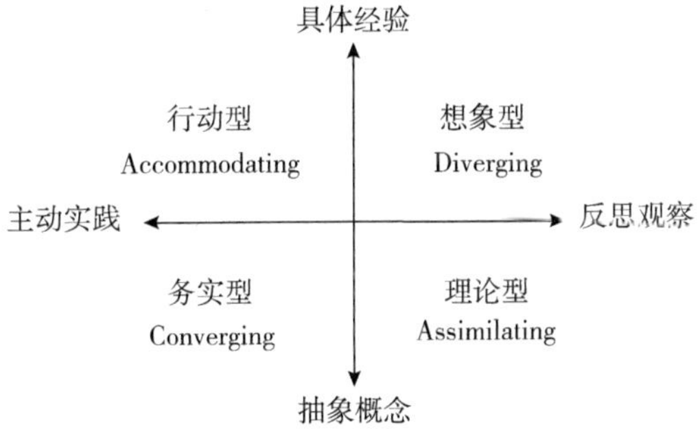

图 5-4　库伯经验学习模型

具体经验是让学习者完全投入一种新的体验，反思性观察是学习者对已经历的体验加以思考，抽象概念化是学习者必须理解所观察的内容并且加以吸收而成为合乎逻辑的概念，主动实践阶段的学习者要验证这些概念，将它们运用到制定策略、解决问题之中去（Leonie，1985）。库伯的体验学习理论中，学习风格与理论基础存在偏差；模型难以满足测试要求，概念表述存在逻辑问题和同义反复等（王吉康，2017），体验学习双循环圈模型应运而生。

哈罗尔德·伯格斯迪纳（Harald Bergsteiner）和盖尔·艾弗瑞（Gayle Avery）于 2014 年提出体验学习双循环圈模型（The Twin-Cycle Experiential Learning Model）（Bergsteiner et al.，2014）（见图 5-5）。它是在对库伯的体验学习理论批判、反思的基础上提出的。双循环圈模型与库伯模型的区别，主要表现为它将学习模式、学习活动、学习知觉与学习阶段整合在一起。初始的意义建构阶段、转化体验阶段（概念化阶段、准备阶段）、经验获得阶段，每个阶段环环相扣、首尾相连构成体验学习圈。方框表示具体的学习阶段，箭头表示学习活动发生的次序，小圆圈和带有字母的大圆圈是模型中的节点，表示不同学习阶段之间起承转合的重要事件或关键时点，被命名为“学习过滤器”。从模型构成看，双循环圈模型主要包括了两个学习循环圈和四个相同的学习阶段。每个学习阶段都包含着对学生学习效果的反思，学习者对已有信息的处理程度和使用方式决定其学习结果。

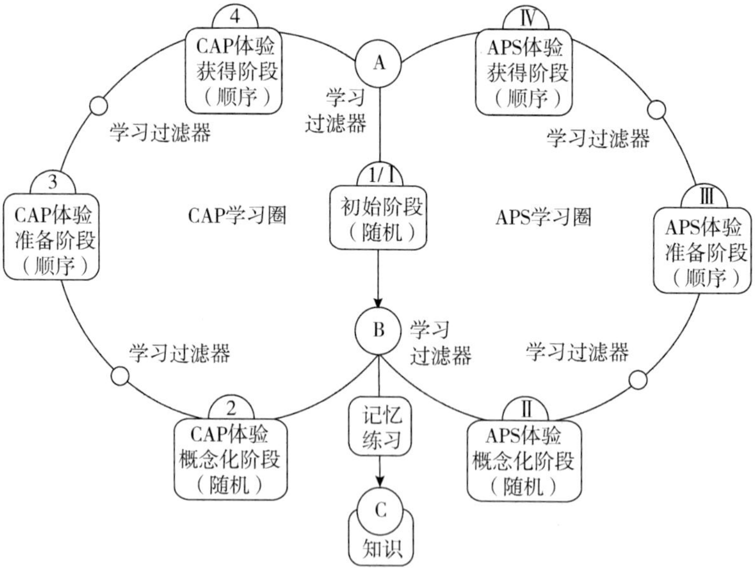

图 5-5　体验学习双循环圈模型

体验学习的四个阶段在左循环圈中用阿拉伯数字表示，在右循环圈中用罗马数字表示。左侧 CAP 学习圈是指具体—主动—首要（Concrete-Active-Primary）学习圈，表示学习者通过实践或观察真实事件进行的学习过程，是效能最高的学习活动。右侧 APS 学习圈是指抽象—被动—次要（Abstract-Passive-Secondary）学习圈，用来表示通过倾听或阅读进行的学习活动，效能最低。虽然左右循环圈所代表的学习性质不同，但学习阶段是一致的。然而，四个学习阶段的循环往复需要特定的条件和时机，只有经过"学习过滤器"的过滤才能实现，过滤取决于学习者对已有信息的处理程度和使用方式，并受复杂心理和社会筛选过程的支配，没有通过过滤器的筛选，学习就在该阶段终结。

以下将以体验学习双循环圈理论和相关实证研究为基础，尝试从意义建构阶段、转化体验阶段（包括概念化阶段和准备阶段）、经验获得阶段构建数字化服务式学习项目的体验学习模型，以探讨责任意识的培养。

3. 理论模型

在服务式学习模型和体验学习双循环圈模型的基础上，我们构建的数字化服务式学习框架按照探索—领悟—内化三个阶段发展而来，经过数字化服务式学习的四个关键发展变量（干预、承诺、行为和平衡），学生的社会责任认知、社会责任情感和社会责任行为三个维度产生变化，该过程在体验学习圈中发生，如图 5-6 所示。

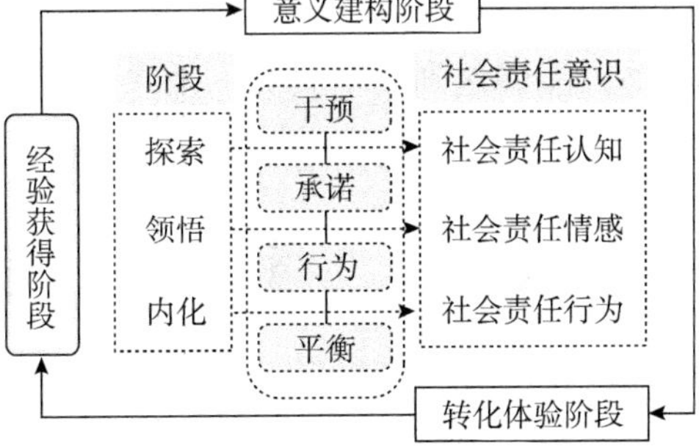

图 5-6　社会责任意识的数字化服务式学习模型

5.4 相关研究

近年来，国内外学者对服务式学习和大学生责任意识高度关注，研究成果也越来越多，下文将聚焦更具体的数字化服务式学习和大学生社会责任意识。

服务式学习已成为高等教育中的重要组成部分。目前，服务式学习在以美国为代表的许多欧美国家被广泛应用到理、工、商、农、医学等领域。越来越多的大学和学科将服务式学习作为一种教育理念，其主要思想是学生为社会提供服务，获得学习体验（Kenworthy et al.，2005）。美国的服务式学习发展较为成熟且被各国广为模仿和借鉴。《国家与社区服务法案》和《全美服务信任法案》确立了服务式学习法律地位的举措，推动了服务式学习在美国各级各类学校的普及（潘利若 等，2011）。美国服务式学习的开展还与社会现实问题密切联系，将服务式学习的目标瞄准在培养民主公民的视角上，培养未来在当地和全国范围内从事政治事务的优秀公民（Kahne et al.，2006）。北美地区的服务式学习具有开展早、形式多、系统性强等特点，影响深远。加拿大服务式学习的实施晚于美国，虽然受美国影响较大，但在其实施过程中具有独特的培养目标、内容框架、课程形式和实施步骤（杨婕，2016）。欧洲地区受北美服务式学习影响较早，开展形式丰富，而且与社会现实和人类发展问题联系紧密，研究数量也相对较多。有关对代际服务式学习（Intergenerational Service Learning）的效果研究发现，年轻人和老年人之间有计划性的持续互动，能够达到两全其美的效果（Newman，1997）。德国的服务式学习还处于起步阶段，在德国的 4 万所学校中，只有几百所尝试过这种教学方法（Baltes et al.，2010）。

亚太地区服务式学习的开展具有不平衡性，发达国家和地区对此较为重视，而欠发达国家和地区相对关注度较低，研究也相对较少。日本的服务式学习开始较晚，发端于 20 世纪 90 年代后半期，但进展较快，于 2000 年后逐渐普及，且体现出系统化、制度化的特点（苑璞 等，2018）。香港地区服务式学习执行框架已经比较完善，由专门机构统筹管理服务式学习事务，基本形成了服务式学习的初、中、高三级模式（管弦，2017）。

按照服务式学习存在的形态可以把服务式学习的实践形式划分为"服务式学习与课程结合"和"服务式学习与项目结合"两大类型。有学者认为服务式学习必须与学术课程相结合，强化学术课程，并为学生提供系统化、结构化的机会来进行反思（Wiegand，2000）。也有学者认为服务式学习不一定依托于学术课程，可以以更灵活的模式开展。服务式学习的形式多种多样，既可以在课内、课外开展，也可以在周末或假期开展；既能以小组、班级为单位开展，也能以整个学校或整个学区为单位开展（Jacoby et al.，2009）。

在服务式学习与课程结合方面，越来越多的组织机构正在寻求将服务式学习的元素融入课程中（Morreale et al.，1998）。在一项调查中发现，美国一所高校的 263 个系中，有 240 个系为服务式学习提供学分（Sellnow et al.，1997）。国内外研究者按照学科专业或课程类别探究服务式学习的内容，涉及的学科主要有软件工程、英语教学、应用心理、卫生护理、服装绘画等。如尝试将服务式学习项目引入高级软件工程课程，以增强解决复杂问题的能力，还为项目开发了教育软件程序，研究表明该措施有效（Liu，2005）。服务式学习是英语师范生了解基础教育现状，理解学生、家长及社会需求，检验教育理论和体验教学实际的重要途径（罗毅，2011）。此外，有学者探究服务式学习在《老年护理学》课程教学（刘娜，2015）、《社区护理学》实践教学（庄嘉元 等，2016）、心理学专业课程（黄时华，2009）中的应用，评价服务式学习模式的效果，以提出开展服务式学习的建议和实践设想。这类研究主要侧重于把服务式学习作为一种实践性教学方法，对本学科如何运用服务式学习这种新型教学模式提出针对性的建议。

然而，也有学者认为服务式学习融入课程的效果有待商榷。有教职工反对将服务式学习作为高等教育阶段的教学方法，他们质疑服务式学习对学生的认知和智力学习等传统学术成果的影响（Markus et al.，1993）。

在服务式学习与活动结合的模式当中，研究主要集中于服务式学习与社团活动和学生组织的融合。如服务式学习是促进学生社团创新发展的有效途径（胡继冬 等，2011）。服务式学习从本质上是将高校大学生学习与社会实践活动结合，衍生出的一种素质教育新途径，高校大学生通过服务社会对所学的知识进行积极反思，进而提升自我学习力，以切实推动高校大学生社会实践机制的创新（廖阔，2013）。此外，有学者探讨了服务式学习与创业教育之间的关系。通过比较美国体验式创业教育的模式与我国体验式创业教育模式的区别，指出美国体验式创业教育融入了精心设计的实践活动，创业计划大赛、服务式学习等实践教学内容，从而探索出美国体验式创业教育对我国的启示，为完善我国的创业教育体系提供参考建议（周冰，2016）。

在信息技术发展的背景下，服务式学习形式也出现了新的变革——数字化服务式学习。数字化服务式学习通常以一种混合模式进行，其中一些教学或服务是在数字环境下进行的。有研究者将数字化服务式学习的形式归纳为四种类型，如图 5-7 所示（Waldner et al.，2012）。混合型 I（线上教学，现场服务）、混合型 II（现场教学，线上服务）、混合型 III（教学和服务是在线与现场的混合）和极端数字化服务式学习（100% 在线教学和服务）。目前，国内外还未对数字化服务式学习项目的运行机制进行深入探究。因此，本研究聚焦于数字化环境下的"服务式学习与项目结合的模式"进行研究，即教学和服务完全以在线形式开展的数字化服务式学习。

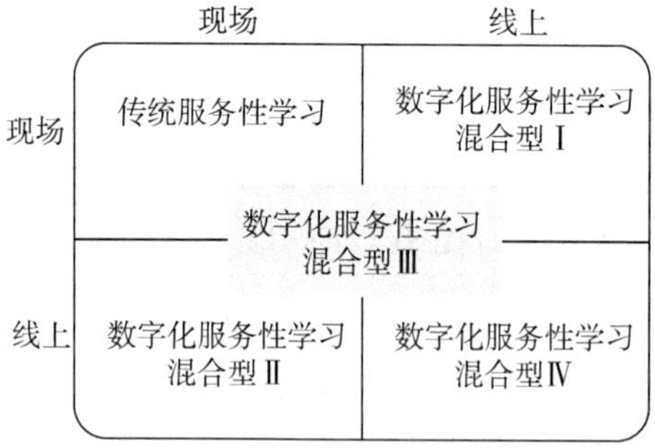

图 5-7　数字化服务式学习类型（Waldner et al.，2012）

服务式学习经常被应用于学生的责任意识培养之中，服务式学习与大学生责任意识之间存在紧密联系，学生通过服务式学习体验学会主动承担社会责任，服务社会。服务式学习对于增强大学生的责任情感、影响大学生的责任行为有重要意义。

国内学者关于服务式学习与大学生责任意识的研究不多，且多为理论研究，少数案例研究也以美国为背景。如郑菊萍（2009）分析了服务式学习的作用，即包括促进学生的公民参与等。尤晓磊（2012）基于美国学校服务式学习开展的研究认为，服务式学习与志愿服务和课程实习不同，不只是为社会和社区提供服务，还具有“公民教育”的功能。服务式学习无须打破学习的严密性和学科目标，就能为学生提供尽最大努力学习的理由。它是学生提高学习成就、培养性格和鼓励个人发展的途径（Govekar et al.，2007）。在服务式学习推动学生责任行为方面，刘宝存等（2005）研究发现，服务式学习通过将学生的学习拓展到课堂之外，强化他们在学校所学到的知识，并为他们提供将新学到的学术知识和技能用于解决社区中实际问题的机会。参加服务式学习的学生对实现社区组织的目标发挥积极的促进作用。

国外已有关于服务式学习与大学生责任意识关系的实证研究，研究者普遍认为服务式学习对与大学生责任意识的发展具有积极意义。服务式学习可以增强大学生的社会参与精神和公民责任意识，发展他们的人格（Dan et al.，1981）。服务式学习有助于增强学生帮助他人的责任意识和对他人负责任的态度（Newmann，1983），能够激发学生参与公民事务的热情，增强其社会责任感（Scales et al.，2000）。此外，有研究表明，认为服务式学习经验对社会有用的学生，在未来参与社区和慈善组织活动的动机也更高（Burns，2011）。服务式学习、体验式学习、实习和参与式行动研究都是学院和大学用来促进学生参与公民活动以及增强教育机构的社区协作作用的策略（Kenny，2002）。

数字化服务式学习是服务式学习的一种，社会责任意识是责任意识的重要组成部分，本部分就数字化服务式学习与大学生社会责任意识的相关文献进行梳理。

数字化服务式学习（e-service learning）又称电子服务式学习，相关文献较少，但关于其意义大多持支持态度。如“在线资助”写作班的学生可能会帮助非营利社区合作伙伴撰写资助提案，当教学部分、服务部分或两者都在网络环境下进行时，数字化服务式学习就发生了。数字化服务式学习在一定程度上与服务式电子学习（service-e learning）概念重叠，服务式电子学习被描述为“一种通过技术让学习者参与公民探究、服务、反思和行动的综合教学法”（Dailey-Hebert et al., 2010）。

在线教育自兴起以来，就以低成本、覆盖范围广、时空限制少等优势吸引了人们广泛关注，在信息技术迅猛发展的背景下，在线教育正在如火如荼的发展之中。服务式学习和在线教学可以有一种“共生的教育关系”（Bennett et al., 2001）。国外学者从不同角度论述了数字化服务式学习的优点，数字化服务式学习能够将服务式学习从基于位置的访问或地理限制中解放出来（Waldner, 2012），同时克服了在线学习缺乏互动的限制，社区合作伙伴的访问权限可以增加和扩展到本地社区之外（Hill et al., 2009）；在线课程的互动参与方式也变得更加有趣和多样（Gaytan et al., 2007）；将学生与他们需要在劳动力市场中取得成功的能力联系起来，且实践影响力更强，它是在线教育发展到一定阶段的产物（Mcwhorter et al., 2013）。然而，数字化服务式学习也存在缺陷，比如数字化服务式学习的学生可能会因为不在现场而错过活动的主动性和兴奋性（Malvey et al., 2006）。以往研究大多关注传统面对面的服务式学习，数字化服务式学习的研究还有待深入和加强。

社会责任意识是责任意识的重要组成部分，为了与冷漠做斗争，公民的社会责任、公共服务等必须在高校教育中获得更高的优先级（Levine, 1980）。国外关于社会责任意识的研究多以企业为主体，不在本文讨论范畴。此外，有部分文献从个体的领域和角色角度讨论了社会责任意识，如护理领域（Tyer-Viola et al., 2009）、科学领域（Goldsmith et al., 1975）和学术领域（Fuente, 2002）的社会责任。也有文献提出了社会责任意识的要求与培养措施（Jonathan et al., 1995）。国内关于社会责任意识的研究多为思辨类研究，主要强调人为培养大学生社会责任意识的重要性并呼吁社会做出努力（崔乃鑫，2010），进而提出措施及对策，如通过加强“两课”教育、社会实践、传统文化教育、师德教育和国防教育等多种途径，增强当代大学生的社会责任意识（曾旭日，2002）。

已有研究对于服务式学习和大学生社会责任意识进行了一定程度的探讨，诸多学者关注到服务式学习的重要作用，针对服务式学习的类型、国内外发展现状等进行了研究，为本研究的开展提供了丰富的支撑材料，但关于数字化服务式学习的文献偏少，数字化服务式学习与大学生社会责任意识培养之间的关系方面需要进一步深入研究。

从研究内容上看，关于服务式学习的研究同质化倾向严重。通过对国内外已有的文献进行梳理可以发现，国外由于开始实践早，关于服务式学习的研究成果较多、系统性较强，但研究同质化倾向严重，服务式学习研究的背景大多基于美国地区。国外相关研究不适用于我国文化背景，我国服务式学习开展较晚，针对服务式学习具体形式的研究有待补充，学者们对服务式学习与社会责任意识培养之间关系的关注度不够。

从研究方法上看，国内现有关于服务式学习的研究当中实证类研究较少，思辨性文章相对较多，现有的少量实证研究也几乎都是问卷调查的方法，而且碍于问卷的质量和规范偏低，研究流于浅表。此外，存在服务式学习的实证研究与应用脱节的情况，关于服务式学习效果的探究并没有将研究结论进一步应用于服务式学习的设计。鉴于此，本研究采用混合研究方法，通过问卷法、观察法与访谈相结合的形式，深入挖掘 S 校某线上支教服务式学习项目对于改善大学生社会责任意识的作用，进而提出改进建议与策略，丰富以往研究并促进线上服务式学习的实施效果。

从研究视角上看，国内对于服务式学习的德育意义和功能的研究比较深入，探讨的层面丰富，取得的研究结果可靠。但是，服务式学习与大学生社会责任意识之间关系的内在机制没有被深入讨论。服务式学习对大学生社会责任意识实际培养效果的影响还未引起高度重视，目前的研究大都集中在一般意义的表述和现象的陈述上，而且由于篇幅和研究视角的限制，不够全面、系统、深入。

综上所述，服务式学习在高校中的具体实践、数字化服务式学习对大学生社会责任意识的影响没有得到重点关注。因此，在数字化服务式学习视角下，培养大学生的社会责任意识还需在理论系统性和深度上进一步努力。高校也应有目的、有针对性地引入不同形式的服务式学习，着力于发展数字化服务式学习，全面提升大学生的综合素质和能力。

5.5 研究设计

研究服务式学习与大学生社会责任意识之间的关系意义重大。在理论层面，把数字化服务式学习纳入大学生社会责任意识培养的范畴中，能够弥补相关研究的不足；基于服务式学习模型和体验学习双循环圈理论，探究数字化服务式学习与大学生社会责任意识培养，可丰富高校数字化服务式学习的开展和大学生社会责任意识培养的研究视角。服务式学习不是服务对学习的补充，而是服务与学习的融合。在这种模式中，学生的服务体验与课程的学习目标兼容且整合（Howard，1998）。服务式学习的本质是合作、互惠、多元和以学习为基础，因此，建立数字化服务式学习视角下，大学生社会责任意识的提升机制是大学生社会责任意识培养策略的创新契机。

在现实层面，对数字化服务式学习与大学生社会责任意识的培养进行研究，具有重要的现实意义。全球命运与共、休戚相关，各种相互关系客观存在，全球化的相互依赖和自我中心主义毫不相容，因此需要消除支持孤立和过度竞争的人为障碍。党的十八大提出的“人类命运共同体”理念，深刻地阐释了不论人们身处何国、信仰如何，人类社会就是一个命运共同体，每个个体都应为这一共同体承担应当承担的责任（习近平，2021）。在教育领域，让学生积极参与社会服务，以便更好地了解周围世界的需求和现实，是实现这些改变的必然要求。因此，在开展数字化服务式学习项目的基础上，找到提升大学生社会责任意识的有效途径，完善大学生社会责任意识培育策略，符合新时期人才培养战略目标的要求，有助于为高校思想政治教育工作提供有益借鉴，有助于推进服务式学习的发展进程，更好地发挥服务式学习的德育功能，为我国服务式学习的应用提供建设性的意见及对策，为完善相关政策体系提供理论借鉴和客观建议。

本研究选取 S 校 2021 年某线上支教数字化服务式学习项目为案例，探究数字化服务式学习与大学生社会责任意识培养之间的关系，以及服务式学习与数字化学习相结合的有效方式。该线上支教数字化服务式学习项目的内容是招募大学生为偏远乡村地区学生开展 1 对 1 线上辅导，期望通过大学生志愿者利用自己所学，帮助乡村学生拓展知识视野、激发学习热情、培养学习习惯、提升学业成绩。

研究目的有三：①探究 S 校数字化服务式学习项目的实施现状；②探究参与数字化服务式学习与高校学生社会责任意识之间的关系；③提出开展数字化服务式学习的意见和建议，进而基于数字化服务式学习项目设计，为大学生社会责任意识培养提供参考策略。

1. 研究问题

针对上述目标，基于已有研究存在的问题，拟解决以下 3 个研究问题：

（1）S 校数字化服务式学习经历与学生社会责任意识之间存在怎样的关系？

（2）S 校数字化服务式学习项目的实施现状如何？

基于对 2021 年 S 校数字化服务式学习项目的深入研究，根据服务式学习模型，呈现 S 校数字化服务式学习的规划干预环节、培训学习环节、服务行为环节和反思平衡环节的开展情况。

（3）如何构建高效的数字化服务式学习项目的运行机制？

2. 研究假设

研究假设是研究者根据学科理论，或以往相关研究的发现或结论，对研究问题的规律、原因或结果进行尝试性的逻辑推测。以下拟探索学生在参与数字化服务式学习项目前后，社会责任意识是否存在显著性差异。在服务式学习模型和体验学习双循环圈理论的指导下，提出如下研究假设：

H1：数字化服务式学习经历对学生的社会责任认知有正向显著影响。

H2：数字化服务式学习经历对学生的社会责任情感有正向显著影响。

H3：数字化服务式学习经历对学生的社会责任行为有正向显著影响。

H4：有关履责行为的反思性过程写作对学生的社会责任行为有正向显著影响。

3. 研究思路

研究的技术路线为：确定研究主题→进行文献综述→提出问题→事实检验→结果分析→启示与展望。首先确定研究主题为数字化服务式学习与大学生社会责任意识培养，之后对数字化服务式学习与社会责任意识这两个核心概念进行界定，并对国内外相关文献进行分析，基于对已有文献的回顾提出研究问题，根据服务式学习模型和体验学习双循环圈模型确定具体研究方法，即问卷调查法、访谈法与观察法。研究框架如图 5-8 所示。

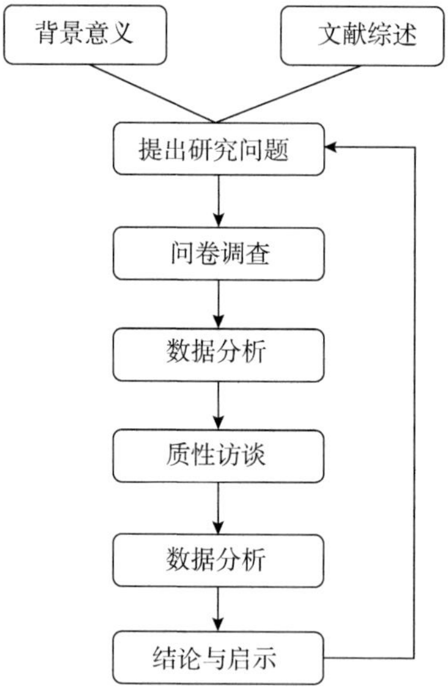

图 5-8　研究框架

首先，在国外已有成熟量表的基础上，借鉴已有研究的分析框架，制定出适合本研究的数字化服务式学习与大学生社会责任意识调查问卷并进行发放。在项目开始前对研究对象进行前测，项目结束时开展后测。利用统计分析软件 SPSS24.0 分析研究对象在项目开始前后社会责任意识的总分以及各维度的得分是否存在显著性差异。其次，设计访谈提纲，选择研究对象进行半结构化访谈，将质性数据资料进行转录，并采用数据分析软件 MAXQDA2020 进行逐级编码和分析，得出质性数据，以辅助解释量化研究结果和挖掘深层原因。最后，深入探究研究结果，根据结果分析启示，并对未来研究进行展望。

4. 研究方法

在研究方法上，采用混合研究设计，将量化研究方法和质性研究方法相结合。混合研究方法是不同于定量研究方法与质性研究方法的“第三种研究范式”（Johnson，2007）。具体采用顺序解释型混合研究（Creswell，2008），这种研究以量化数据为主，质性数据为辅，即收集数据时，在研究过程中以先后的时间顺序收集定量和质性数据；分析数据时，质性数据对定量数据做进一步解释，使用质性数据进一步改善量化数据所得到的信息，增强数据的全面性和可靠性。本研究选取 S 校 2021 年一个线上支教类型的服务式学习案例进行分析。案例分析法是对现实环境中有代表性的事物或现象进行深入周密考察，从而获得总体认识的一种经验性的研究方法，不需要对研究者进行控制（Yin，2010）。其中的案例属于教学案例，是一种描述性案例，即对案例中的人、事件或情景的概况进行准确描述。

（1）问卷调查法。问卷调查法是教育研究中最基本、最常用的方法（Koos，1930），是以实证主义为方法论的量化研究方法（郑晶晶，2014）。问卷调查不仅能取得数量标志的数量资料，还可以获得有关以属性、品质、态度为标志的计数资料（陈伙平，2005）。这些资料都能通过统计处理的方法进行量化分析，使结果更为客观、真实、系统、科学化，提高研究结果的水平（风笑天，1989）。使用问卷调查法能够满足本研究在量化研究阶段的需求。

借鉴已有研究的分析框架，在国外已有的《短版服务式学习参与量表》（The short version of service-learning involvement scale，SV-SSLI）的基础上，取得问卷原作者的授权，通过翻译和“回译”以确保翻译问卷的信效度，最终编制出适用于本研究的数字化服务式学习与大学生社会责任意识调查问卷，并开展了认知访谈与预调查。采用整群抽样的方式，分别在项目开始前与结束后，对S校2021年数字化服务式学习项目全体参与者发放网络调查问卷，并对其进行编号，以便探究其参与线上支教数字化服务式学习项目前后社会责任意识的变化情况，对所获得的数据使用SPSS 24.0软件进行描述性统计和配对样本T检验等统计分析。

（2）访谈法。访谈是一种研究性的交流活动，通过研究者的主动询问、被研究者的深情倾诉，建构研究问题的理论意义（陈向明，2000）。访谈法除可以了解被研究对象的心理和人生经历外，也是深入了解现状、确立研究问题和建构理论的简便易行的重要方法。因此，采用访谈法能够实现研究者探究数字化服务式学习线上支教项目开展现状及数字化服务式学习项目与学生社会责任意识之间关系的目的（党登峰 等，2002）。本研究选取的访谈结构为半结构化访谈，在保留一定灵活性的同时又具有一定限制（陈向明，2000）。本研究谨遵访谈提纲的设计要求和规范，设计了关于数字化服务式学习项目与大学生社会责任意识的访谈提纲，并开展了预访谈。在访谈提纲的引导下，采用目的性抽样和方便抽样，对20位参与数字化服务式学习项目的学生和督导进行访谈。

（3）观察法。观察对于收集研究的第一手材料，认识教育现象，发现教育规律具有重要作用，是教育科学研究中最基本的方法之一。抽样观察法中的事件抽样观察法，即在特定的事件里（如一次活动），对事件从头至尾地进行观察记录。要观察记录的是某一现象的整个发生发展过程，集中在正在进行的全部“行为流”上（吴剀，1992）。本研究选取S校某一数字化服务式学习线上支教项目，除对相关制度文本和项目介绍进行分析外，在项目进行中，进入服务式学习开展课堂进行公开性参与式观察，观察项目学生如何接受培训、如何服务乡村学生、如何开展反思、如何进行项目总结等，记录数字化服务式学习项目的开展现状和学生学习的现实状况，分析数字化服务式学习项目的运行机制及其对于改善大学生社会责任意识的作用。

5. 研究对象

S 校位列“双一流”建设 A 类高校，在人才培养中重视学生的全面发展，重视国际化视野下的德育创新，开拓创新了将“服务式学习”融入社会实践或志愿服务活动当中的形式。本研究以 S 校 2021 年某一线上支教类型数字化服务式学习项目作为案例，进行系统完整的分析。

研究对象为 S 校线上支教数字化服务式学习项目全体参与者。在具体操作上，研究者与项目的指导教师、公益机构负责人与项目联络学生取得联系，获得调研许可。S 校 2021 年线上支教数字化服务式学习项目由 Z 公益基金会与 S 校公益机构合作举办，依托 S 校公益机构始于 2013 年的远程支教项目，招募大学生为偏远乡村地区学生开展 1 对 1 线上辅导，期望通过大学生利用自己所学，帮助乡村学生拓展知识视野、激发学习热情、培养学习习惯、提升学业成绩，并用志愿者的榜样力量激励乡村学生努力学习，对未来的生活充满期待，同时实现大学生综合素质的提升。本次项目的服务对象所在地区为云南省和广西壮族自治区。项目于 2021 年 3 月 3 日至 2021 年 5 月 13 日开展，共持续10周，其中培训学习持续1周。项目设计了基本教学、综合能力、观念建设 3 个模块的培训内容，帮助大学生志愿者更好地参与项目，在实现学生综合能力提升的同时，为乡村学生带来更优质的线上辅导与陪伴。培训时长共计 4 小时。各主体之间的联络通过项目平台及社交软件，反思环节穿插在项目各个阶段，包括集中反思与个人反思。有针对性的课程辅导服务时长至少达到 36 小时，包括课内知识与课外知识。

6. 量化数据收集与结果分析

量化数据收集阶段包括问卷的设计、试测、修改与信效度检验，以及抽样与回收的全过程。

1）问卷设计

问卷设计的合理性直接决定数据收集的质量。本研究在阅读大量文献并借鉴国外量表的基础上，设计了量化数据收集工具——数字化服务式学习与大学生社会责任意识调查问卷。问卷由两部分组成，分别为中文短版服务式学习参与量表（The short version of service-learning involvement scale，SV-SSLI）和基本信息问卷，具体问卷见附录8。

在一项关于服务式学习的调查中，奥尔尼和格兰德开发了“服务式学习参与量表（Scale of service-learning involvement，SSLI）”，旨在衡量服务式学习对大学生社会责任意识发展的影响（Olney et al.，1995）。该问卷提供了一个评估服务式学习对学生社会责任意识发展影响的模型。当学生经历了探索、明确、领悟、激活和内化的整个过程后，其社会责任意识也会得到发展（Delve et al.，1990）。在探索阶段，学生们渴望帮助和参与，但没有明确的承诺。明确阶段也是探索性的，在此阶段学生开始确定关于服务工作的价值观。在领悟阶段，学生开始将服务工作联结到生活中，并对之显示出兴趣和承诺。在激活阶段，学生开始对社会问题有更复杂的理解，他们更易被社会不公正所激励而成为倡导者。在内化阶段，学生将服务体验引入生活，往往融入个人职业目标。

然而在实际开展调研的过程中，有学者发现探索和明确两个阶段，激活和内化两个阶段之间的区别不足以创建相对独立的量表，因此将这五个阶段整合成了探索—领悟—内化三个阶段，并创建三个子量表来解释服务式学习过程中学生发展的五个阶段，包括探索、领悟和内化三个维度。此外，由于量表不断更新迭代，出现了较为完善且题项较少的“短版服务式学习参与量表”（SV-SSLI）。笔者取得英文版SV-SSLI原作者的问卷授权，采用基于Brislin经典回译模型的新型翻译模型与“两人直译、回译”翻译法汉化SV-SSLI（Brislin，1976），原作者对比回译中文版与原版语言和文化的差别，并通过专家小组讨论及预调查，对中文版SV-SSLI初稿进行条目修订及文化调适，形成“中文短版服务式学习参与量表（CSV-SSLI）”。

构建这些概念的测量工具应当具体、可观察（Chung et al.，2004）。中文短版服务式学习参与量表包含 3 个子量表、30 个条目，分别是探索（10 个条目）、领悟（10 个条目）、内化（10 个条目）。问卷中的 1 代表“完全不同意”，2 代表“不同意”，3 代表“同意”，4 代表“完全同意”（详见附录 8）。最高 120 分，最低 30 分。因为第 6、9、13、21、25、27 项有否定表达，所以需要进行反向评分。量表中每个子维度的得分越高，说明个人对相关子维度的看法越积极。量表中得到的总分即为个人参与服务式学习的社会责任意识总分。第一个维度“探索”的 10 个条目主要测量学生的社会责任认知，即学生参与数字化服务式学习时，对承担社会责任的认识与看法。第二个维度“领悟”的 10 个条目主要测量学生的社会责任情感，学生们开始投入到议题、地点或活动中的感受。第三个维度“内化”的 10 个条目主要测量学生的社会责任行为，学生意识到社会正义问题的复杂性和重要性，并致力于实现社会平等和公平的行为表现。

问卷基本信息部分主要测量调查对象的性别、年龄、专业、年级、家庭所在地等个人背景问题，以及调查对象的在校经历等。

2）初测

在初始调查问卷翻译完成后，研究者咨询了课题组的专家和同行，听取并采纳了他们对问卷提出的修改建议，对初始问卷进行修订。为确保问卷的质量，了解正式施测时可能遇到的问题，深入了解受访者答题时的认知历程，开展认知访谈（田芳华，1999）。随后，邀请 S 校大学生进行一对一预调查，发现问卷中一些题目的表述可能会引起误解和歧义，从而干扰作答等。其中，“我怀疑我的志愿工作会对我的职业目标有很大影响”这一题目为反向计分，但从题目看不出选择倾向性，因此将本题的表述改为“我认为我的志愿工作未必对我的职业目标有很大影响”。“如果我的同辈没有把它当作一个服务项目，我很怀疑我之后是否会继续参与”，表达不够贴切，因此将其改成“如果我的同伴并没有将这一活动当作服务项目来进行，我以后将不再参加志愿工作”。笔者根据专家同行及受访者的反馈意见对初始问卷进行修改，在第三轮预调查时，调查问卷趋于成熟，问卷的问题和选项设置较为合理，表达清晰明了，均不存在歧义。随后，再次与专家同行讨论，认真研究修改后的调查问卷，在意见统一后形成正式问卷。

原问卷在实证研究中已有一定应用，且由于问卷原作者对该问卷进行了一系列实证研究验证与信效度检验，问卷具有了较高的信效度。此外，本研究借助 SPSS24.0 数据分析软件，采用克隆巴赫系数（Cronbach's α）进行信度分析。检验结果如表 5-4 所示。可以看出，三个维度的 Cronbach α 系数均在 0.8 以上，显示该量表的内部一致性很好。在内容效度方面，采用了专家鉴定法，请相关领域的三位专家学者对问卷内容效度进行有效性认定。其中，专家一是国内服务式学习领域研究领军人物；专家二是某校建设服务式学习课程体系的青年学者；专家三是研究方向为责任意识的研究员。三位专家分别从以下方面进行判定：量表内容是否与测试目标有关；试题是否具有代表性；测试内容是否符合调查目的。专家认定该问卷内容效度较高，研究者根据专家意见进行细微修改。

表 5-4 “社会责任意识调查”问卷可靠性统计量（N=58）

维度	问题数量	Cronbach's α 系数
社会责任认知	10	.861
社会责任情感	10	.827
社会责任行为	10	.850

问卷编好之后以项目参与者为单位对学生进行整群抽样发放，以探究 S 校数字化服务式学习开展现状及项目与学生社会责任意识之间的关系。2021 年 3 月 3 日，采用整群抽样法，向全体参与项目学生发放了电子版前测调查问卷填写链接，并说明研究的目的和意义，发放问卷 58 份，回收有效问卷 58 份，有效回收率为 100.0%。2021 年 5 月 13 日，采用整群抽样法，向全体参与项目学生发放了电子版后测调查问卷，共发放问卷 58 份，回收有效问卷 58 份，有效回收率为 100.0%。回收问卷后对研究对象的基本信息进行统计，并对样本进行编号，样本的具体分布情况如表 5-5 所示。

表 5-5　调查对象个人信息统计（N=58）

基本信息	选项	频数	百分比（%）	累积百分比（%）
性别	男	21	36.21	36.21
	女	37	63.79	100.00
出生年份	2000 年及之后	38	65.52	65.52
	1995—1999 年	17	29.31	94.83
	1990—1994 年	3	5.17	100.00
专业类别	理工农医类	30	51.72	51.72
	人文社科类	28	48.28	100.00
年级	大一	20	34.48	34.48
	大二	15	25.86	60.34
	大三	4	6.90	67.24
	硕士	18	31.03	98.28
	博士	1	1.72	100.00
家庭所在地	城镇	42	72.41	72.41
	农村	16	27.59	100.00
是否独生子女	是	31	53.45	53.45
	否	27	46.55	100.00
是否担任学生干部	是	33	56.90	56.90
	否	25	43.10	100.00
合计		58	100.0	100.0

在调查对象的性别分布上，女生 37 人，占总数的 63.79%；男生 21 人，占总数的 36.21%。在年龄分布上，2000 年及之后出生的最多，有 38 人，占 65.52%，其次为出生于 1995—1999 年的学生，有 17 人，占 29.31%；出生于 1990—1994 年的学生最少，为 3 人，占 5.17%。从专业类别上看，理工农医类与人文社科类学生所占比重较为均衡，理工农医类为 30 人，占 51.72%，人文社科类为 28 人，占 48.28%。从年级上看，大一学生最多，为 20 人，占 34.48%；其次为硕士和大二学生，分别为 18 人和 15 人。

3）数据分析思路

配对样本 T 检验的目的是利用来自两个总体的配对样本，推断两个总体的均值是否存在显著差异（张厚粲 等，2009）。本研究对参与数字化服务式学习项目学生的社会责任意识三个维度进行了前测和后测，对同一样本的前后测结果进行配对，即进行自身对比（self-contrast）以判断服务式学习对学生社会责任意识的影响，结果如表 5-6 所示。

表 5-6　配对样本统计

		平均值	个案数	标准差	标准误差平均值
配对 1	社会责任认知后测	32.93	58	2.803	.368
	社会责任认知前测	30.95	58	2.416	.317
配对 2	社会责任情感后测	29.86	58	2.781	.365
	社会责任情感前测	29.78	58	2.663	.350
配对 3	社会责任行为后测	29.74	58	3.591	.472
	社会责任行为前测	29.74	58	3.380	.444
配对 4	社会责任意识后测	92.53	58	7.579	.995
	社会责任意识前测	90.47	58	7.327	.962

使用 SPSS 24.0 软件分析数据，通过配对样本 T 检验，探索学生的社会责任意识的三个维度（社会责任认知、社会责任情感、社会责任行为）在参与项目前后是否存在显著变化，从而探究数字化服务式学习项目对大学生社会责任意识三个维度是否具有显著影响。配对样本 T 检验的默认前提条件是要求每对数据的差值总体服从正态分布，对两总体方差没有要求。因此，在检验之前，对大学生社会责任意识的数字化服务式学习前后测差值进行正态性检验。结果显示，配对的前后测差值偏度与峰度均小于 1，说明属于整体分布。此外，由于样本量较小，选择正态性检验中的夏皮罗－威尔克（Shapiro-Wilk）检验，p 值 >0.05 说明接近正态分布，p 值 <0.05 说明偏离正态分布。由表 5-7 可知，社会责任认知和社会责任行为维度的显著性均在 0.05 以上，数

据近似服从正态分布，不存在明显异常值，可以进行配对样本检验。

表 5-7　夏皮罗 - 威尔克正态性检验

类目	统计	自由度	显著性
社会责任认知（后测 - 前测）	.960	58	.054
社会责任情感（后测 - 前测）	.950	58	.017
社会责任行为（后测 - 前测）	.971	58	.184

7. 质性数据收集与分析

1）提纲设计与预访谈

本研究设计了关于数字化服务式学习项目与大学生社会责任意识的访谈提纲，该提纲遵循访谈提纲的设计要求和规范，注意访谈问题的构成和语言表达，尽量避免出现引导性和模棱两可的问题、有歧义的表述以及与本研究无关的问题，本部分对访谈提纲中的具体问题进行解释。

首先，引入“你当时为什么要选择这一数字化服务式学习支教项目？”这一问题，帮助受访者回忆自己选择参加项目的动机。通过对这道题的回答，可以简单了解受访者回答问题的特点与神态，便于调整后续提出问题的语气与风格，也能帮助受访者尽快适应此次访谈。接下来，询问受访者对志愿服务和社会实践的态度和积极性如何，从而了解其平时对类似活动参与的积极程度，也是对第一个问题的进一步验证，或许能在受访者回答当中获得新发现。随后，让受访者对自身社会责任意识水平进行自我评价。在实际提问的过程中，会出现受访者回答内容较少的情况，对此会展开问题，询问具体事例，并做出积极回应。

其次，根据服务式学习模型与体验学习双循环圈理论，询问受访者对数字化服务式学习项目的认知程度。由问题“你之前是否听说过服务式学习？”引出本部分，询问受访者对数字化服务式学习的了解。随后，询问受访者对项目的看法，具体展开受访者对服务式学习的认识，“你认为服务式学习和志愿服务、社会实践有什么区别和特点？”，由此可以看出受访者对项目的认知是否充分。询问受访者印象深刻的项目经历，帮助其回忆过往经历。紧接着，询问受访者“你认为这个项目的优缺点有哪些？”可以发掘受访者对该项目的认同程度，同时也能寻找项目的提升空间。本部分最后询问受访者“你之后还会参与其他服务式学习项目吗？”为进一步交流项目对受访者社会责任意识的影响做铺垫。

再次，本部分试图了解受访者在实际参与项目过程中各环节的参与情况，探究学生在规划干预、培训学习、服务行为、反思平衡环节的学习方式。了解学生对“服务式学习中，哪些部分对于增强你的社会责任意识起到一定作用？”的看法，并让其举例说明，了解服务式学习在增强学生社会责任意识方面的实际效果。

最后，在实际开展调查的过程中发现，项目的实施效果与计划存在着一定差距。因此，询问受访者“你认为高校是否需要大力开展此类项目？理由是什么？”“你对于学校开展服务式学习的了解程度？”“服务式学习项目应该怎样推广？”“你认为服务式学习还应当做何改善？”在受访者的帮助下，归纳出本项目存在的缺陷，并提出切实可行的解决方案，为之后的项目开展提供参考意见和建议。

为进一步完善本研究的访谈提纲，本研究对随机招募愿意接受访谈的S校大学生进行了三轮一对一预访谈。通过前两轮预访谈发现，初始的访谈提纲存在个别问题，如表达过于模糊、描述性问题过多、受访者不知如何回答等问题。在分析预访谈的访谈文本、听取受访者的建议、和课题组成员充分讨论后，对访谈提纲进行了删减和修改，在第三次预访谈的时候，访谈提纲已基本成熟，问题表述较为清晰、简单易懂且无歧义，访谈问题与研究问题联系密切，并具有良好的可操作性。

2）质性数据收集过程

在调查问卷的基本信息结尾部分，询问了学生是否愿意进一步接受访谈，有意愿接受访谈的同学可填写自己的联系方式，同时在项目交流群中发布受访者招募信息。征得参与数字化服务式学习项目同学的同意，采用学生主动报名参加的方式，对提供联系方式、愿意接受访谈的学生，发送访谈邀请信（详见附录 9）征求其访谈意愿，获得访谈资格。采用微信与电话形式沟通时间和地点，正式开始访谈前，当面签署研究知情同意书，详见附录 10，并明确研究目的及保密、录音等事项，以保证受访者在充分了解本研究的研究目的、研究内容、信息保密等事项的基础上自愿接受访谈。根据预访谈，研究者确定本研究的访谈时间约为 1 小时，提纲主要由 5 个部分，共 22 个问题构成，访谈提纲详见附录 11。

本研究选择小组讨论室，采用线下面对面或线上会议室的方式开展半结构化个别访谈，由研究者独自完成。访谈学生共 20 人，文本采集数量达 20 余万字，平均访谈时长为 43 分钟。在对访谈文本进行逐字逐句转录后，提取关键文本内容，提炼类属和主题，运用质性数据分析软件 MAXQDA2020 对内容进行分析。

3）访谈对象基本信息

研究者对收集的访谈对象个人信息进行统计分析，访谈对象具有不同的专业背景和个人经历，受访者个人信息如表 5-8 所示。

表 5-8　受访者个人信息统计（N=20）

编号	编码	性别	学院	专业	年级	访谈方式
1	2GE	女	外国语学院	德语专业	大二	线下
2	1CO	女	媒体与传播学院	传播学专业	大一	线下
3	3GE	女	外国语学院	德语专业	大三	线下
4	6TH	男	马克思主义学院	科学技术史专业	研二	线上
5	1AI	男	电子信息与电气工程学院	人工智能专业	大一	线下
6	2PE	女	机械动力与工程学院	动力工程专业	大二	线下
7	2CO	女	媒体与传播学院	传播学专业	大二	线上
8	2ME	女	药学院	药学专业	大二	线上
9	2LA	女	法学院	法学专业	大二	线下
10	5LA	男	法学院	法学专业	研一	线下

续表

编号	编码	性别	学院	专业	年级	访谈方式
11	1EC	女	安泰经济与管理学院	经济学方向	大一	线上
12	2MA	男	致远学院	数学专业	大二	线下
13	2EM	女	海洋学院	工程力学专业	大二	线下
14	2EE	女	密西根学院	电子信息工程专业	大二	线下
15	5ME	女	机械动力与工程学院	机械工程专业	研一	线上
16	1AU	男	电子信息与电气工程学院	自动化专业	大一	线上
17	6AL	女	人文学院	应用语言学专业	研二	线上
18	1AM	男	国际与公共事务学院	行政管理专业	大一	线上
19	5BI	女	生命科学技术学院	生物学专业	研一	线上
20	6AG	女	农业与生物学院	生态学专业	研二	线下

如表 5-8 所示，受访者编码的首位代表年级，如数字“1”代表大一，“2”代表大二，“3”代表大三，以此类推；后两位字母位代表专业英文缩写的大写形式，如 LA 代表法学专业，AM 代表行政管理专业，以此类推。因此，2GE 学生表示：“德语专业大二学生”，2MA 学生表示：“数学专业大二学生”，以此类推。

4）质性数据分析思路

整个研究对所有的数据进行了分析，同时邀请一位质性研究方法方面的教师做审核员，以防出现重大偏差。

质性数据分析过程主要包含四个阶段：“阅读原始资料、登录、寻找‘本土概念’、建立编码和归档系统”，建立客观数据与复杂现实之间的联系，从更深入的角度看待现象与问题。首先，通过反复阅读转录文本，对访谈数据形成了初步的认识；其次，基于理解对访谈文本进行开放式编码和主轴式编码，形成概念、类属并建立类属间的联系；最后，进一步梳理所有编码，提取核心主题，建立编码本。使用 MAXQDA 2020 软件，在服务式学习模型和体验学习双循环圈理论的指导下，结合研究问题，从意义建构阶段、转化体验阶段（概念化阶段、准备阶段）、经验获得阶段分析访谈数据并构建了编码本，具体过程如下：

首先，初步整理资料。笔者选取了三个信息最为丰富的访谈转录文本，逐句阅读并结合访谈记录了解文本中蕴含的信息，在阅读过程中不断思考：受访者谈论了什么内容？提供了哪些信息？对于访谈问题的态度如何？提供了哪些有用信息？将访谈录音用软件转录为文字，由于机器转录可能存在疏漏，笔者对访谈文本进行逐字逐句修改完善，以保证资料的完整和真实。同时，在访谈后趁记忆还未消退，对访谈笔记进行整理，补上遗漏的信息和必要的内容细节，记下访谈中最真切的感受和具有启发性的思考。

其次，登录编码，对编码进行了分类、汇总与整合，寻找类属和类属间关系。具体过程如下：第一步，获得基本“码号”，即对转录的文本进行初始编码，然后提取意义单元。第二步，划分域，即话题范围。在提取的意义单元中找出与“服务式学习”过程—效果有关的信息，然后划分为几个域，即话题范围。第三步，提炼核心观点，将每个域的信息提炼成核心观点。在对两个访谈转录文本进行逐句编码和分析后，初步建立了编码本并反复修改。在第一轮编码之后，将相同或相近的编码合在一起，寻找关系并进行归类；并通过寻找这些类属的意义和相互关系找出可能存在的更“上位”的类属。

再次，不断丰富、改进分析框架。交叉分析，即将所有小组中相同域的核心观点进行交叉分析，找出隐含其中的共同主题，聚成不同的类别，最后形成研究结果。为提高编码有效性，在编码过程中，笔者与课题组成员建立了编码检验团队，并进行了三轮同行交流和审计。团队针对编码本的整体框架以及具体编码进行了交流，针对其中理解不一致或有歧义的编码进行了讨论，并指出了初始编码中存在的遗漏编码和定义模糊等问题。随后，针对问题及讨论建议对编码本进行相应修改。

最后，在编码的过程中也在不断进行自我检验，包括反复阅读转录文本以确保理解无误、自我质疑编码定义与分类的合理性、自我梳理编码本的逻辑等。同行交流和审计后，依据修改过的编码本再次检查访谈文本的编码信息以查缺补漏，并确定最终的编码本。

8. 研究有效性与伦理

1）研究有效性

为确保研究的有效性，采取了以下七种措施：

第一，回译，在设计问卷的过程中选择已有英文问卷，请两位英语专业同伴对问卷题项进行回译，进而将回译后的题项与英文原版问卷进行对照和对等性检验，以减少汉化过程中的表达失误和理解偏差。

第二，采用混合研究方法，先收集问卷的定量数据，然后收集访谈的质性数据，达到类似于质性研究中提高研究有效性的三角互证方法的结果，实现资料间的相互印证。

第三，开展预调查和预访谈，保证收集工具的有效性。具体表现为：在量化研究的预调查中，发现问卷题项的不足后进行调整；在质性研究的预访谈中，发现访谈提纲存在的问题和不足，了解受访者对访谈提纲中问题的理解是否有偏误，从而进一步修改和完善访谈提纲。

第四，进行参与者检验。在访谈后以邮件方式发送给参加访谈的学生和教师，他们可以对访谈资料提出自己的反馈意见或者任何质疑，有助于我们更好地理解学生和教师的真正想法，检验研究结果是否有偏误（陈向明，2000）。分享研究得出的初步结论，并征求研究对象的反馈建议，从而进一步解释和完善研究发现。

第五，写反思笔记。在质性访谈结束后，写备忘录，记录访谈细节和自我反思，在一定程度上可以提高质性研究的有效性（陈向明，2000）。

第六，保持访谈的中立性。在访谈过程中尽量做到友好、客观，不刻意引导访谈者回答问题的方向，提高研究的有效性。

第七，进行同行交流（peer debriefing）。为了使研究保持客观公正，在研究设计的过程中积极与老师、学生进行探讨交流，分享自己的思考和进展，听取同行的专业意见，及时修正和改善研究中的不足，为研究带来新视角（孙晓娥，2012）。

2）研究伦理

严格遵守社会科学的伦理道德，在数据收集、分析以及论文写作的各个阶段，都充分考虑研究伦理，保障受访者的权益，遵守贝尔蒙报告中的“尊重、行善、不伤害和公平正义”原则（Belmont Report，1979）。

首先，充分尊重被调查者的个人意愿。在进行问卷调查和质性访谈之前，充分询问研究对象本人的意愿，要求学生阅读知情同意书，只有在“我已经阅读了知情同意书，并愿意参与研究”选择“是”的选项后，才会进入问卷页面，确保他们对研究的参与完全是自愿的，不强制研究对象填写问卷。

其次，保护研究对象的个人隐私。确保获取的数据资料不会公开，只用于本研究的数据分析，做到对参与研究相关者信息的严格保密。此外，在数据分析的过程中，将研究对象的个人信息以编码形式表示。

再次，不危害研究对象的身心，不带来任何不良影响。在开展调查之前会提前与受访者沟通，在确保不影响其正常工作和生活的情况下开展研究；提前告知受访者访谈所需的时间以及研究结果的用途，降低受访者的顾虑。

最后，遵守诚信原则与公平正义原则。保证客观公正地分析和使用数据，不会泄露、伪造和滥用数据。所有填写问卷的项目参与者都获得同等价值的礼物或报酬；所有参与一对一半结构化访谈的项目参与者都获得同等价值的礼物（U 盘或笔记本）或报酬，平等对待每一位研究对象。

5.6　研究发现

本部分通过问卷调查和访谈来自 S 校的数字化服务式学习项目参与学生，以服务式学习模型为框架，以体验学习双循环圈理论为基础，对 S 校数字化服务式学习项目参与前后学生社会责任意识的变化情况、数字化服务式学习项目的参与情况及其运行机制进行探索，质性研究起到为量化研究提供辅助解释和深化研究的作用。

1. 参与项目的学生的社会责任意识变化

通过对问卷数据的分析发现，学生在数字化服务式学习项目参与前后，社会责任意识各个维度均有所提升，但总体而言，变化幅度不大，仅在社会责任认知维度呈显著性提升，数字化服务式学习对社会责任情感和社会责任行为两个维度的影响并不显著。研究发现具体如下。

1）社会责任认知维度提升显著

参与数字化服务式学习项目学生的社会责任认知维度变化如表 5-9 所示，p 值为 0.003 < 0.05，拒绝原假设。这说明学生在参与项目后的社会责任认知维度发生了显著提升，因此研究假设 H1 成立，即数字化服务式学习项目经历对学生社会责任认知有正向显著影响。

表 5-9　社会责任认知前测和后测比较

维度	配对差值					t	df	Sig（双尾）
	均值	标准差	均值的标准误	差值 95% 置信区间				
				下限	上限			
社会责任认知（后 - 前）	1.983	1.701	.223	1.535	2.430	8.876	57	0.003**

* p<0.05，** p<0.01。

在社会责任认知阶段，服务者通常对有机会帮助他人感到兴奋，但对他人面临需要解决的问题通常思考得过于简单，表现较为“天真”，对问题的性质、难度和需要付出的努力程度认识不足。在该阶段，服务式学习的参与者与特定社会群体几乎没有情感联系。然而，随着项目逐步深入开展，这一情况有所改善，质性研究的结果同样证实了这一点，学生的认知维度出现显著提升。

通过对质性结果的深入分析发现，学生认知维度有显著提升的主要原因有二。第一，从环境刺激的出现，到主体行为做出反应，认知活动无处不在。数字化服务式学习项目的参与经历使学生开始逐渐体会到项目的意义，社会责任认知得到激活，并在项目参与的过程中得到强化和巩固。如 2PE 学生[①]指出，因自己能力不足难以担负太多责任，一直属于被领导和影响的个体，但参与项目之后发觉自己虽然力量弱小，但也应当主动去了解乡村教育的现实，而非被动等待，在此过程中，意识到社会问题的存在。

> 社会责任这方面我**以前大概只能到及格线**。但我开始接触这个项目的时候，项目主办方设置了一个问卷问道：‘你了解乡村教育的现实吗？’**我才意识到自己了解的实在太少**，就去观看了一些纪录片，了解乡村教育的现状，但是在给学生讲课的时候很难去分享这些东西，他们头脑里还没有这个概念。
>
> ——2PE 学生

第二，有学生认为自己在与服务对象和当地老师沟通的过程中，能够获取当地教育情况的相关信息，了解到偏远乡村教育的实际状况，这些经历使学生变得更加包容，看待问题更加全面。例如 5BI 学生指出：

> 这个经历让我考虑到，可能**人和人，或者说地区和地区之间是有差异的**，必须**具体问题具体看待**，每个人、每个地区都会有不同的需求，这样就会**更加包容**，而不会说像以前考虑问题的时候有些狭隘，对于一些社会性事件，可以**更加全面地看待**。
>
> ——5BI 学生

通过 2PE 和 5BI 学生的描述可以看出，在参与服务性学习之前，学生对他人面临的问题通常较为“天真”，对社会问题的认知存在不足。访谈学生对参与项目的各个阶段进行回顾和分析，在进入项目之前，对社会责任的认知不够清晰，与特定的社会群体几乎没有情感联系。然而，这一情况在项目开展的各个阶段均有所改善，改善效果存在个体体验与感知的差异。人的认

① 编码方式见 120–121 页表格及正文。

知活动不是单一认知要素的作用机制，而是与对特定情境的认知有关，并在与其相关的认知要素相互联系和相互作用过程中形成。参与项目的学生根据自我所处社会客观条件和自身主观实际情况，对其应承担的社会责任和应履行义务的具体内容及其行为的正确感知、判断、理解和评价的能力，是其社会责任意识形成的首要因素。

2）社会责任情感维度提升不显著

社会责任情感来源于不同个体的情感体验，能够引起对社会的奉献行为。在社会责任情感维度，参与者有不同的服务动机，他们可能因同伴群体的影响参与进来，但不影响他们在寻找自己关注的群体或问题方面所取得的进步。参与数字化服务式学习项目前后，学生社会责任情感维度的变化如表 5-10 所示。由表可知，p 值为 0.690（>0.05），接受原假设。这说明学生社会责任情感维度在数字化服务式学习项目前后的变化并不显著，研究假设 H2 不成立，数字化服务式学习项目经历对学生社会责任情感无正向显著影响。

表 5-10　社会责任情感前测和后测比较

维度	配对差值					t	df	Sig(双尾)
	均值	标准差	均值的标准误	差值 95% 置信区间				
				下限	上限			
社会责任情感（后－前）	.086	1.636	.215	–.344	.516	.401	57	0.690

* p<0.05，**p<0.01。

通过对质性结果的深入分析，发现学生社会责任情感维度变化不显著的原因可能在于，项目自身的缺陷使其对学生的影响甚微，学生参与项目的体验较差等。社会责任教育的各项实践必须要建立在青年对社会责任的正确认知基础上，青年只有拥有了对社会责任内涵及具体要求的系统认知，才能生成强烈的社会责任情感。当前，部分大学生对多元社会思潮、非主流文化存在盲从，对社会活动的参与度较低，社会认同感不高，这种状态也就导致了其社会责任情感的缺失，对国家的政治、经济、文化缺乏心理认同与理性自觉。然而，社会责任情感虽来源于认知，却比认知更加重要。学生的社会责任认知在参与项目前后发生了显著变化，而情感维度并未得到显著提升，说明多数学生在获取责任认知后，没有形成对自己承担的责任的价值判断，自己的行为选择是否符合心理需要而产生的情感体验。

在社会责任情感阶段，参与者更加关注特定的群体或社会问题，更容易被触动。丰沛的社会责任情感涵养着社会责任认知的强化，也拓展了社会责任认知的深度和广度。这间接说明，项目对其社会责任意识的影响存在不足。进一步关注学生参与项目时的实际感受发现，接受访谈的多数学生认为，项目对他们社会责任情感的影响并不明显，认为愿意去讨论该项目的积极意义，是因为项目开展时间长，自己付出了时间和精力，并且认为该项目还有很大的改进空间，想要为项目提供自己的想法。服务式学习项目的效果与项目执行密切相关，项目执行存在问题，学生的体验及效果必定大打折扣。例如2CO 学生建议，要加强对某个地方的长期服务，与当地建立长期联系。

> 这个支教项目参与下来之后就能发现，其实**影响非常浅层**，我个人的社会责任情感并**没有什么变化**。我认为可以加强对某个地方长期的服务，建立一些再联系，因为短期的服务其实不能起到长久的效果，哪怕对当地有点效果，**也是微乎其微**，我们短期内根本看不到的。
>
> ——2CO 学生

也有少量学生认为自己的社会责任情感得到提升，主要原因可能在于其原本的社会责任情感就处于较高水平，且对本项目有较强的感知与认同感。这些学生对相关责任的认知进行筛选和序列化重构后，内心高度认同，并主动将承担社会责任和履行各种义务作为自我价值的追求。例如 2LA 学生指出，自己身为 S 校的优秀学生对服务对象进行服务教学，不管最后达成的效果如何，都抱有身为大学生回馈社会的社会责任情感。

> 有一个让我感动的事情，他（服务对象）过六一儿童节那天，我

> 让他的老师帮我跟他说声儿童节快乐，他用老师的手机给我发语音说谢谢老师，老师也一定要快乐，要每天快乐。当时听着他的声音，就觉得**我们做的事情特别美好**。当你的贡献达到一定影响的时候，觉得你**对这个社会有作用**后，感受到这个东西真的有**影响到别人**，或者说影响到自己的时候，我的社会责任情感就已经开始提升了。
>
> ——2LA 学生

对 2CO 和 2LA 学生的描述进行分析，可以发现，学生置身于真实的社会情境，意识到自己是主体的存在，在服务的过程中他们与被服务对象进行沟通交流，通过自己力所能及的服务，为他人、为社会做出贡献，凸显其自我价值和社会价值。具体到数字化服务式学习项目的参与者，参与数字化服务式学习项目使得其在社会责任情感方面有所提高，并且在情感与行为维度形成共同促进的因果关系，不断进步，形成了一种良性循环。当然，那些认为项目存在改进空间，对项目体验效果较差的学生，其社会责任情感方面的提升并不显著，但社会责任情感提升不显著并不代表数字服务性学习这种形式没有提升学生社会责任意识的作用，而是因某些服务式学习组织的不够好导致。

3）社会责任行为维度变化不显著

学生在参与数字化服务式学习项目前后，其社会责任行为维度的变化并不显著，如表 5-11 所示，社会责任行为维度的 p 值为 1.000（>0.05），接受原假设，因此研究假设 H3 不成立，数字化服务式学习项目经历对学生社会责任行为无正向显著影响。

传统观点认为，行为意向和情感体验对社会责任行为有直接影响，然而在数字化服务式学习项目中，部分参与者的社会责任行为得到提升，更加关注社会现实，也更加深入地思考社会问题，并为之做出努力；部分参与者的社会责任认知和情感维度有所提升，而社会责任行为变化并不显著，数字化服务式学习项目对其社会责任行为层面产生的影响微不足道；更多的学生认为，自己的社会责任意识出现知行不一的情况，原因在于内心想要承担社会责任，但由于种种原因，如性格、能力、时间、经历等，真正做出行动时会存在较大困难。

表 5-11　社会责任行为前测和后测比较

维度	配对差值					*t*	*df*	*Sig*（双尾）
	均值	标准差	均值的标准误	差值 95% 置信区间				
				下限	上限			
社会责任行为（后－前）	.000	1.696	.223	–.446	.446	.000	57	1.000

* $p<0.05$，** $p<0.01$。

在社会责任意识的社会责任行为维度，参与者开始参与许多复杂的社会问题，这可能与他们参与服务有关。比如，参与者通常会对与他们一起工作的团体有强烈的集体荣誉感与归属感，并可能成为其中的积极分子。参与者已经将他们的服务经历完全融入他们的生活中，这可能包括生活方式或职业的改变，以使生活更符合他们在参与解决社会问题的过程中获得的价值观。他们也感知到青年人应有的责任与担当，并为之付诸行动。

由于学生社会责任情感未发生显著变化，其社会责任行为不会发生显著变化。原因在于，社会责任情感能显示出主体对需履责事件的情感、情绪反应，其最终目的是引导主体积极承担责任履行义务，进而指导实践，是支配主体社会责任行为的准则。正如有学生说的，他们参与此次数字化服务式学习项目前后，自身社会责任认知和情感虽然出现了一些变化，了解到了我国不同地区的教育状况和教育环境，但行为方面的变化不大。例如 5BI 学生认为，自己在参与数字化服务式学习项目之前，社会责任意识就处于较高水平，但由于自己力量不足，缺少行动。

我个人觉得关于社会责任，不是说每个人一定要站出来，发出声音，或者做什么事情去**维护好的社会状态**。首先就是自己要**去承担社会责任和义务**。在这一点上，我是可以做到的，看到一些社会现象的时候，我可以独立思考，觉得这件事情的本质应该是什么样子，**不会被舆论牵着鼻子走**，也去**尊重各种现象的存在**。如果社会责任意识满分10分的话，我给自己打8.5分。人**总是要有进步**的，我们现在还是学生，**可能在很多事情上有想法**，但是其实没有办法真正有力量去改变。

——5BI学生

1AU学生指出，自己缺少社会责任行为是由于自己内心存在矛盾，性格上存在缺陷，有“社交恐惧症”，惧怕与人打交道，同时也畏惧社会责任行为的烦琐事务，如需要大量文字、视频音频资料等。

对于实现社会责任的一些行为，我本人处在**想做却又有些顾虑的状态**。这些行动需要花大量的时间与陌生人、与同伴交流，而这对**稍有社恐**的我来说比较头疼。不仅如此，这些行动还需要**大量文字记录**、影视频资料，**处理起来比较麻烦**。另一方面，我也知道这些（社会责任）行为非常有意义，我内心也有许多想要去完成的项目，也想要通过这类活动进一步接触社会。就目前来说，我还是处在一个**比较矛盾的状态**。

——1AU学生

1EC学生认为，自己的时间精力和能力有限，在社会责任行为中往往充当参与者角色，但希望当自己有能力时做出更大贡献：

我觉得一方面是**没有时间**，自己的事情也比较多，不能抽出来很多时间去做这些事情；另一方面也可以说是**能力有限**，就比如说做一些事情，可能现在还只是一个**参与者的角色**，希望今后会有**更大的贡献**。

——1EC学生

单纯的社会责任认知与社会责任情感的提升并不代表社会责任意识的提升，行动与思考应统一，最终体现在社会责任行为层面，才意味着社会责任意识得到提升。比如：

> 我觉得差距主要体现在行动上吧，就是能否积极参与。比方说有些人，我们常说的**键盘政治家**啊，你能说他社会责任意识弱吗？好像**表现出来的挺强**，可是他好像没有怎么进行实践吧。我是这样理解的，你还是得行动和思考相统一，才能表现出自己的社会责任意识。
>
> ——2MA 学生

通过对 4 位学生的表述进行分析，可以发现，社会责任情感的强弱很大程度上影响着社会责任行为的呈现，社会责任认知与社会责任情感的提升并不代表社会责任行为的提升，不排除学生们会出现知行不一的情况。当然，在本研究中也有 3 位学生认为，参与项目对其社会责任行为产生了正向显著影响，促使其更积极主动地为承担社会责任做出行动。例如 6AG 学生认为，参与项目是一个很好的接触社会的窗口，在这个过程中能更加深入地思考以前未思考过的社会问题，并且能够奉献爱心，实现自我价值。

> 这个过程中，自我的愉悦感还是很强的，**自我价值能够得到进一步体现**。我的社会责任意识，首先体现在学生给我的反馈，一方面在学业上，另一方面是他的个人表现上，以及我平时和他的沟通交流，**使我更加深入地了解了目前的社会问题**，**我能这么直接地去应对这一社会问题**，增强了我的社会责任意识。其次，在经历这个过程之后，我进行反思，能够**更加深入地去思考**一些原来没有思考过的问题，**奉献自己的爱心**。
>
> ——6AG 学生

也有学生认为，自己在服务阶段的社会责任行为有所增长，即在此次数字化服务式学习项目中逐渐养成了习惯，尽自己所能帮助自己所服务的学生，甚至为服务对象着想，帮助其解决生活困难。例如5LA学生认为，自己在“老师”这个称谓下，承担着“传道，授业，解惑”的责任，在琐碎的备课与教学环节中，自己变得更加“靠谱”，事实上，“靠谱”的本质即是有责任心、有担当的表现。

> 那些备课和教学的环节看起来琐碎，做PPT、备课现在**已经变成我的日常**，我发现自己竟然喜欢上了这些活动，这让我变得**更靠谱**了，相当于每天有个事情在督促着我，**我必须要把这个事情完成**。还有我印象比较深刻的就是，每次下课的时候，那个小朋友（乡村学生）都会亲切地跟我打招呼，说“老师再见”，这样一个天真的举动，让我感觉到**“老师”这个称谓是有一定责任**的。
>
> ——5LA学生

1AU学生在教学的过程中，开始关注农村偏远地区的图书捐赠与互联网上的公益项目，他了解到这也是企业与个人践行社会责任、有效利用闲置书籍、避免资源浪费的有力举措。同时，自己也出资为服务对象购买了书籍。

> 在这次项目中，我发现对方（乡村学生）的理解能力比较薄弱。虽然我辅导的是数学，但是我发现她的阅读能力比较弱，对于应用题的题干理解混乱，这很**可能是与从小的阅读缺失有关**。这时候我就希望社会**加强对农村偏远地区的图书捐献**，我自己也开始通过支付宝等途径关注书籍有关的**公益项目，看到社会上有很多组织在关注书籍捐赠**，也自己**出资为学生购买了书籍**。
>
> ——1AU学生

通过对6AG、5LA和1AU学生的描述进行分析后发现，数字化服务式学习项目对学生社会责任行为的影响存在较大个体差异，在多数学生认为该项目对自己社会责任行为影响的不明显的状况下，有少数个体感受到自己社会责任行为得到了提升，虽然自身“社会责任能力”不足，但能够充分发挥主观能动性，尽己所能践行社会责任。

4）本节小结

针对数字化服务式学习经历对学生社会责任意识影响这一研究问题，分析量化数据发现，学生在数字化服务式学习项目参与前后，社会责任意识三个维度之间的变化不大，仅社会责任认知维度和社会责任意识总分有显著提升。可见，数字化服务式学习确实能在一定程度上提升学生社会责任意识，但个体体验存在较大差异。社会责任意识总分前后测的比较结果如表 5-12 所示，*p* 值为 0.000（<0.05），说明学生在参与项目后的社会责任意识总分发生了显著变化，这证实了数字化服务式学习项目经历对学生社会责任意识有正向显著影响。

表 5-12　社会责任意识前测和后测比较

维度	配对差值					*t*	*df*	*Sig*（双尾）
	均值	标准差	均值的标准误	差值 95% 置信区间				
				下限	上限			
社会责任意识（后－前）	2.069	2.961	.389	1.290	2.848	5.322	57	0.000**

* $p<0.05$，** $p<0.01$。

质性访谈部分进一步辅助解释了量化研究结果。有多位学生在访谈中指出，自己对待社会责任积极性高，但自身能力还需修炼，这解释了为何其社会责任意识存在知行不一的情况。根据体验学习双循环圈理论与服务式学习模型，在数字化服务式学习的过程中，社会责任意识的发展分为三个阶段，第一阶段是探索阶段，学生参加活动主要是因为趣味或想要成为同伴小组的一员；第二阶段是领悟阶段，学生们开始切身投入到议题、地点或活动中，提升了社会责任情感；第三阶段是内化阶段，在社会责任认知和情感提升的背景下，学生意识到社会正义问题的复杂性和重要性并为之努力，致力于实现社会平等和公平。三个阶段相互联结，构成其社会责任意识发展的过程。对研究假设的检验结果如表 5-13 所示。这为探究数字化服务式学习项目参与现状打下了基础。

表 5-13　研究假设检验结果汇总表

研究假设	检验结果
H1：数字化服务式学习经历对学生的社会责任认知有正向显著影响	接受
H2：数字化服务式学习经历对学生的社会责任情感有正向显著影响	拒绝
H3：数字化服务式学习经历对学生的社会责任行为有正向显著影响	拒绝
H4：有关履责行为的反思性过程写作对学生的社会责任行为有正向显著影响	接受

对不同个人背景变量学生的社会责任意识三个维度的得分进行统计，发现不同性别、不同专业类别、不同年级，以及不同家庭所在地（城乡）学生之间社会责任意识的差异均不具有统计学意义，研究过程及结果见附录 12。

2. 数字化服务式学习项目参与现状

在体验学习双循环圈理论的指导下，对与问卷调查相补充的学生访谈资料进行分析，将学生的数字化服务式学习项目的参与现状划分为意义建构阶段、转化体验阶段（概念化阶段、准备阶段）和经验获得阶段。下面对不同阶段的参与情况进行具体分析。

1）学生在意义建构阶段的参与方式

意义建构阶段指的是学生在参与活动之前，当学习需求、机会、情境满足学习条件时，会进一步激发学习者收集相关信息，进行意义建构，理解之前的学习体验。个人的某些体验可能不会激发进一步的学习，这取决于内在动机和外部驱动的影响（周奇，2002）。通过对数字化服务式学习项目参与学生的访谈可知，在意义建构阶段，除去本项目所需的客观条件外，学生参与的动机也在其中发挥不可或缺的作用。本研究发现，学生在意义建构阶段涉及的变量主要包括内在动机和外部驱动两个维度，内在动机维度的编码可以被划分为七个方面，外部驱动维度的编码可以被划分为三个方面。意义建构阶段的编码如表 5-14 所示。

表 5-14　意义建构阶段编码表

类别		频次
内在动机	（1）能力提升：获得自身能力成长	14
	（2）兴趣驱使：对此类活动感兴趣	12
	（3）职业规划：毕业职业规划相关	12
	（4）功利私欲：获得奖励的功利心	7
	（5）先前经验：之前相关经历影响	10
	（6）责任认知：认为应担社会责任	8
	（7）责任情感：想要尽所能做事情	8
外部驱动	（8）项目设置：活动本身有吸引力	10
	（9）亲友鼓励：身边人的建议支持	9
	（10）榜样力量：优秀榜样事迹影响	9

项目是学生学习的重要载体，难度适宜，开展高效的项目有利于学生更好地达成学习目标（文军庆，2018），在这一过程中，干预措施显得尤为重要。有研究表明，当学生自主选择和制定项目时，在项目学习过程中学生会更容易形成对项目、个人和小组负责的态度（孙海波 等，2010）。在这一阶段，学生脑海中构建参与数字化服务式学习活动的想法，根据项目的设置与安排，与需要服务的群体产生联结。同时，明确的规范和期望有利于更好地开展项目学习，这就要求数字化服务式项目规划合理有效。数字化服务式学习项目的实施效果有赖于学生的内在参与动机和外部驱动因素的共同支撑。以下按内在动机与外部动机逐一阐明。

学生意义建构阶段涉及的内在动机主要体现在以下七个方面：能力提升（获得自身能力成长）；兴趣驱使（对此类活动感兴趣）；职业规划（毕业职业规划相关）；功利私欲（获得奖励的功利心）；先前经历（之前相关经历影响）；责任认知（认为应担社会责任）；责任情感（想要尽其所能为社会做点

事情）。

（1）能力提升。服务式学习在高等教育阶段的学生能力培养方面发挥重要作用，学生在参与数字化服务式学习项目的过程中，也对自身能力提升抱有期待。大学教育不应停留于促进学生智力方面的发展，学生的发展目标应包括更多其他内容。如果大学希望学生拥有民主的基本价值观，如诚实、宽容、同情、慷慨、合作、服务和社会责任，除了让学生接受这些价值观之外，他们还应在相应的计划和政策中给予这些价值观以一席之地，这可以通过服务式学习来实现（Astin，1998）。

访谈中有 14 位学生提到参与数字化服务式学习项目希望能够获得自身能力成长。如学生们希望在项目里获得与服务对象之间的沟通能力、人际交往能力以及教育教学能力等。6TH 学生在访谈中说，自己期待能从项目里获得一些跟服务对象的相处技巧和教学能力，他认为教小朋友就是一个教学相长的过程。但同时也认为自身的总结反思会影响到个人的提升程度。

> 一方面，往最功利的说，我们**获得了这个经历**。另一方面我自己能**得到锻炼**，就是说我和小朋友们的**沟通方式这类（的提升）**。我感觉这个服务式学习项目就是让你更深度地从一个全局的角度看待你的服务。因为如果只是单纯的备课、教课，不对自己的授课做一个**总结或者反思**的话，可能确实没有获得很多个人上的提升。
>
> ——6TH 学生

（2）兴趣驱使。体验学习事实上是主体生命的生长过程，也是主体认知的建构过程，同时也是主体情感的发展过程和主体的自主探究过程。在这些过程中，主体的兴趣在其中发挥着不可或缺的作用（张相乐，2009）。接受访谈的学生中有 12 人明确提到，他们自身对此数字化服务式学习项目感兴趣，并且未曾参与过类似活动，想要做出尝试并增加自身体验。可见，兴趣驱动的自主实践能够有效激发学生的参与动机。

2GE 同学在访谈中指出，自己先前缺少此类数字化服务式学习项目的经历，因对这个类型的活动感兴趣，想尝试一下这方面的项目，2PE 学生则表示曾有想法参与同类项目，但由于时间、地点等因素的阻碍未能实现，此次数字化服务式学习项目提供了一个良好契机。

> 之前**其他类型的**服务式活动参与得蛮多，但是支教是这个学期才开始接触。选择这个项目是因为对这个类型的活动**感兴趣**，想尝试一下这方面的项目。
>
> ——2GE 学生

> **之前一直在关注**公益活动，上个学期其实并没有参加什么志愿服务活动。虽然说自己有想法，但是因为**时间冲突和各种障碍**也没有去寻找。但当我看到这个在线支教的时候，刚好**呼应了自己的想法**。
>
> ——2PE 学生

（3）职业规划。高校与社会之间的情感联系刻在高校带有温度的行动里，借力服务式学习平台，赋能学子职业发展，也是服务式学习发展的应有之义。具体而言，本研究中多位学生表示，毕业后有做教师的打算，出于对职业规划的考虑，选择了本次采取支教形式的数字化服务式学习项目。如 5BI 学生表示，自己本科阶段所学即为师范专业，专业基础扎实，且将教师这一职业纳入今后职业规划。

> 因为我之前**本科学习的是生物学师范专业**，所以本身会接触到和教育教学相关的内容，以后也有做老师的打算。因为我之前**没有参加过**这样的支教活动，**本身比较感兴趣**，再加上最近疫情，**线上支教的话挺便利的，就很想去试一下**。此外，我之前在本科阶段学习师范方面专业知识的时候，**都是给一个班级的学生上课，没有过这样一对一和某一个学生有比较深入沟通交流的机会**，对我来说都是第一次体验吧。
>
> ——5BI 学生

职业价值观是学生对职业的认识和态度及对职业目标的追求与向往，以项目化提升服务式学习的专业化，坚持需求导向，能够提升学生对职业的认同感，促进学生完善自己对职业生涯的规划，帮助其树立正确的职业观、人生观。2GE 学生也提出，将教师作为毕业后的职业规划目标，想提前适应教学环境。

> 我本身是学小语种的，刚开始其实是因为有**想当老师的打算**，但**是这个方向也不太确定**。想说刚好有机会的话，就来**试试看教学生是什么样的感觉**。之前暑假、寒假在家乡**做过家教**，自己也经常和小朋友接触，但是支教毕竟和家教有些区别，从支教这个层面，**对教师这个职业挺感兴趣的。参与下来，对教师这个职业更加坚定了。**
>
> ——2GE 学生

（4）功利私欲。社会价值观念的日益多元化和与社会转型时期相伴而生的诸多社会问题，对当代大学生的学习和身心状况造成了很大影响，相当一部分学生的学习目的和校园生活带有强烈的功利色彩（王云海　等，2006）。“素质拓展学分”作为高校第二课堂成绩的衡量标准，其设置的初衷是为学生展示特长、发展个性提供广阔空间，然而在实际操作过程中，难免成为学生竞争奖学金和各项荣誉的踏板。

当代大学生的学习与成才意识突出，但急功近利现象也日益突出。某些学生的学习动机呈现功利化倾向，学生对所学内容本身无兴趣、无内在需要，而执着地追求个人私利（谢一欣，2015）。对于 S 校本科生来说，此项目开展周期长，是增加素质拓展成绩的好机会，而“素拓分”是其获得奖学金与奖项荣誉的重要条件。具体到本研究来说，有少数同学参与此项目也出于功利心。

> 正好那天**在公众号上看到了**，这个活动时间**持续得比较久**，给的**素拓分**（素质拓展学分）**也比较高**，我这学期的素拓分还不太够。还

有一个原因是，我这个学期拿了一个**奖学金，有志愿服务时长的要求，所以我就试着报名了**。

——2CO 学生

功利心强、走过场、不专业等问题不仅仅在社会实践与志愿服务活动中容易出现，在服务式学习过程中同样容易出现。功利心在所难免，在态度端正且认真完成的情况下，能够达到预计效果，其服务即存在意义，但服务质量必定存在差距。6TH 学生指出，由于 S 校研究生大多没有时间和精力参与，参与项目的本科生较多，且容易出现因功利性原因参与的情况。

我们作为一个工科学校，**学生没时间做这个事情，挺费心力的**。比方说一个实验室团队的“老板”（导师），**不允许他的研究生去实习，这种活动还能让他参与吗**？所以我知道**研究生参与的是少数**。参与的主要还是本科生，而且是大一、大二的这些学生，这就存在另外的问题，活动给素拓分，**他们参与的动机就不单纯了**，可能**会有一些功利心**。我们想去献血根本就排不上队，因为他们（本科生）全都挤满了。

——6TH 学生

参与项目存在功利心也体现在多个方面，除获得“素拓分”、奖学金之外，也有学生参与项目是出于“入党”。如 6AL 学生认为，入党积极分子不仅需要撰写材料，也需要进行社会实践，想要借此机会表现自己。

我当时的身份是**入党积极分子**，我觉得做入党积极分子，不仅要写一些，比如说一些思想汇报呀，一些理论上的东西，多**去参加一些活动，也是自己积极入党的证明，是能够表现自己的方式**，是真的想积极入党的一个表现。”

——6AL 学生

大学生参加志愿服务项目的初衷有差异性，在项目中的表现也不同。或许将大学生的功利需求与服务式学习的理念相结合，才是一条现实可行的道路。然而也有少数学生参与数字化服务式学习不抱有功利性目的。如 2GE 学生就明确指出自己参与项目并无功利心。

> 倒也真**没想过会收获什么，没有什么功利心**，可能就**认识一个小朋友**，还有的话，就是了解一下，看一看我小时候学的东西，回忆一下童年。
>
> ——2GE 学生

（5）先前经历。个人成长是一个循序渐进的过程，过往经历对之后的生活可能产生深远影响。同时，学习是学生个体根据“先前经验”积极主动建构知识的过程，而不是被动地接受和记忆信息和知识，因此，先前相关经历的影响间接推动学生参与数字化服务式学习的动机增强。也有研究表明，将新信息与学生的先前经验相联系，运用有效的认知策略能够保证知识对学生的意义性，激活学习动机需要结合学生的先前经历。如 2LA 学生指出，自己之前有相关经历，促使其此次参与。

> 因为这个活动看起来是一对一的，我之前做过**差不多的家教，感觉可能会比较匹配**，没有做过支教类的这种公益活动，就想试一下。
>
> ——2LA 学生

此外有受访对象表示，先前存在相关项目的负面经历，体验较差，此次参与试图弥补之前遗憾，因而对参与该项目产生推动作用。如 3GE 学生指出，自己之前存在参与同类项目的不愉快经历，此次参与试图弥补遗憾。

> 上学期参与了一次线上支教活动，但是**与理想中的有落差**，这次的支教项目看着更加**正规成熟**，因此选择继续参与，来**弥补上一次的遗**

憾，实践下来也确实如此，发现这次的这个支教项目**确实是在做实事**。

——3GE 学生

（6）责任认知。在全球化日益发展的今天，高校培养学生具备专业能力的同时也要培养学生作为当地公民、国家公民以及全球公民的道德感及责任感（Leask et al.，2013）。强烈的社会责任意识成为部分学生参与数字化服务式学习项目的主要动因。

我一直在思考，我能够**做出贡献的事情到底是什么**，这个项目是让我给**弱势群体**小小的帮助一下。而且我感觉自己在教学这方面有一些小小的天赋。

——2PE 学生

这是我们**为社会做贡献、奉献自我**的一种方式。我之前也没有做过，所以当这个项目被推出来，**呼吁我们去参加的时候**，我就有想参加的欲望，然后我就参加了。

——2ME 学生

尽管社会普遍认为，“90 后”或“00 后”的大学生多以个人为中心，缺乏责任与担当，但此次研究发现，新时代大学生并非如此，不可一概而论。访谈对象中不乏社会责任意识较强的个体。例如 1EC 学生认为，之前对社会问题的认识多停留在理论层面，参与此次数字化服务式学习项目能够获得亲身感受，且他对在线教育感兴趣，认为在线教育可能会是实现教育公平的重要途径。因为它一方面可以避免地域的限制，另一方面可以把优秀的师资力量传达给一些教育资源不丰富的偏远地区，即想要为教育公平做出些许努力，为偏远地区孩子带来知识，尽管力量渺小。

往大一点说，咱们社会主义讲究共同富裕，我觉得实现**教育的公平**，能够让那些偏远地区的孩子**接受比较好的教育**，能够让他们走出山里，或者说能够让他们过上更好的生活，有更好的选择，而**不是仅仅局限在那个山里**，或者说局限在他的那个偏远地区，这样的教育可以让他**实现一种阶层的跃迁**。

——1EC 学生

（7）责任情感。社会责任情感不仅包含了社会关系中传统道德伦理对人们的责任要求，同时也包含个体的主观道义责任。青年学生自觉接受社会责任教育是调动情感、主动接纳社会责任教育的结果。有的学生参与服务式学习的动机是因为体会到了责任的真实含义，感受到国家、学校和老师对自己的关怀与优待，发自内心想要回馈社会。

我深深感受到了**国家对于我们少数民族的优惠政策**，学校（S 校）以及老师对我们的**大爱关怀**。我是真心的，发自内心地想要用实际行**动回馈家乡、社会和母校**。

——1CO 学生

同时，有学生认为自己曾经受到过社会帮助，做人不能忘本，从农村走到大城市，应当心怀感恩，应当回馈社会。

现如今我**拥有了更高的视野，也拥有了回馈社会的意识**，我也想给予偏远地区的孩子一些课外的指导，鼓励他们不断深入学习，**通过学习改变自己的命运**。我认为**自己足够幸运，这种情感会更加驱动着我回馈社会、报效祖国**。我也希望可以借此机会**锻炼自己的表达交流能力**，这一点农村孩子普遍比较薄弱，取得我们双向成长。

——1AU 学生

最开始可能是因为兴趣爱好，还有一个原因，**我算是受资助的贫困生**，我记得我拿的奖学金有个特别重要的理念，“**得诸社会，还诸社**

> 会”，我也一直坚持这样的理念，得到了一些，就去做更多的事情，感动更多的人，去做自己力所能及的事情。
>
> ——2LA 学生

通过对以上学生的访谈进行分析可以看出，高校学生自身拥有的社会责任情感在其进行数字化服务式学习的过程中也起到了推波助澜的效果。

学生在意义建构阶段涉及的外部驱动因素主要包括以下三个方面：项目设置（活动本身有吸引力）；亲友鼓励（身边人的建议支持）；榜样力量（优秀榜样事迹影响）。

（8）项目设置。服务式学习作为一种教育创新方法，包括规划内容、培训学习、服务过程、反思反馈和考核评价这五个环节，旨在让学生通过参与有组织的服务行动，以满足社会需求同时促进自身发展。数字化服务式学习项目作为信息技术发展背景下的全新形式，不仅能实现服务式学习的任务，而且具有数字化学习的便利，能突破线下服务式学习时间和地点的局限，这成为吸引学生参与的一个重要原因。

> 当时潜意识就觉得这个项目应该是线上的。因为学生位置是云南广西，在学校日常学习期间，实地参与肯定不现实，应该是线上，这样大家参与度就高了。线下的可能沟通交流起来会更方便一点，但其实线上也没什么影响，线上视频没有路途上的时间，反而更方便，效率更高。
>
> ——2GE 学生

（9）亲友鼓励。家庭作为大学生成长的摇篮，也担负着培养大学生社会责任意识的重任，发挥家庭教育的价值引领功能，起到春雨润物的效果。在此数字化服务式学习项目中，对于有些同学来说，家人、同学、朋友等群体对其参与数字化服务式学习项目的意愿也起到潜移默化的作用。有些学生的家长和朋友本身就热心公益活动，家长也教导其应当“为人民服务”、要回馈社会、知恩图报等，在这种潜移默化的影响下，他们也选择积极参与公益活动。

> 我之前受一些企业家资助，**家人经常教育我感激回馈帮助过自己的人**，要知恩图报，努力学习报答他们。所以我想着在大学期间多参加一些公益项目。
>
> ——1CO 学生

> 我**家里人对公益活动比较感兴趣**，所以我家人会给我一些**潜移默化的影响**，会和家人一起参与一些**短期的志愿服务活动**，这个活动也是我和我室友一起报名的。
>
> ——3GE 学生

由此可见，身边人以潜移默化的方式影响着参与项目学生的思想和行为，这种形式容易形成良好价值观念与社会交往方式，培育与弘扬这些良好价值观念与社会交往方式，有助于社会的和谐与稳定。

（10）榜样力量。古往今来的德育经验证明，榜样引领、情感体验、实践内化等路径有助于学生的道德发展。道德榜样作为一种重要的思想道德教育方法，自古就在人的社会化过程中起着不可替代的教育作用（吕耀怀，2008）。因此在本研究中，也不乏受优秀榜样事迹影响来参与数字化服务式学习项目的学生。有的学生在进入大学之前，就常常听说一些感人至深的支教事迹，在心中埋下种子，媒体的正面宣传也对其选择参与项目起到助推效果。

> 在我还没有上大学的时候，只是在新闻当中或者是**听一些名人支教的事迹**，就对他们**充满敬佩**，当时也只是比较遥远的感觉。所以支教这件事情在我看来，是去帮助教育资源比较匮乏地区的一些孩子们。
>
> ——2CO 学生

2）学生在转化体验阶段的参与方式

转化体验阶段包含概念化和准备这两个阶段，学生对服务式学习项目做出承诺与准备，并开始行动。但是在实际开展项目的过程中，这两个阶段的界限并不明显。本部分将进行详细论述。

概念化阶段属于转化体验学习的第一个阶段，学生们对吸收的信息进行提炼、加工和概括，形成一般结论和认识。形成的结论和认识一般包括学习者的知识基础，学习的难易程度，学习的方式、步骤，可能遇到的困难以及解决困难的方法等。在数字化服务式学习的过程中也大致遵循这样的过程。如在本项目的这一阶段，学生在确定加入项目之前安排试讲环节。在面试匹配阶段，学生们根据项目组提供的《线上支教面试说明》准备面试，形式为 3 ~ 5 分钟的迷你课试讲，未通过面试官考核的志愿者，视为退出项目，由督导再匹配一位学生进行候补面试。面试结束后，志愿者确认匹配信息，与乡村教师确认辅导的具体科目，项目要求每位学生至少辅导学生一门期末考核的主课。此外，本项目开展的形式为在 7 ~ 8 个学生当中选拔一位督导，承担“小班长”的职务，负责传达项目信息，带领学生开展集体反思，解决项目参与过程中的突发问题等。

在数字化服务式学习项目的过程中，概念化阶段体现在学习者在接受项目的培训环节，让参与项目学生感受到了付出与回报的参与感与获得感，同时体现了其自主学习能力。如 1AU 学生认为：

> 首先，它持续的时间比较长，可以建立更强的双方纽带。其次，这个活动**比较正规，比较成熟，对于志愿者的培训**，每次课后的报告提交，组织人员的认真负责，等等，都让人觉得这是一个有组织、有纪律的活动，它是一个“**付出 + 回报**”的方式，让我们在付出中得到回报。
>
> ——1AU 学生

本研究发现，数字化服务式学习项目的转化体验准备阶段涉及的变量主要分为 3 个部分，分别为心理建设、接受培训和联络交流，3 个维度的编码又可以被划分为10个方面。心理建设方面主要包括服务对象身份为留守儿童、服务对象所在地区资源匮乏，以及服务对象所在地区教育公平有所欠缺等；接受培训方面是指学生们完成必修课程、选修课程以及答疑阶段，做好教学准备，主要包括基本教学内容、软件技能培训、综合能力培养、观念意识建设等；联络交流阶段包括服务者和学生、学生家长及当地老师的联络与交流，以及服务者之间、服务者与督导之间的联络与交流。转化体验阶段的编码如表5-15所示。

表5-15 转化体验阶段编码表

类别		频次
心理建设	（1）服务对象身份为留守儿童	12
	（2）服务对象所在地区资源匮乏	10
	（3）服务对象所在地区教育公平欠缺	10
接受培训	（4）基本教学内容	7
	（5）综合能力培养	9
	（6）观念意识建设	7
	（7）软件技能培训	6
联络交流	（8）与学生的联络与交流	15
	（9）与家长的联络与交流	10
	（10）与当地老师的沟通	10

数字化服务式学习项目的转化体验阶段需要大学生进行心理建设、接受相关培训和联络交流这3个维度的共同支撑，本部分将围绕这3个维度详细开展论述。

（1）服务对象为留守儿童。“留守儿童”是指其父母双亲长年外出而被留在家乡，需要他人照顾的未成年人（范方 等，2005）。欠发达地区农村“留守儿童”问题也是我国基础教育长期面临的严峻问题。家庭环境不完整和亲子教育的缺失可能导致留守儿童在性格、学业等方面出现问题。

S校数字化服务式学习项目的服务对象多为欠发达地区农村“留守儿童”，因此，参与项目学生需要做好与“留守儿童”交流沟通的准备，在相处的过程中要注意孩子的性格特点与学习基础，做到有的放矢。

我这个学生是**偏远地区的留守儿童**，爸妈在深圳打工，他有个妹妹，跟爷爷奶奶一起住。**性格有点内向，不爱说话**，在相处的过程中得稍微注意一下他的个性，还要有一个**目的性的预估**，帮助夯实他们的基础，让他们或多或少**有所收获**。我跟他说过有什么想说的都可以随时找我，但他还是不好意思。

——1CO 学生

虽然接受服务的学生多为留守儿童，但并不是所有留守儿童都有这样的机会，只有部分学习比较好的才能被选中。

一个乡村中学，能挑学生参加这个项目，挑出来的都不会是差生，**都是好学生**，可能**有一科不好，偏科**。老师们把他们选出来，**整体提升一下成绩**。

——1AI 学生

（2）服务对象所在地区资源匮乏。经济发展水平的地区差异导致教育资源配置的差异（岳昌君，2003）。经济地理、公共财政、城市化以及劳动力要素的流动等影响了我国教育资源配置的公平和效率，也导致了中西部地区教育资源匮乏的现状。本研究服务的学生来自云南和广西地区农村，教育资源相对其他地区较为匮乏，主要体现在教师资源匮乏与学习资源匮乏两个层面。优质教师的缺乏使得教育欠发达地区缺乏先进的教学理念，学习资源的缺乏导致学生学习得不到足够支持。

他是在云南，我觉得**教育资源还是会有一点偏差**，上课的时候他那边的网络也不太好，**上着上着就没有信号了**。而且**学生的视野比较窄**，他们可能就只能通过手机看看世界，但是他们可能拿到手机的时间也不多。

——2PE 学生

他（服务对象）学校的教学资源非常匮乏，基本上**两个老师教所有的课程**，还不只是教他们这一个年级，肯定是没有办法去顾及每一个小朋友的进度的。他碰到什么问题，肯定也会去问老师，但是**老师可能没有那么多的精力**，课后我再去给他讲一下他不懂的点，在这个方面确实是这个活动挺有意义的。

——2CO 学生

（3）服务对象所在地区教育不公现实。教育公平是重要的社会公平（杨东平，2000），它不同于教育平等，由于诸多因素的影响，在我国仍存在着事实上的教育不公平，教育资源分配不均也导致了教育欠发达地区学生的发展相对受限。在本研究中，具体表现为学生体会到自己所服务地区的留守儿童的学习水平此发达地区学生的学习水平低很多。如 6TH 学生明确指出，上海地区的教育资源充足，学生综合素质较高，且学生家长重视子女教育，愿意投入更多的时间、精力与金钱，这在一定程度上不利于阶层流动。

地区之间的教育资源差距太大了，更不用说**乡村教育了**，但是我感觉上海这样出来的真正厉害的人，就是能变得很厉害。家长重视子女教育，愿意投入更多的时间、精力与金钱，这样不就造成阶层固化了吗?

——6TH 学生

服务式学习的培训阶段是学生学习技能、增强能力的重要环节。计划制订出来后，要组织学生认真学习并接受开展活动所必要的知识教育和具体训练，让他们了解服务对象和任务，明确学习目标、要求、注意事项、安全措施、个人的角色和责任等。充分的准备和培训是完成任务的前提和保证。

S 校的数字化服务式学习项目设计了基本教学、综合能力、观念建设、软件技能四个模块的培训内容，帮助大学生志愿者更好地参与项目，通过提升大学生志愿者的方式，为乡村学生带来更优质的线上辅导与陪伴。每个模块下细分为必修课程与选修课程，所有课程以在线录播课的形式供志愿者学习。必修课程要求在项目开始后的四周内完成学习，由督导督促学习；选修课程不做学习时间要求，志愿者可出于提升自我的需求自行学习。四个模块的必修课程总时长为 240 分钟左右。项目培训课程体系如表 5–16 所示。

表 5–16　项目培训课程体系

	必修内容	选修内容
基本教学	教学目标	一对一习题讲评
	课堂管理	逆向计划与教案设计
	单元计划与学期计划	教学方法与技巧
	课堂提问	课堂常规
	学生激励	思维可视化
综合能力	儿童心理发展特征 青春期心理发展特征	有效沟通与倾听 用想象力增强同理心
观念建设	项目制服务式学习概述 走进项目制服务式学习 5R 历程	服务式学习伦理与项目设计 乡村教育现状与发展
软件技能	无	腾讯会议直播注意事项 其他直播软件概览

学生在这一阶段意识到数字化服务式学习与其他项目之间的不同，并且对项目和服务对象做出承诺。学生指出本项目属于长期项目，需要做好和服务对象长期相处的准备，不然不利于学生的发展，对服务者要求相对较高。将短期志愿服务与长期数字化服务式学习进行对比，短期志愿服务的工作要求较为简单，而服务式学习要求服务者本身具有丰富的知识储备，且要提前

做好准备。

> 这个服务式学习要做蛮久的，要做好和他（服务对象）**长期相处的准备**。老师一直换的话，对他的适应能力要求会比较高。”**对我们的要求会比较高一点**，本身要有一些**知识的储备**，要提前备课，我们之前也做过系统培训。
>
> ——2GE 学生

然而也有 2 位学生指出，项目培训不重视教学内容。原因是该服务式学习项目的预设是作为大学生对于中小学的知识（被服务对象是中小学生）已经完全掌握了。

> 我们在开始教学生之前需要完成一个**系统完整的培训课程体系**，但主要是讲一些**技巧性的东西**。对于教学内容的话，就大概了解一下他们学的内容。
>
> ——3GE 学生

数字化服务式学习的一个突出特点就是其数字化程度较高，数字化服务式学习需要强大的技术支持，具体表现在教学资源、联络方式、服务形式和反思环节等方面。在数字环境下，在线联络显得尤为重要。在此次数字化服务式学习项目中，学生与服务对象、家长和当地老师之间的联络与交流主要通过社交软件、在线会议、移动电话来进行。

研究对象在与当地学生取得联络的过程中，多位学生表示沟通相对畅通，如研究对象发现服务对象表现很积极，与研究对象之间能够实现双向交流与沟通。如 2CO 学生表示，自己所对接的服务对象较为主动。

> 他**挺乖**，就算身边有其他小朋友来打扰他，他也会继续把课上完，他**有时候内向，有时候外向**，有时候会提一些问题，但**更多时候还是**

> **我主动跟他聊**。
>
> ——2CO 学生

而 2MA 学生则认为，自己与服务对象之间的沟通存在障碍。

> 我带的小朋友（服务对象）是一个女孩，她可能更希望姐姐给她上课，而不是哥哥，再加上一些其他因素，导致**实际上我和她的交流非常少**，以至于到最后，**我只能给她讲一些课内知识**，因为如果我讲一些课外内容，就像有一个节目《变形计》，我不知道，甚至说会**害怕带给她具体什么样的影响**。
>
> ——2MA 学生

在与服务对象家长交流的过程中，虽然服务对象为留守儿童，有些家长对孩子的教育也十分重视，但有些家长与受访者的联络并不畅通，如 2PE 学生与服务对象的家长取得了有效沟通，2CO 学生则表示，自己与服务对象的父母沟通不畅。

> 我不光有他们老师的联系方式，他妈妈的**微信我也加了**，平时也会**问一些孩子学习的问题**。
>
> ——2PE 学生

> 他（服务对象）**父母不在身边**嘛，一年只回来一两次，**爷爷奶奶又年纪大了**，所以**跟他家里人联系比较少**。
>
> ——2CO 学生

在与当地教师交流的过程中，当地教师对服务对象的学习情况表示关切。1CO 学生在与当地教师的交流中，发现当地老师认真负责。

他们的老师很**认真负责**，非常积极，像负责跟我对接的那个老师，他**每次课都问我学生学得怎么样**，每次我跟小朋友联系不上，他都会亲自跑到他们家帮我找他，**也是挺辛苦的**。

——1CO 学生

3）学生在经验获得阶段的参与方式

在经验获得阶段，学生主要是通过服务与反思来获得学习经验。综合实践活动超越学科、课堂和评分的束缚，使学生处于现实抑或虚拟的环境中，以学习各种知识、能力、态度来面对未来生活为目的（钟启泉，2002）。经验获得阶段的编码如表 5-17 所示。

表 5-17　经验获得阶段编码表

类别		频次
积极体验	（1）良性互动	9
	（2）共同发展	8
	（3）有序反思	7
	（4）认知转变	7
消极体验	（5）服务者缺乏教学方法	3
	（6）服务对象缺乏积极性	4
	（7）在线教育存在弊端	5
	（8）项目设置存在缺陷	4

在本数字化服务式学习项目的服务和反思环节，不同学生有不同的体验与感受，其中又分为积极体验和消极体验。以下从积极体验和消极体验对 8 个方面分别阐明。

积极心理学为大学生道德学习提供了新的视阈，积极人格的形成依赖于积极体验，积极体验是大学生道德成长的一种有效方式和途径。从积极心理学的教育理念出发，把握学生的心理特点，有助于引导大学生形成积极的体验，提升教育价值（程肇基，2011）。多数学生在参与数字化服务式项目的过程中获得了较为积极的体验，具体表现在与服务对象实现了良性互动与共同成长。

（1）良性互动。有受访者表示在服务的过程中，发现很多服务对象实际上非常聪颖，但后天的培养教育缺乏，导致其发展水平与教育发达地区的孩子相比有很大差距，十分令人惋惜。

> 我在教学的过程中**发现学生对重点不是不理解，而是有些东西没有点到**，我们从出生开始，其实先天的智力水平、接受知识的能力，不见得有什么区别，只是**后天培养不够的话，可能就导致后面发展得不好**，这样子也挺可惜。
>
> ——1AI 学生

参与者与服务对象交流过程中逐渐感受到了服务对象的改变，从不愿交流到主动与服务者交流，参与者自身也很有成就感并十分感动。

> 我的那个小朋友（服务对象）**最开始特别羞涩**，我跟他说话，他都不想搭理我，我就一直开导他。我觉得最感动的就是有一次，我们俩要分开的时候，**他特别主动跟我说下次再见**，还问**下次我们什么时候能见到**。因为最开始我给他讲题的时候，我可能会问，我给你讲明白了吗？你觉得怎么样？你觉得应该怎么答呢？你觉得答案应该是什么？他都是不知道该说什么的状态，**也不愿意跟我交流**。但是那天他就跟我说，你什么时候再来教我呀，下次我们是星期几，我**当时觉得特别感动，自己好像是改变了一点东西**。
>
> ——2LA 学生

（2）共同发展。有受访者表示，在教学过程中，实现了与服务对象的共同成长。也就是提供服务的大学生在从事服务的过程中自身也获得了成长和进步，双方在服务的过程中相互学习，彼此在认知和行为上都有进步，他们非常享受与服务对象共同发展的感觉。

上了几次课，我发现学生眼高手低，强调过的东西总是记不住，所以每次课前我都强调，之后他**终于学会了我教他的方法**，我们俩**解决问题的能力都提升了**。

——2PE 学生

我觉得这段所谓的学习，对于和我交流的那位同学，**可以说是互相学习**，从他那里我也可以学到一些东西，对我的认知和行为，也是一种**促进和补充**。

——1EC 学生

我其实挺喜欢这种，**虽然有的时候觉得自己没有给他们造成什么影响，但是他们却改变了我很多**，参加这个项目，我是被这种体系化的项目所打动的。

——2LA 学生

（3）有序反思。反思环节主要体现为集中反思和个人反思两种形式，自我反思对于成功的数字化服务式学习来说至关重要。反思也是服务式学习的一个重要方面，因为它使学生能够将思想和行动联系起来，同时鼓励更高层次的思维技能，如分析、理解、解决问题和评估能力的发展。自我反思使学生能够理解他们在在线环境中的角色，同时与项目变量、所有者和服务式学习体验的接受者保持密切联系（Dixson，2011）。

具体到本研究而言，集中反思以在线会议的形式开展，由各小组的督导进行组织，请专家老师进行分享，有问题可以随时提出，但不强制的后果是学生的投入较少。

集中反思这个**形式是很好**的，而且它**不强制**，也就是说你去不去都很**随意**。

——2GE 学生

为强制开展个人的反思，在每次上课之后都要提交一个公开性的反思日志，既可以改进自己的教学，也可给其他学生提供参考，最重要的是通过这一方式，提升学生的责任意识，使其能更坚定和进一步完善自己的服务行为。

每次上完课之后，在软件上面写一个类似日志的东西。简要概括一下时长、内容、课堂反思，再附上图片、学生的学习情况之类的。**既可以总结自己的经验教训寻求改进，也可以给其他同学一些有效的参考**，下次上课时可以有针对性地增加引导。

——6TH 学生

高质量的反思性写作使学生能够思考自己的经历，同时与其他学生结成共同体，提升自己的体验和认识。数字化服务式学习项目利用网络日志作为反馈、鼓励和提问的媒介。基于网络的日志不仅提升了学生的日常体验，还通过开发他们自己的创作空间，赋予学生创建社区的能力，为成功的服务式学习提供必要的参考（Mills，2001）。学生的质性反馈进一步证实 H4 假设，说明用于与责任有关的过程写作法对于提升学生的责任意识具有正向的显著影响。学生通过反思，在具体教学的过程中，可以根据学生的一些反馈，不断调整自己的沟通方式或教学方式。

我觉得这就相当于我作为志愿者的话，**其实是有老师来指导我的，不是一个盲目的我自己去做的过程**。包括像我们每周做完了辅导，还要写日志，还需要有反馈，大家讨论的这个过程，是我可以收到反馈做一些调整，然后**再不断适应**的这个过程。

——5BI 学生

（4）认知转变。人们往往对不同群体的人持有的一套固定看法，即社会知觉中常见的刻板印象，因此服务者对服务对象也可能存在偏见。通过服务式学习，部分大学生的这种偏见得到了纠正。

> 这个项目**打破我的一些刻板印象**，或者严重点说，是打破了我的**偏见**。比如说我这位学生是广西的，尤其还是那种偏远地区，我在和他交流的时候发现，他平时也会阅读课外书籍，也会做一些学习之外的事情，课外活动之类的。在辅导的过程中，**他的反应也比较快、比较灵敏，或者说聪明**。这也告诉我，**不要以先入为主的刻板印象认定一件事情，一定要根据实际情况尽可能地调整，不要太死板**。
>
> ——1EC 学生

多数参与项目学生对项目评价较高，但也有部分学生对该项目的开展过程及结果并不满意。消极体验不利于学生与服务对象之间的良性交流，部分学生在体验阶段的学习没有达到预期，具体体现在：主观上，服务者缺乏教学方法，服务对象缺乏学习积极性；客观上，在线教育存在弊端，项目设置存在缺陷等。

（5）服务者缺乏教学方法。教学方法包括教师教的方法（教学方法）和学生学的方法（学习方法）两大方面，是教授方法与学习方法的统一，教授方法必须依据学习方法制定。在本研究中，有受访者提到，服务对象欠缺学习方法，而线上的环境使服务双方缺乏沟通与交流，无法改变这一状况。然而，这恰好从侧面说明大学生在提供服务时的教学方法不得当，不能激发服务对象的学习动机和学习兴趣。

> 我教的学生主要还是在听我讲，他不懂的作业问题问我时，主要是**要知道一个正确答案，对解决方法不重视，我就不理会**，给他慢慢讲，后来让他复述题目，他复述不出来，证明还是没听懂。
>
> ——2CO 学生

（6）服务对象缺乏积极性。学习主动性由学习需要、自信心和情绪情感构成，学生成为教学过程的主体才能够真正激发他们的学习兴趣和主动性，从而充分发挥教学相长的作用（庞维国，2001），事实上，内在学习动机对于激发学生学习动机具有重要作用。在此次服务式学习中，有学生感就到很无奈，因为服务对象不守约定，频繁找借口缺席课程，给项目开展带来阻碍。

> 他居然跟我说**手机丢了，电脑坏了，腾讯会议打不开了，语音坏了等各种理由**。每次我等他半个小时以后，他跟我道歉。昨天刚跟我深刻地道歉，今天又“**放我鸽子**”了，下次继续放，就这样。
>
> ——3GE 学生

还有的服务对象在上课时存在“表里不一”的情况，即家长在与不在，课堂表现完全不同。明显感觉有些孩子的学习目的不明确，似乎不是为自己努力，而是为家长学习。

> （我教的）学生比较有意思，**他的家长在或不在，他上课完全两种样子。家长在旁边的时候他很专注**，家长一走他就变了一副样子。
>
> ——2PE 学生

1EC 学生表示，学生们缺乏时间观念，应当加强相关意识的培养。

> 他们的**时间观念**没有能够得到保证。我和他们私下里对接沟通的过程中，可能会发生**沟通不畅**的情况。所以最好能够教育那边的学生**有时间观念**，让他们意识到**这个时间是用来做这件事情的**，保证他们**有固定的时间**。
>
> ——1EC 学生

（7）在线教育存在弊端。在线教育的先进技术与丰富资源给学生与教师带来了巨大便利，但同时它也难以避免地存在师生之间缺乏情感交流的问题。本次服务式学习中就有一些服务对象不愿意开摄像头，提供服务的大学生根本看不到服务对象的神态表情，无法确定其注意力是否集中。另外线上服务会导致服务双方之间的时间安排容易冲突，打乱了服务的节奏。

> 因为是**一对一匹配时间**，自己带一个学生就会导致，比方说这周上了三节课，下周上一节，**上课时间很混乱，上课的内容也很跳**这种情况。
>
> ——5LA 学生

2ME 学生指出，与学生的交流过于虚拟，虽然一对一的形式能够在形式上促进双方交流，然而在实际操作的过程中，服务者难以观察到服务对象的实际行为，难以控制其注意力。这不是此项目的特有现象，而是在线教育的弊端。

> 我今天问他："我不是说要带课本嘛，你为什么不带呢？"网课虽然可以做到一对一比较针对，但是它**太虚拟**了。有的时候，比如说你想看一下他草稿纸上写的是什么，这个题目为什么不会做，**如果他不愿意说，那你就永远都不知道**。如果是线下的话，你稍微瞄一眼就知道他在干什么，或者他这个题是怎么想的。这个也不是说**咱们这个活动存在的缺点**，应该是**普遍都存在**。
>
> ——2ME 学生

（8）项目设置存在缺陷。有些学生认为项目本身存在缺陷，如时长限制过于严格，高校学生难以全身心投入，未考虑到可能出现的特殊情况等。

> 我们这个项目的**服务时长的管束有些严格**。就我这次的服务对象

来说，由于家庭情况特殊，有时候会有无法联系教学的情况，因此**并不是每周的服务时长都能保证**，虽然说可以暑假补齐，但是**暑假开始时，项目已经结束了**。我辅导的孩子 7 月中旬才放暑假，之前都在备考期末考试，我也没有打扰，因此可以**适当延后结束项目的时间**，或者**放宽时长的限制**，不至于最后很赶时间，这样的**教学也很没有质量**。

——1AU 学生

"对于高校学生来说，平时课业比较重的话，开展这些长期项目，**其实也是很难投入的**。我觉得在一些假期时间，**高校学生更有空的时候**，对这件事情**投入会更多一点**。因为像我的话，大三开始相当于可以上国外的课嘛，所以学期制上面会不太一样。所以对我来说，其实我的学习跟参加这个活动**没有很大的重合**。"

——2EE 学生

还有学生和服务对象的时间难以协调，地点也存在较大限制，体现在课时时间长、学生上网课设备存在困难、提供服务的独立空间难找等情况。

预约大家都有空的时间也很难，而且还是比较长时间的，两个小时那种就很难约。比如说我这个小朋友**家里上网比较困难**，**周末也不能上课**，只能周一到周五。周一到周五他白天有课，还有自习，**晚上还要睡集体寝室**，**关灯又早**。我的时间地点也不是很好协调，我这学期一直是在**从晚饭前后挤一挤时间**，然后**我这边上课地方还很难找**，一直是**在食堂里面插着耳机**给他上课。

——2EM 学生

有学生认为自己在参与项目的过程中理想远大，但实际效果与理想存在较大差距，存在理论与实践脱节的情况。

> 乡村学生**没有能够辅助他们学习的设备，设备不充分**。他们**不太善于使用这些**，比如说通信工具、微信、QQ，或者是一些工具软件，你就会发现沟通就是一个问题。这样的话，比如说一个理论，在社会上你可以侃侃而谈，说在线学习多好、多么有用，但是你在**实际的应用过程中**，你会发现他们**连辅助性的硬件设备都没有**。那这些说得再天花乱坠，但是压根儿就应用不上去。所以就是说**理论和实践还是不能脱节**。
>
> ——1EC 学生

4）项目参与现状研究小结

第一，在意义建构阶段，学生参与该项目动机多样，有的学生的参与动机不太单纯。每个学生决定参与此数字化服务式学习项目可能同时出于主观原因与客观原因，甚至是主客观原因中的多种具体原因。存在学生对参与服务式学习项目的认知不足的情况，部分学生并不清楚服务式学习的概念。应抓住机会将这些经验传授给刚进入高等教育阶段的学生，他们属于最有时间和热情去做这些事情的群体，也需要此类途径来接触社会。

第二，在转化体验阶段，学生教学与专业教师存在差距。在实际服务的过程中，服务者发现教授的内容可能和当地教师教授的内容存在矛盾，如格式的书写、解题思路，这容易导致服务对象产生混淆。与教师的沟通不畅也对服务对象获取知识不利，如 1AI 学生指出自己和当地老师的沟通不够，自身教学水平也存在不足。

第三，在经验获得阶段，多数参与项目学生对项目的评价较高，但也有部分学生对该项目的开展过程及结果并不满意，体现在过半学生认为项目体验较差。总之，学生对项目的体验不好影响其参与效果，影响其社会责任意识的提升。

3. 数字化服务式学习项目运行机制

服务式学习项目一般包括规划、培训、服务、反思、评价这五个阶段，但是对于数字化服务式学习项目，需要在这一基础上做出更新。如数字化服务式学习项目在规划阶段应当考虑数字化资源的配置与使用；在培训阶段重视对服务者的教学与考核；在服务阶段重视与服务对象的在线交流；在反思阶段重视反思形式多样化；在评价阶段加强过程评价等。数字化服务式学习的缺陷体现在，沉浸式模式不可能通过完全虚拟的服务式学习项目实现，在地理上分散的学生群体，难以感受到对方与其在文化上的接近，在团队合作上可能存在问题。但总体上瑕不掩瑜，数字化服务式学习的众多优点值得我们进行深入探究。

根据服务式学习模型，我们将本项目按照规划干预环节、培训学习环节、服务行为环节、反思平衡环节进行划分，从项目的实际开展层面，从数字化服务式学习的全流程，总结出数字化服务式学习项目的运行机制。

1）规划干预环节

教学系统一般由教师、学生、教学内容和教学环境四个要素构成（叶力 等，2005）。数字化服务式学习作为一种以服务驱动学习的教学方式，属于一种全新教学系统，其要素构成与一般教学系统总体一致，但具体形式存在差异。教学主体由教师和学生这两个要素变成了教师、学生、社区伙伴三要素，教学内容由主要以教材、课堂活动形式呈现变为主要以数字化服务活动形式呈现，教学环境由以教室和学校为主变为以数字化环境和虚拟社区为主。无论是创建一个新的数字化服务式学习项目，还是在现有的在线课程中添加服务式学习进程，还是将传统的服务式学习课程转变为在线模式，都需要完整的计划。

要建构数字服务式学习的模式，需要在明确其内涵和原理的基础上，首先确定指导性教学思想、构成要素、结构框架和活动流程等，数字化服务式学习亦是如此。高质量的服务式学习项目并非偶然，需要通过深思熟虑的计划，切实践行服务式学习，才能对学生有所启发，而低质量的服务式学习对学生的影响较小。2020年初，受新冠肺炎疫情的影响，在线教学形式成为我国各级学校的必然选择。同时各教育机构线下课程取消，但学生学习需求依然存在。上亿学生涌入在线教育平台，在线教育得到普及，学生、学校、教师、家长对在线教育更加熟悉。线上课程能够突破时空限制，节省时间和金钱成本。大班课模式覆盖人群数量可观，但存在体验性、互动性较弱的问题。一对一模式能够提供个性化教学和接近于线下的互动感，但对网络并发的稳定性要求高，在此背景下，本项目应运而生。

从整体来看，数字化服务式学习项目需要充分利用各方面社会资源，同时调动高校内部资源。如整合地方专项财政与高校实践资助，获得经费与技术支持等。本研究所依托的S校远程支教项目的成功开展，为数字化服务式学习项目的开展提供有益借鉴。组织者要在借鉴成熟经验的基础上，注重创新形式，明确开展数字化服务式学习支教项目的目标，充分考虑服务者与服务地区，服务对象的需求，既要形成完善的项目方案，与项目开展地区形成长期稳定联系，又要因地制宜，根据各高校参与学生的特点，个性化开展项目。在充分调查分析全日制高校、开放大学、社区大学的教学需要与服务的基础上，设计与开发数字化服务式学习项目，为学生的服务式学习搭建良好平台。

数字化服务式学习全流程需要强大的技术支持，它同数字化学习一样，属于一种直接建立在学习环境设计理论与实践框架基础之上，包含相关教学策略和方法的教学方式。目前高校在线课程建设主要有三种模式，政府部门支持；企业投资、商业化运营；高校自筹资金、自建平台。然而，随着在线课程平台开发设计的逐步深入，复杂化的课程设计对课程成本、技术开发成本的要求不断提高，这使得在线课程向用户无偿开放的发展模式难以为继，在缺乏必要开发维护经费支持的情况下，在线课程平台的发展必然受到限制，不管是高校自身的在线课程平台，还是高校联盟搭建的在线课程平台，均需寻求一种新的运行模式，以保持课程建设的持续性。本项目选择依托企业商业化运营平台“钉钉”。在服务者对乡村学生进行辅导时，使用项目合作平台进行线上一对一授课，或根据学生的实际情况选择使用腾讯会议等视频平台。项目用技术作为实现教育公平的破局点，为支教一线提供更加先进的技术支持，开拓更加高效的公益助学模式，同时降低助学支教参与门槛、促进青年公益意识培养。

在设计数字化服务式学习的学习部分时，需要考虑学生的学习目标与课程安排。有效的数字化服务式学习是服务与学习并重，但并重的前提是服务式学习的设计、实施与评价等应依据课程进行（陈立钢，2012）。在设计数字化服务式学习的服务部分时，关键在于选择合作伙伴与管理多个项目。目前数字化服务式学习实践的服务对象往往来自于教师的社会关系。应当提倡学生自主选择合作伙伴，利用学生群体扩大网络，以及支持学生追求个人兴趣，教师应在其中发挥重要的纽带作用（Harris，2017）。本项目选取的案例项目由 S 校和 Z 公益基金会合作举办，服务对象所在地为云南省与广西壮族自治区的乡村，由基金会负责联络对接。当然，无论是何方选择合作伙伴，确定合作伙伴时考虑的因素是他们投入时间和资源的能力，他们愿意取得"虚拟"沟通的意愿（Elufiede et al.，2017），以及服务与课程目标的相互呼应。合作伙伴和学生之间的沟通应提前开始，学生也应提交对项目的想法，以供社区合作伙伴批准（Helms et al.，2015）。

2）培训学习环节

本部分考虑数字化服务式学习过程中，学生的学习进程具体设计。本项目的目标体现在：大学生的乡村观念及对中国教育的理解；提升沟通能力；提升共情能力；提升自我效能感；提升社会责任意识。因此，在培训课程设计的过程中，设计了不同专题的课程（见表 5-16）。本项目课程体系分为基本教学、综合能力、观念建设、软件技能培训四个模块。每个模块下细分为必修课程与选修课程，所有课程以在线录播课的形式供志愿者学习。必修课程要求在项目开始后的四周内完成学习，由督导督促学习；选修课程不做学习时间要求，志愿者可出于提升自我的目的自行学习。四个模块的必修课程总时长为 240 分钟左右。

目前本课程体系大多基于经验开发，但将在后续项目常态化的过程中继续优化，面向备课内容与配套材料的共享平台预计在 2022 年上线，同时，项目组将开始基于流程图谱开始课程视频的录制，并计划于 2023 年上线交互视频功能，即根据学生学习情况定制学习内容，作为学生自主学习的核心路径。此外，S 校的这一项目将会继续进行前序性专业课程视频的开发，配合社会观察与生涯规划，作为课堂外教学的核心内容，此系列内容预计与备课内容与配套材料的共享平台同步上线。

经验表明，在数字化服务式学习培训学习的过程中，要加强对培训的考核与监督。如此次 S 校数字化服务式学习项目当中，培训课程阶段因缺乏严格的考核与监督，导致学生存在侥幸心理，使得培训效果不好，进而导致其实际服务的过程中效果不好，对于服务过程中的很多突发事件不会处理。在项目培训环节，也应采取严格的考核形式，增加评分与奖惩环节，保障服务品质。

3）服务行为环节

数字化服务式学习的服务环节可谓项目的重中之重，关系到学生与服务对象的双向成长。针对本项目在学生与服务对象的联络中，第一次“破冰”时，由项目指导老师协助连线组织，确认对接后，由学生和服务对象进行单独沟通，项目老师不全程参与。在这一过程中，大学生适当了解服务对象的学习情况，在开始正式的辅导前要求学生与项目老师沟通辅导计划，并将辅导计划写成文档并分享给其他学生。除课业沟通外，服务者还应加强与服务对象的情感联络。

项目应建立学生与合作伙伴之间的定期沟通机制。志愿者与其他志愿者、督导、乡村教师、公益基金会人员，应在不同类型的沟通群进行信息的共享与反馈。紧急信息采取电联方式，不紧急信息在群聊内进行反馈。钉钉群聊以提交日志，反馈日志，培训直播等工作为主；微信群聊以信息搜集、共享、反馈等工作为主。同时，通过项目实施也能达到提高学生的数字化学习能力，促进社区全民数字化学习的推广应用，进而提高大学生社会实践的能力与社会服务能力的效果，实现相互促进。

因此，除了服务者与服务对象的联络交流外，服务者与服务者之间，服务者与高校之间，也应取得良好沟通。在线项目及课程往往比传统的线下项目及课程有更高的退出率，因为退出的难度较小且负面影响较小。已有研究表明，服务式学习课程与非服务式学习课程的退出率基本相同（Rogulkin，2009），但目前还不清楚这一现象是否适用于数字化服务式学习，因此还需要更深入的研究证明（Murphy et al.，2017）。另外，还需要考虑是否存在由于一些不可控因素，如选择的合作伙伴的参与度差等原因，让学生即使服务失败也能完成整个项目的方案（Early et al.，2017）。项日还应提前计划，以便提前预案如何处理成果低于预期的情况（Bharath，2020）。

该数字化服务式学习线上支教项目考虑到有学生中途离开会对项目执行造成不良影响，建立了志愿者以及乡村学生的退出与调换机制。如连续三次无故旷课或累计无故旷课五次的志愿者，在乡村教师和项目学生反馈后，或督导发现的情况下，该志愿者将被强制退出项目；志愿者个人主动退出项目，且与项目老师以及督导沟通后，仍未改变个人意愿的情况下，该志愿者将退出项目。由于以上两种情况退出项目的志愿者无法获得志愿时长和项目志愿服务证书，并且加入项目黑名单，无法再参与后续相关服务式学习项目。

4）反思平衡环节

反思活动是服务式学习项目，也是数字化服务式学习中，学生以及督导个人成长的必经之路，同时也是提升服务质量和督导工作质量的必要行动，因此，需要加强对数字化服务式学习反思环节的组织引导。服务式学习是主观与有意识性的经历，其中的反思则是一种对真实社会观察的反应（蓝采风等，2011），让学生从体验中去理解，数字化服务式学习亦是如此。在实施过程强调反思，结果注重互惠，使得其在实施过程中更加科学规范，育人效果更加明显，学生收获更为丰富，服务式学习的开展也更加有深度，能够侧面反映学生在社会责任意识方面的培养效果。

在项目的反思环节，学生们被要求积极参与讨论，共同营造良好的交流氛围，每位学生能够在反思交流中对自己及组员有更多了解，对乡村支教相关的议题有更深刻的理解。在 10 周的项目期内，督导被要求组织 4 次集中小组反思活动，分别在第 2 周、第 4 周、第 7 周、第 9 周。小组反思理论上为全员出席，如果大部分学生无法出席线下反思，则由督导组织线上反思，协定合适的时间。在线上反思中，每位学生需打开摄像头交流，督导邀请乡村教师参加，并对志愿者在反思中提出的一些问题予以反馈。在项目第 1 周，各小组需制定《小组反思整体计划》：督导组织小组成员讨论并共同确定本组的反思计划，反思的举办时间、地点、主题及具体话题、内容整理、负责人等。完成后，督导提交《小组反思整体计划》至上级督导。后续反思活动以此计划为蓝本，可根据实际情况做出调整，项目提供集体反思建议。

然而，在本项目实际开展的过程中，集体反思浮于形式、浮于表面，反思缺乏深度；个人反思组织松散，导致反思效果较差。因此数字化服务式学习项目应当做到：一方面，组织者要规范反思内容。这里的反思不仅包括活动开展得是否合理有效，还包括学生对自身收获的思考，例如，是否加深了对社会问题、政策的了解，是否增强了归属感和社会责任意识，是否对解决问题有不同角度的看法。另一方面，除了充分利用课堂这一主渠道，让学生在课堂上面对面交流反思、分享经验，更要合理利用学生的课外时间，鼓励他们学习用书面的方式或者是影像资料的方式及时保留参与活动的思考和疑惑，以便活动开展后期能够及时地解决和澄清困惑。

除反思之外，还应强化对数字化服务式学习项目的综合评价。一方面，加强项目的过程评价。相较结束后的总结评价，还需要将评价贯穿于整个过程，既能加深大学生的参与感，也有助于在项目进行中发现问题。如举办优秀学生评比，参考服务日志的记录，参与反思的情况，教师与学生的反馈，志愿者的互相评选等，邀请优秀学生分享经验，同步到平台上。另一方面，评价的主体不再局限于活动的组织者，自评、互评和他评需要有机结合。在每期项目结束前，评选“项目优秀志愿者”，评价时不仅要注重活动成果，还应注重学生参加活动的反思。增加评价手段，除了成果展示，还应运用项目日志、个人经历短文、小测验、期末考试等方式来评估个人，运用团队成员相互评估、被服务者现场活动评估、最后的组织报告、口头多媒体研究报告等来评估团队。在参与项目评估与展示环节，部分学生会成为回访对象，和评估组进行深入沟通。

5）项目运行机制基本框架

根据服务式学习模型，将本项目按照规划干预环节、培训学习环节、服务行为环节、反思平衡环节进行划分。从项目的实际开展层面，从数字化服务式学习的全流程，总结数字化服务式学习项目的运行机制。根据体验学习双循环圈理论，学生在每个学习阶段都应受到“学习过滤器”的过滤，因此，在项目运行机制中应当重点考虑对学生学习效果的考察。

即使数字化服务式学习存在学科、学校等方面的差异，难以形成完全固定的项目运行机制，也应当尽可能建立标准化运作机制，注重在项目流程的各个环节，处理同外界资源或主体的交流和互动（蓝采风 等，2011），以及项目本身如何高效、持续地提供优质的服务。具体而言，在项目的规划干预阶段应构建筹资机制、动员宣传机制、招募选拔机制、技术维护机制；在项目的培训学习阶段应构建标准化机制、注册机制、资源完善机制、评估机制；在项目的服务行为阶段应构建社会参与机制、协调机制、人力资本蓄养机制、监督检查机制；在项目的反思平衡阶段应构建权益保障机制、激励机制。在对 S 校线上支教类型数字化服务式学习项目运行机制进行探究的基础上，提出了数字化服务式学习项目运行机制的基本框架，如图 5-9 所示，除项目实施的各个环节，框架图也包含前期的需求调研与需求确定部分。

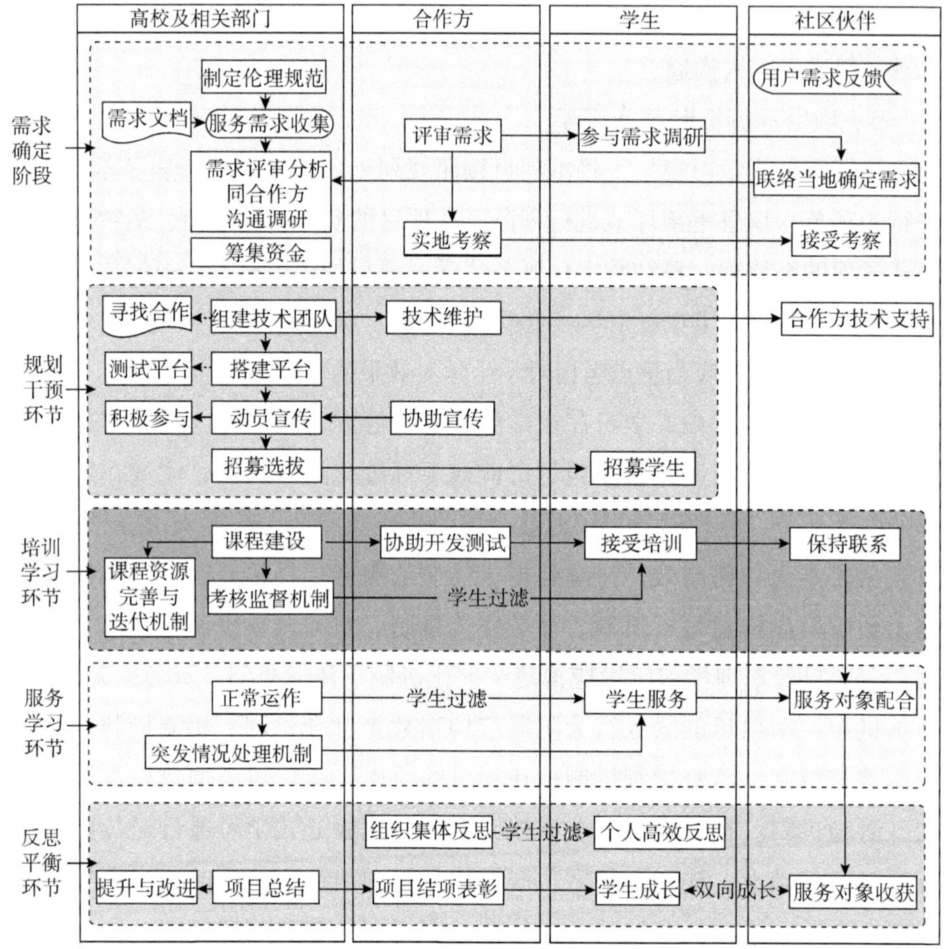

图 5-9 数字化服务式学习运行机制框架

5.7 结论与反思

通过问卷调查、质性访谈和参与式观察，对大学生参与数字化服务式学习项目经历进行了系统的调研与分析，探究了项目参与对其社会责任意识三个维度的影响以及项目开展的具体情况。以下结合已有文献进行对比讨论。

1. 结果与讨论

（1）数字化服务式学习经历对学生社会责任认知有正向显著影响。数字化服务式学习对大学生社会责任意识的培养有积极推动作用。学生在数字化服务式学习项目参与前后，社会责任意识三个维度之间虽然变化不大，但三个维度得分均有所提升，特别是在社会责任认知维度有显著提升，质性研究结果也证实了量化研究的结论。学生的社会责任情感未发生显著变化，直接导致其社会责任行为未发生显著变化。原因在于，社会责任情感能呈现出主体对事件的情感情绪反应，最终导致主体采取积极或消极的态度承担责任或履行义务，即责任情感是支配主体社会责任行为的重要准则，社会责任情感的强弱很大程度上影响着社会责任行为的呈现，这与夏丽萍的研究一致（夏丽萍，2009）。值得关注的是，有多位学生在访谈中指出，自己关于社会责任参与的积极性较高，但是能力还需修炼，这说明学生存在社会责任意识知行不一的情况。

社会责任意识机制的每一个环节都不是孤立的，而是相互联系的。大学生社会责任意识的三个维度是统一的有机整体，是一个渐进的、相互渗透、共同促进的过程。有学生认为参与此次数字化服务式学习项目前后，自身的社会责任虽然出现一些变化，了解了不同地区的教育现状、教育环境，但对于其做出行为方面的影响不大，进一步验证了蔡秀梅的研究结果（蔡秀梅，2009）。从项目设计的着力点也可以看出，本项目没有处理好服务与学习的平衡，导致把重点放在了服务对象（乡村学生）的成长上，对服务者（高校学生）自身的收获关注不足，在数字化服务式学习的各环节也没有渗透对其社会责任意识的启发与培养。部分学生认为，虽然他们内心想要承担社会责任，但由于种种原因，如性格、能力、时间、经历等，做出履责的行动还存在较大困难。总体而言，项目的目的不是单纯地提升学生社会责任意识的某一个方面，而是实现社会责任意识全流程的发展（Novak et al., 2007）。因此，服务式学习作为社会责任意识培养的重要途径，应在规划设计、培训学习、服务行为和反思平衡环节，更加周密、细致地设计，争取让学生和被服务者都有长足的收获和成长。以往研究发现，参与服务式学习项目有助于提升学生的社会责任意识（Mayhew et al.，2011），与以往研究发现不同的是，本研究通过质性研究进一步探究了学生参与数字化服务式学习项目的动机，深入挖掘了学生社会责任意识是否出现显著变化的原因，丰富了已有研究。

（2）高校学生参与此项目积极性不高。研究发现，S 校学生对服务式学习项目的认知存在不足，对服务式学习概念的模糊认识导致其参与的心态存在功利化现象，或因时间精力不足对项目的参与意愿较低，这与斯坎伦（Scanlan，2014）的研究结果一致。无论何种服务式学习，其重要特征之一就是明确而真实的学习目标，数字化服务式学习也是如此。服务式学习不是为了获得经济效益，而是为了学生学业成绩的提升与人格发展，产生一部分附加的社会效益。这是学生出于经济目的选择参与社会劳动（如家教）和为了满足社区需求而参与服务式活动（如志愿服务）的本质区别。在本次数字化服务式学习项目当中，由于一些主客观原因导致项目执行存在缺陷，直接导致学生参与积极性变低，间接导致其后续参与相关项目积极性较低。学生参与项目存在功利心并非全部是弊端，如王云海等认为，对学生的功利心加以正向满足（王云海 等，2006），有助于提高学生参与项目的积极性。

此外，高校对于数字化服务式学习项目重视程度不够，由于项目宣传不够深入等原因，也导致学生参与的积极性较低。在活动开始前和进展的过程中，都没有发挥良好的宣传效能。服务式学习项目的完善是参与学生与组织者之间共建的过程，需要学生的积极广泛参与，如果学生的参与热情不高，必然直接导致数字化服务式学习发展受阻。如有的学生参与数字化服务式学习项目是出于消磨时间的目的，对数字化服务式学习的认知匮乏，这不可避免地影响到学生对于项目的投入程度，进而对项目参与效果产生不良影响。这也是其社会责任情感与社会责任行为未发生显著提升的重要原因。

（3）项目执行各主体协同与配合不足。数字化服务式学习在设计阶段需要高校和服务各方全面交换经验、想法和资源。若在项目执行上存在缺陷，项目服务地区配合程度低，在客观上自然会影响学生的参与体验。有学生认为，在项目最重要的培训环节缺少考核与监督，导致研究对象在培训环节没有受到良好的训练；在反思平衡环节，项目主办方没有承担起组织角色，督导没有承担起监督角色，集体反思存在形式化倾向，开展效果较差，导致学生收获较小。公益组织在项目中应扮演协调多方资源、促进合作共赢的第三方角色，高校合作方应当扮演招募管理学生的角色，为学生统一准备培训材料和线上讲座，为督导提供完善的培训体系。此外，项目应当组建信息技术支持团队，用来缓解视频电话会议过程中声音反馈的技术问题（Dailey-Hebert & Donnelli，2010），聊天过程中聊天软件冻结的问题，学生或社区合作伙伴缺乏兼容的硬件或软件等问题。

尽管项目主办方对该项目已有相关实践，但各主体之间还存在协同作用发挥不足的问题：①高校和项目主办方协同不足。虽然与项目主办方对接的校内机构经验丰富，但毕竟不属于官方管理，其日常运作拥有较高自由度，因此高校与项目主办方之间的协同存在沟壑。②项目运作方与高校学生协同不足。有学生遇到困难之后难以解决，缺乏解决问题的畅通渠道。事实上，项目在设置的起初对相关问题有所考虑，但信息通达度较低，反映出项目运作方与高校学生协同不足。③项目参与学生之间协同不足。项目学生本应属于同一团体，在培训破冰、服务教学、集体反思等环节上均应进行良好的团队协作。然而在项目运行过程中，项目参与学生之间较为分离，缺少相应的协作行为，难免导致项目参与效果大打折扣。项目虽已进行过相关探索，但在 S 校开展的时间较短，因此在项目的运作模式上还存在很多缺陷，缺乏健全的常态化、长效化、系统化项目开展机制。因此，充分发挥项目小组中的督导作用，为参与者提供即时畅通的反映渠道，让其遇到问题时能够得到有效解决，提高项目执行各方的配合程度，才能使项目不断改进完善。

（4）相关部门对项目支持与监督不足。高校服务式学习长期有效地开展，保障机制必不可少。首先是制度保障，必须建立一系列完整而规范的管理和考核制度。与传统的服务式学习一样，数字化服务式学习项目也需要考虑到项目可能涉及的法律和伦理问题（Marcus et al.，2019）。因此，应当建立健全相关法律法规。此外，需要保障充足的资源支持，包括人员、教学技术、通信技术、设备、时间和资金支持。北美、亚太一些地区发展较快的服务式学习项目大多拥有全面可靠的外部支持机制，包括政府会通过提供资金、场地、专业人员和颁布法案等方式来为服务式学习项目的运行提供保障；大量的社会机构也通过提供资金、经验、场地、技术等方式提供支持。数字化服务式学习的需求虽然相对较少，对场地要求较低，但对技术要求较高。虽然本项目依托社会机构的资金及技术支持，能够保障项目的平稳运行，但作为一个有利于学生、高校乃至社会的公益项目，相关行政部门也应给予相应支持，包括给予经费支持项目实施的前期投入和教学管理。

此外，应成立自上而下统筹管理服务式学习事务的部门，服务式学习的推动离不开相关部门的统筹管理（Faulconer，2020）。系统的服务式学习活动的教学设计安排与开展，以及服务式学习的规范、标准等都需要官方机构的引导与管理。相关部门也应当采取措施支持服务式学习有关的科学研究，地方教育行政部门应鼓励和支持相关机构设立服务式学习研究项目，注重开展跟踪研究、行动研究，配备服务式学习与数字化服务式学习教研员，通过协同创新、校际联动、区域推进，提高服务式学习的整体实施水平，鼓励高等学校依托有关专业机构开展服务式学习教学研究，有系统、有规划地持续推动服务式学习课程与专案。

2. 启示与建议

根据量化和质性研究结果，从参与项目学生、数字化服务式学习项目主办方、高校与相关主管部门四个层面出发，总结出四条完善数字化服务式学习项目和加强大学生社会责任意识培养的路径：明确社会责任意识的培养目标，提高高校重视程度；加强服务式学习项目的宣传普及，鼓励更多学生参与；完善服务式学习项目运行机制，实现规范化常态化；加强服务式学习项目评价监督机制，建立健全激励机制。

（1）明确社会责任意识的培养目标，提高高校重视程度。服务式学习是一个实现个体社会化的重要教育途径，所谓“个体社会化”是指“个体学习所在社会的生活方式，将社会所期望的价值观、行为规范内化，获得社会生活必需的知识、技能，以适应社会需要的过程”（Stefaniak，2020）。学生经过了服务式学习项目或数字化服务式学习项目，激活了社会责任认知，增强社会责任情感，由此起到推动其社会责任行为内化的效果，从而推动学生的社会化。服务式学习使得学生做好承担社会责任的准备，包括了解社会和政治信息，关注社会热点问题，发展对社会和国家的责任意识，促进对社会和公众事务的理解和直接参与。在项目开展过程中，重视对学生社会责任意识的定向培养，有助于推动其践行社会责任行为。因此，应当将社会责任意识的培养贯穿至数字化服务式学习项目的全过程，明确项目培养学生社会责任意识之目标。

通过完善数字化服务式学习活动的实施过程，由德育工作者有针对性地融入社会责任意识培养之诸要素，提升大学生参与服务式学习活动的品质，有助于增强数字化服务式学习的效果与社会责任意识培养的效果。大学生也应根据自身兴趣或职业发展方向，结合实际情况，通过与同伴一起参与、班级组织参与等多种形式，提高对服务式学习的参与程度，更好地了解社会服务社会，提升自身社会责任意识，明确要求学生在服务式学习的过程中努力向榜样看齐。

（2）加强服务式学习项目宣传普及，鼓励学生参与项目。数字化服务式学习项目参与者容易出现对服务式学习的概念模糊，为活动而活动的现象。正确的认知能促进学生形成观念与行为的良性循环，而错误的认知往往会导致不协调的情绪和行为反应，这些情绪和行为反应又反过来作用于认知过程，为错误的认知观念提供佐证，形成恶性循环（李继宏，2003）。因此建议在数字化服务式学习项目宣传和推广的过程中，增加宣传讲座环节，帮助学生建立对数字化服务式学习项目的正确认知。在讲座上增加参与者的体会与反馈环节、增加服务对象的反馈环节、澄清数字化服务式学习的理念与概念，真正起到促进学生参与的正向积极作用。

服务式学习是促进实践与学习相结合的新型教育机制。李建国认为，知识的功能就在于能够被有效地运用于社会的各种实践之中（李建国，2007），任何已有的知识若不在实践中被充分运用，就会失去作为知识的价值，更不会自动创生出新的有用知识。因此，应围绕服务式学习项目的精神追求，树立服务式学习典型，激发学生参与项目的热情，指导学生从榜样的具体事迹中领悟他们的高尚精神和优良品质。应综合运用讲座、宣传栏、新媒体等形式，广泛宣传社会责任与服务式学习榜样的人物事迹（曹玉娟 等，2009），同时，加强服务式学习开展过程中的宣传与推广，调动学生参与服务式学习项目的积极性。

（3）完善服务式学习项目运行机制，实现规范化常态化。服务式学习强调反思和再实践，项目可以形成同辈支持体系（陈晶晶 等，2015），将数字化服务式学习纳入各专业的人才培养体系中，并进一步加强服务式学习的总体规划，把服务式学习作为课程体系的重要组成部分和巩固理论教学成果的重要手段，在课程设置、实践基地建设和教学科研等方面，努力探索将服务式学习融入其中的方式，以形成较为完备的服务式学习体系。通过探索正式学习和非正式学习的契合点（余胜权 等，2005），使两种学习优势互补，从而以多种方式促进我国非正式学习实践的发展，同时在推进项目建设的过程中重视其规范化和常态化。举例而言，F 校服务式学习通识课程体系，到 2021 年底共开设横跨 7 个院系的服务式学习课程 14 门，不仅丰富了高校通识教育的广度和深度，也提升了学生的志愿服务参与意愿和实践能力，为培养大学生的社会责任意识与担当意识提供了新的渠道和实践经历；N 校开设的服务式学习在线课程，在新冠疫情期间培训指导 8000 余名学生掌握在线学习，及时找准了社会需求。由此可见，建立完善的数字化服务式学习项目运行机制至关重要。

数字化服务式学习项目在规划阶段应当考虑数字化资源的配置与使用；在培训阶段重视对服务者的教学与考核；在服务阶段重视与服务对象的在线交流；在反思阶段重视反思形式多样化；在评价阶段加强过程评价等。即使数字化服务式学习存在学科、学校等方面的差异（Bharath，2020），难以形成完全固定的项目运行机制，也应当尽可能建立标准化运作机制，注重在项目流程的各个环节处理同外界资源或主体的交流和互动（毛立红，2012），以及项目本身如何高效、持续地提供优质的服务。具体而言，在项目的规划干预阶段应当构建筹资机制、动员宣传机制、招募选拔机制和技术维护机制；在项目的培训学习阶段应当构建标准化机制、注册机制、资源完善机制和评估机制；在项目的服务行为阶段应当构建社会参与机制、协调机制、人力资本蓄养机制和监督检查机制；在项目的反思平衡阶段应当构建权益保障机制和激励机制。此外，应当建立与服务地区之间的常态化与长效化沟通交流。

（4）加强服务式学习项目评价监督机制，建立健全激励机制。学生在参与的过程中需要不断接受过程性评价，以提升其服务技能；项目本身也同样需要评价，以提高项目本身的品质。这些评价不是为了惩罚而进行的，而是从中找到项目开展过程中遇到的问题，以便下次开展时改进不足，实现优化。项目在执行过程中存在缺陷会导致数字化服务式学习项目难以达到预期效果，Soria 等学者的研究也证实了这一点（Soria et al.，2013）。在数字化服务式学习项目开展的过程中，应加强对项目的评价与监督管理。以服务式学习目标、内容要求为依据，将过程性评价和结果性评价相结合，健全和完善学生服务式学习项目评价标准、程序和方法，鼓励、支持各地利用大数据、云平台、物联网等现代信息技术手段开展的项目过程监测与评价，发挥评价的育人导向和反馈改进功能，建立健全服务式学习项目激励机制。同时，把服务式学习课程与项目纳入教育督导体系，完善督导机制。

在项目参与中，学校部门领导或活动指导老师应学习服务式学习的相关理论和思想，设立服务式学习管理机构，在组织与指导学生活动时，应考根据服务式学习的不同实施阶段采取不同措施。此外，高校也应利用学校内部及外部条件来实施服务式学习与数字化服务式学习项目，如：寻求多元的经费来源、校内外机构人力物力的支援。统筹中央补助资金和自有财力，多种形式筹措资金，加快建设服务式学习基地，吸引社会力量。资金应来自多方力量的共同投入，除政府拨款外，还应筹措社会捐赠（Faulconer，2020），包括企业、机构和个人，慈善基金会、校友会、企业等的各方捐赠，以项目赞助和学生奖学金的形式激励更多学生参加。通过建立服务式学习的经费保障与支持制度，吸引各方力量对服务式学习项目进行资金投入，以形成稳定的资金来源。同时，在接受社会各界支持的情况下，项目也应受到全方面的监督。

3. 研究的局限与展望

本研究在服务式学习模型和体验学习双循环圈理论的指导下，选取 S 校的线上支教数字化服务式学习项目作为案例，通过系统的问卷调查和半结构化访谈，探析了数字化服务式学习与大学生社会责任意识之间的关系，为通过数字化服务式学习这一途径提升大学生社会责任意识提供了改进建议。但在研究的过程中还有许多不足之处，有待未来进行更深入的研究。

（1）选取了一个数字化服务式学习案例进行研究，研究推广性受限。采用混合研究方法，采用的抽样策略为整群抽样、目的性抽样与方便抽样，选取的样本 S 校为“双一流”建设 A 类高校，学生综合素质相对较高，因此研究推广性存在一定局限。

（2）项目参与人数较少，样本的代表性不足。S 校 2021 年线上支教数字化服务式学习项目参与学生人数较少，仅有 58 人，尽管我们已尽最大努力寻找调查对象，问卷回收量仍然只能达到上限，即前测 58 份，后测 58 份，虽然我们增加了访谈的数量，量化了数据的解释，但样本数量的局限依然存在。

（3）在探讨数字化服务式学习项目对于学生社会责任意识的影响时，虽然确认了研究对象在参与项目期间未参与其他任何形式的志愿服务和社会实践活动，但无法控制其他因素对其社会责任意识的影响。这是准实验研究法的固有弊端，无法控制所有可能影响实验结果的无关变量，这也导致本研究对结果的解释可能会受到质疑。

尽管用于指导数字化服务式学习实践的概念框架通常与传统的服务式学习一致，但实际应用于数字化服务式学习的概念框架并不一致。传统的服务式学习通常基于经验学习理论和学生发展理论，然而由于学科的不同，可能永远不会有一个完全适用于所有课程的模型，基于数字化服务式学习的研究，仍需要继续测试、完善和扩展。在未来的研究中，将进一步扩大研究对象范围，对不同类型和层次高校、多个专业和年级学生进行对比研究；对学生进行跟踪调研，以探讨数字化服务式学习经历对大学生社会责任意识的长远影响，并深入探析其影响路径，以期进一步优化大学生社会责任意识的培育过程，为数字化服务式学习项目的设计和完善提供有效建议。

第 6 章 提升大学生责任意识的教学学术路径

6.1 引言

教学学术这一概念最早于 1990 年由博耶（Boyer，1990）提出，意指使用有效的可证实的学术标准对“教”和“学”进行系统研究，从而了解如何教才能使学生学的效果最大化，能够对学生的学有更精准的了解，最终结果能够在合适的团体中公开分享并接受评论和推广应用（Potter et al.，2011）。教学学术概念的提出推动了高等教育教学研究的开展，在我国各高校也引起了前所未有的高度重视和大力推广。以往大学生责任意识培养方面的研究存在的最大问题就是思辨类的研究过多，实证类的研究较少，专门研究德育或思政的人远离课堂教学，而一线教育工作者——各学科教师研究和关注大学生责任意识培养的又较少，这使“育人”与专业教育各行其是，二者处于脱节状态（见 2.7.3）。教学学术的提出为大学生责任意识培养提供了成功范式，让“育人”与专业教育有机融合起来，发动全体一线专业教师的力量，在真实的课堂教学中探索多元的大学生责任意识培养的方法和策略。但是，伴随着教学学术在实践领域的推进，大学教师的教学学术能力成为影响这一实践效果的核心要素和关键议题（刘刚 等，2020），它是大学的核心竞争力，大学作为组织承担发展教师教学学术能力的最大理由是培育其核心竞争力（周光礼 等，2013）。当然，在各高校采取多种措施推动教师开展教学学术研究，努力提高教师教学学术能力的过程中还存在诸多问题，包括以下 4 个典型问题。

（1）一线学科教师的内在动机缺乏。大多数一线学科教师缺乏开展教学学术的内在动机。长期以来，大学教师对“教学学术”这一概念缺乏准确认识，习惯于将教学视为经验性工作，忽视教学研究、交流和反思的重要性（刘隽颖，2018）。加之大学“重科研轻教学”的风气、教学和教学研究激励政策不足等原因，很多教师认为教学就是一个良心活，不愿在教学上花费太多时间，更不会有发自内心的研究教学和改进教学的意愿。此外，教学和教学研究也难以给他们带来立竿见影的正向回报，导致其缺乏内在动力。这对高校从组织层面对教学学术研究进行政策激励和倾斜提出了迫切要求。

（2）某些一线学科教师所进行的教学学术研究长期处于低水平重复状态。教学研究之所以被博耶归入四大学术范畴之内是因为教学学术也要遵循最基本的学术规范，从事教学学术研究的教师要具备基本的教学研究能力，掌握基本的教育学及教育心理学研究的方法和技巧，具备改进课堂教学效果的教育教学方法和理论积淀。当前，很多一线学科教师在重视教学和研究教学的大趋势之下，开展了一些教学学术研究方面的尝试，但因教学学术能力不高，缺乏改进课堂教学效果的教育教学方法和理论积淀，抓不到真正的研究问题，缺乏基本的教学研究方法和技巧，缺少文献综述的意识和规范设计，缺少有效的数据收集手段，缺少对整个研究过程和角度的反思，缺乏高质量的教学学术交流和研讨，研究结果不具有说服力和科学性，所从事的教学研究只能在浅表层面不断试错，一直无法进行真正有深度的研究。

教学研究的真正目的是为了使学生学的效果最大化，但规范的做法是通过学习效果的数据收集来证实所采用的教学手段和教学设计能达成这一目标。这需要教师至少具备几方面的能力，如关注学生的学习效果，具备设计教学和改进教学的方法和技巧，具备从事教学研究的基本专业能力。很多高校一线专业教师仅具备关注学生学习效果这一点，这导致他们会进行一点学术性教学而不能从事规范的教学学术研究。甚至从根源上讲，他们存在不知该如何从事教学研究的困惑。

（3）缺乏理论方法素养与教学研究规范训练。从事教学研究的教师缺乏基本的改善其教学理论方法素养和从事教学研究规范训练的机会。当前高校一线学科教师的教学学术研究之所以长期低水平重复，主要原因在于他们从未受过这方面的专业训练，缺乏教学研究方面的成长和进步机会。因此，他们需要的是外在的帮扶，引导他们走上规范的教学学术研究之路。

（4）有关大学生责任意识培养的教学学术成果，多为应然式说教，缺乏说服力。当前有关课程思政的研究如火如荼，但鲜有有说服力的成果，更多是没有多少高度的经验总结，或者是有关需要加强德育、加强课程思政、加强大学生责任意识培养的必要性论述。由前面的分析可见，教学学术比较注重对学生学习效果数据的关注、收集和分析，以便进一步改进教学和提升教学。因此，大学生责任意识的培养需要与教学学术进行有机结合，使其成为教师进行教学学术的重要内容之一。这样，在促进教师开展教学学术研究的过程中自然就能促进大学生责任意识的培养。

针对上述问题，采用项目资助、全程帮扶、搭建交流研讨平台、开辟发表渠道等方式，增强教师从事教学研究的成就感和获得感，激发教师投入教学、研究教学的内生动力，进而将大学生责任意识培养作为教师开展教学学术研究的内容加入项目资助的范围，就可以在提升教师教学学术水平的同时，提升大学生的责任意识。

6.2 探索大学生责任培养策略的核心是提升教师的教学学术水平

由前文分析可见，引入教学学术对大学生责任意识进行培养，可以解决“育人”与“专业教育”脱节的问题，可以探索更多元、更有效、更具有可操作性的大学生责任意识培养方法和策略。但问题是，一线学科教师的教学学术能力不足，他们缺乏开展教学学术研究的动机和能力。因此，需首先重点探讨提升教师教学学术水平的方法和策略。下面以 S 校为例，探索教师教学学术水平提升的策略和效果，供其他学校参考和借鉴。S 校遵循教学学术能力发展路径，采取多层次、全方位的立体化措施，促进教师教学学术能力提升。教师教学学术能力提升已得到越来越多人的认可，“提高教学学术能力应成为大学发展战略中优先考虑的重点，大学教师专业发展部门应将其纳入工作范围”（周光礼 等，2013）。为给本科教育教学质量提升提供一种有效路径，鼓励教师在重视本科教学的同时进行高质量的教学学术研究，从 2012 年开始 S 校资助和鼓励教师开展教学学术研究，以引导教师的教学达到“从经验到学术，从艺术到科学，从良莠难判到有规可循”的目标。只有如此，学生责任意识才能长期有效地得到提升。

1. 使教学活动变为学术活动，使大学生责任意识的培养变为教学研究

以教学学术项目为抓手，吸引教师参与教学学术研究，改变惯有的教学项目设计要求，瞄准一线课堂，使教学活动变为学术活动，使教师提升学生责任意识的方法和策略都能得到实证数据的支撑，以便优良方法的推广应用。设立教学学术项目，包括“教学发展基金项目”“课程思政项目”“教学设计专项基金”“停课不停教专项基金”“学生促教基金”“国际化专项基金”等，资助一线教师针对自己的课堂教学开展研究。要求申请项目的教师必须在项目运行期间承担本科生课程或量大面广的研究生基础课程，同时要从其课堂中存在的真实问题出发，根据自身的教学需求或研究兴趣、学校的教学现状等，围绕先进的教学理念和科学的教学规律，自行拟定研究课题，收集研究数据，将改革前后的教学情况进行研究和对比，总结并提升实践经验，以提高自身的教学水平、改善教学效果。基金项目每年立项一次，每个项目的周期为一年，在立项和结题的过程中都严格按着教学学术的标准进行评审。基本流程为：课堂上存在的现实问题—针对问题采取的教学方法—采用的研究方法和研究设计—收集教学效果改变的数据—形成研究报告或撰写论文。

总之，设立教学学术项目的目的是鼓励教师针对其课堂中存在的问题以及大学生责任意识方面的问题，利用先进的教育教学理念、方法进行改革，收集教学效果的数据，进而总结规律、撰写文章，将教学活动提升为学术活

动。以S校为例，到目前为止，已资助845人次主持基金项目和课程思政项目，据不完全统计，教师在基金项目和课程思政项目研究的基础上发表各类教学研究论文433篇（见表6-1）。

表6-1　S校历年基金立项数和发表文章数统计

项目类别	年度	立项数	发表文章数
教学发展基金	2021	78	43
	2020	53	45
	2019	59	47
	2018	65	35
	2017	44	48
	2016	57	42
	2015	59	30
	2014	64	35
	2013	101	15
	2012	83	0
停课不停教专项基金	2020	273	24
学生促教基金	2021	6	4
	2020	6	1
教学设计专项基金	2020	10	0
	2021	16	0
课程思政专项基金	2021	47	0
国际化专项基金	2021	10	4
	2020	8	2
	2019	11	3
	2018	5	0
合计		845	433

2. 教学学术研究能力与育人能力

以全程帮扶为手段，全面提升教师的教学学术研究能力和育人能力。大学教师因不了解教育学、心理学的相关理论和研究规范，在从事教学学术研究的能力上存在欠缺（王秀槐，2015），这是制约各高校教师教学学术研究热情和研究水平的核心因素。为解决该问题，S 校采取“前期引导、早期指导、中期帮扶、后期奖励”的全方位帮扶与促进机制，让没有教育学和心理学背景的一线教师掌握专业的教学研究方法和技术，激发他们参与教学学术研究的积极性，在提升教学学术水平的同时，间接促进了课堂教学质量的持续改善和大学生责任意识的培养（具体见图 6–1）。

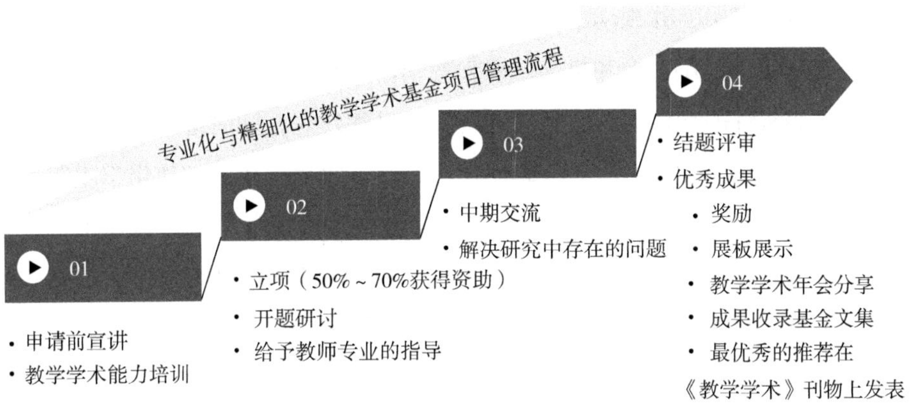

图 6–1 教学学术基金项目管理流程

（1）“前期引导”是在基金项目立项申请通知发出之前，与各个学院及某些学院的教学发展分中心联合举办“送培训到院”活动，进行基金项目宣讲和开设“教学研究的选题和方案设计”工作坊。通过前期引导，唤起教师进行教学改革和教学研究的愿望，并指导他们规范地撰写基金立项申请书和进行教学研究设计。

（2）“早期指导”指的是，在基金立项之后举办“基金项目开题会”，邀请教育学和心理学领域的专家对立项教师的教学研究进行专门指导，给立项教师提出专业的教学研究建议，帮助其完善教学研究设计。

（3）“中期帮扶”是在项目运行的中期举办“基金中期指导会”，邀请教育学和心理学领域的专家对教师在研究过程中遇到的困惑与疑难进行面对面的指导和帮扶，以保证其研究顺利进行，研究结果科学有效。

（4）“后期奖励”是对结题优秀的成果给予奖励，奖励其在课堂教学改革、教学研究和教学反思方面所进行的努力，鼓励其继续更深入的教学改革和教学研究。

3. 大学生责任意识培养的教学学术研讨交流平台

以教学学术共同体和教学学术年会为纽带，搭建教学学术的研讨交流平台。通过“教学学术年会”和“教学学术社区”两个分享交流平台，将教学研讨切实贯彻下去，体现学术性，为大学生责任意识培养的教学学术成果的推广、交流和研讨提供舞台和机会。课堂教学研究转变为教学学术的一个关键特征是进行经常性的交流研讨，接受同行的意见和建议，同时也为同行提供一个学习借鉴的机会。为此，S校从2016年起，召开每年一次的“教学学术年会”，2019年升级为全国性教学学术会议，为全国性的教学学术研讨搭建平台（具体见图6–2）。年会设立课程思政分会场，专门针对课程思政的有关内容，包括大学生责任意识的培养进行交流研讨。每次年会都邀请多位教育类期刊主编在分会场现场指导、点评教师的教学研究。对创新独特的教师，有的主编会现场向其约稿。年会还邀请国内外在教学学术方面有影响力的专家做大会报告，以期为教师的课堂教学研究起引领和示范作用。分会场发言人是从事课堂教学研究的一线优秀教师，他们的教学研究不仅起示范作用，同时也能得到来自同行和学术期刊主编的建议和反馈，进一步完善。截止到2021年的教学学术年会，历届年会的总参会人数超过6300人，覆盖全国600多所高校。

图6–2　中国高校教学学术年会历届宣传版

另一教学研讨分享交流平台是“教学学术社区”。该社区创建于 2017 年，成员已超过 286 人，每月至少进行一次研讨活动，每年至少举行 2 次专门针对大学生责任意识培养方面的研讨。有时是各学科一线教师分享研究，有时是教学研究方法培训工作坊，有时则是期刊主编的论文发表指导座谈会，有时是顶级学术期刊发表的教学研究论文解读。到目前为止，“教学学术社区”已举办 46 次交流活动，总计 2000 多人次参加，它已成为研究教学、讨论教学、反思教学的重要阵地（见表 6-2 ~ 表 6-12 和图 6-3）。

表 6-2　2021 年春季学期教学学术社区活动安排

日期	时间	主题	主讲人	参加人数
2021/03/05	12:00—13:00	基于期刊编辑的视角如何做教育研究交流讨论	曾 ××	56
2021/04/03	12:00—13:00	教学研究伴我成长	赵 ××	35
2021/05/08	12:00—13:00	项目式教学对大学生责任意识培养的作用	张 ××	34
2021/06/05	12:00—13:00	我的教学学术成长之路	田 ××	30
小计				155

表 6-3　2020 年秋季学期教学学术社区活动安排

日期	时间	主题	主讲人	参加人数
2020/9/18	14:00—15:30	如何将课程平时分与大学生责任意识培养相结合	朱 ××	45
2020/10/16	11:50—13:20	如何用观察法来做教学研究	王 ××	53
2020/11/3	11:50—13:20	学习效果的数据分析策略与方法	邱 ××	44
小计				142

表 6-4　2020 年春季学期教学学术社区活动安排

日期	时间	主题	主讲人	参加人数
2020/3/13	11:50—13:20	教学研究成果的发表策略	王 ××	50
2020/4/17	12:00—13:00	大学化学的改革与效果研究	陈 ××	47
2020/5/28	12:00—13:00	教学研究的选题	王 ××	49
2020/6/4	12:00—13:30	教学研究的方案设计	王 ××	44
2020/6/18	12:00—13:30	如何使用观察法收集大学生责任意识培养的效果数据	王 ××	31
小计				221

表 6-5　2019 年秋季学期教学学术社区活动安排

日期	时间	主题	主讲人	参加人数
2019/9/18	11:50—13:20	教学学术项目项目申请书撰写规范	王 ××	34
2019/10/9	13:30—16:30	如何用实验法开展大学生责任意识培养方面的研究	王 ××	47
2019/11/6	11:50—13:20	定量数据分析的基本方法	张 ××	54
2019/1/11	11:50—13:20	SPSS 应用与操作	岑 ××	45
小计				180

表 6-6　2019 年春季学期教学学术社区活动安排

日期	时间	主题	主讲人	参加人数
2019/3/12	12:00—13:00	问卷编制的方法	王 ××	60
2019/3/29	12:00—13:00	问卷编制需遵守的原则	王 ××	57
2019/4/20	11:50—13:20	如何在教学研究中使用观察法	王 ××	64
2019/5/15	12:00—13:00	如何在教学研究中使用实验法	王 ××	56
2019/7/15	9:00—11:00	基于教学学术的大学生责任意识培养实证研究中期检查	王 ××	57
小计				294

表 6-7　2018 年秋季学期教学学术社区活动安排

日期	时间	主题	主讲人	参加人数
2018/9/26	11:50—13:20	2019 年教学学术项目宣讲会	王 ×× 张 ×× 邓 ××	24
2018/10/10	11:50—13:20	教学研究方法	邢 ××	44
2018/11/28	11:50—13:20	教学研究成果的发表策略	王 ××	40
2018/12/12	11:50—13:20	测量大学生责任意识的成熟问卷介绍	王 ××	30
2018/12/26	11:50—13:20	批判性思维在食品营养学教学中的运用	盛 ××	45
小计				183

表 6-8　2018 年春季学期教学学术社区活动安排

日期	时间	主题	主讲人	参加人数
2018/3/07	11:50—13:20	教学研究的选题交流	王 ××	35

续表

日期	时间	主题	主讲人	参加人数
2018/4/9	12:00—13:00	渗透德育的体育教学活动方案设计与实施研究	孙 ××	24
2018/4/24	11:50—13:20	基于 can-do 理论的主课与副课协同教学研究	金 ××	32
2018/5/28	11:50—13:20	教学文章的选题、写作和投稿	杨 ××	66
2018/6/06	12:00—13:00	密西根大学的教学研究开展方式	盛 ××	35
2018/6/06	12:00—13:20	大学生责任意识与服务性学习的关系研究	王 ××	28
小计				220

表 6-9　2017 年秋季学期教学学术社区活动安排

日期	时间	主题	主讲人	参加人数
2017/9/22	11:50—13:20	问题解决六步法对于提高《电子电路》课程学生批判性思维的作用	田 ××	30
2017/10/14	9:00—11:00	基于教学学术的大学生责任意识培养实证研究开题	王 ××	23
2017/10/26	14:00—15:30	教师开展教学研究的交流研讨	余 ××	65
2017/11/10	11:50—13:20	教学研究的实施策略	王 ××	45
2017/12/6	11:50—13:20	教学研究方法	邢 ××	47
小计				210

表 6-10　2017 年春季学期教学学术社区活动安排

日期	时间	主题	主讲人	参加人数
2017/3/10	11:50—13:20	教学研究方法	邢 ××	45
2017/4/2	11:50—13:20	如何设计调查问卷	陈 ××	50
2017/4/19	12:00—13:00	教学发展基金 & 大学生责任意识培养专项基金宣讲	王 ××	33
2017/5/12	14:00—15:30	从研究到写作交流讨论	姜 ××	70
2017/6/02	11:50—13:20	教学研究选题与实施案例	王 ××	45
小计				243

表 6-11 2016 年秋季学期教学学术社区活动安排

日期	时间	主题	主讲人	参加人数
2016/9/21	11:50—13:20	从教师走向教师研究者	岑 × ×	55
2016/10/19	12:00—13:00	教学效果评估方法	邱 × ×	43
2016/11/25	11:50—13:20	调查问卷设计	韦 × ×	58
2016/12/1	11:50—13:20	专业教育与三观教育的融合探索	田 × ×	34
2016/12/23	11:50—13:20	教育研究设计	岑 × ×	50
小计				240

表 6-12 2016 年春季学期教学学术社区活动安排

日期	时间	主题	主讲人	参加人数
2016/3/3	12:00—13:00	如何在教学研究中使用质性研究方法	岑 × ×	43
2016/4/8	11:50—13:20	如何在教学研究中使用定量研究方法	岑 × ×	47
2016/4/15	11:50—13:20	如何在教学研究中使用混合研究方法	岑 × ×	40
2016/5/13	11:50—13:20	如何在体育教学中融入责任教育	王 × ×	23
小计				153

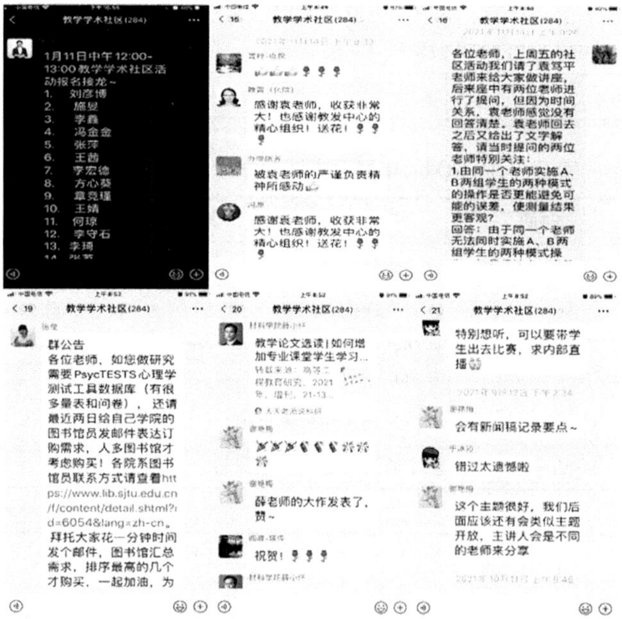

图 6-3 教学学术社区

4. 大学生责任意识培养的教学学术成果推广与应用

定期出版和编印教学学术相关书籍，助力成果的发表、推广和应用。以创办和定期出版《教学学术》书籍，编印《教学发展文集》为渠道，激励教师凝练大学生责任意识培养的教学研究成果，助力成果的发表、推广和应用，进一步扩大责任意识培养的教学学术路径的影响。众所周知，目前国内很多一线教师的教学研究成果难以出版与发表。2013 年起，S 校开始将历年一线教师所取得的教学学术研究成果编辑整理成《教学发展文集》，以供校内外师生学习、借鉴。这彻底改变了以往课堂教学改革只限于“自有阵地”的局面，有益的经验和教训可以辐射周围，进一步推广给更多的一线教师。到目前为止，已编印了 10 本《教学发展文集》，其中设“课程思政”专栏。众所周知，大学生责任意识培养是课程思政的重要组织部分，在《教学发展文集》中专设“课程思政”专栏，很好地促进了教师们将“教书”与“育人”深度融合，努力探索二者结合的有效途径。

2018 年，出版第一本《教学学术》书籍（每年定期出版 2 辑，由上海交通大学出版社出版发行），以便为一线教师的原创性教学研究成果提供出版和发表途径。其中除“谈学论教”“行动与研究”“视野与理念”等栏目外，还专门设置“课程思政”栏目，以发表包括大学生责任意识培养等育人策略和效果在内的思政类教学学术研究成果。在此之前，我国一直没有一本专门的教学学术期刊，一线专业教师们在发表教学研究成果时，不得不与教育学、心理学的专业研究者竞争，完全没有优势。《教学学术》书籍的创办和出版，为优秀教学研究成果的发表提供了渠道（见图 6–4）。

图 6-4 《教学发展文集》与《教学学术》

5. 奖励大学生责任意识培养的教学学术成果以增强教师成就感

以奖励和展示优良教学学术成果为契机，增强教师的成就感和获得感，激发内生动力。对于基金结题优良的成果给予奖励，同时每年通过“基金展板”，将基金项目研究中特别优秀的成果以展板展示的方式呈现给全校师生，供其他教师学习、借鉴。这对完成成果的教师起到了极大的的鼓励和宣传作用，使他们的努力和成绩得到认可，激发了他们的内生动力，增强了教师的成就感和获得感，使其形成研究教学、反思教学的习惯。此外，教师们在课堂教学过程中成功培养了大学生的责任意识之后，学生们表现出的充满责任意识和勇于担当的行为，会进一步激励教师们更加热爱教学和投入教学。到目前为止，制作展板超过 141 块，奖励教师超过 135 人次，制作教学学术年会发言证书超过 246 份，基金结题证书超过 498 份。

教学学术的特征之一就是参加“教”与“学”方面的会议、工作坊或研讨会（王力娟 等，2017）。因此，在引导教师从事教学学术研究的过程中，每年还资助部分结题成果优秀的教师参加国内外的各种教学学术会议。这些教师有的在会议上分享自己的研究成果，有的则听取和学习别人的优秀研究成果。无论如何，对于一线教师来说这都是宝贵的交流学习机会，对其教学学术能力提升具有重要作用。

以上这些措施为一线教师由经验性教学转向教学学术提供了有效手段、途径和全程帮扶。促使教师能够熟练选择教学研究题目，并进行符合教育学和心理学专业规范的研究设计。经过不断研究教学、反思教学，最终使得教学质量上了一个新台阶，学术成果有了新收获。无论对于学校追求教学质量提高的需求，还是帮助教师平衡教学与科研的关系，都发挥了重要作用。参与相关活动的教师不仅更加重视教学，而且学有所获、教有所成，越来越喜欢参与教学研讨。至此，促进大学生责任意识培养的教学学术路径的探索已不局限于大学生责任意识培养，而扩展为对整个教学效果和教学质量提升路径的探索和研究。

6.3 教师开展教学学术研究的效果调查

如前所述，大学生责任意识的教学学术路径关键在于教师的教学学术水平较高。当教师的教学学术能力较高时，一线学科教师在自己的课堂上用教学学术的范式和方法探讨大学生责任意识的培养方法和策略就变得轻而易举。因此，大学生责任意识的培养路径就是一线学科教师的教学学术能力培养路径。S 校推动教师开展教学学术研究已有 10 年时间，所采取的各种方法和策略的效果到底如何？教师的教学学术水平是否有所提高呢？为探究一线教师通过参与各种活动及承担基金项目后其教学学术水平是否有了显著提高，采用问卷法调查教师参与教学学术相关活动的感受、体验并测量其教学学术水平。

1. 研究方法

采用访谈与问卷相结合的方法。在前期访谈和文献研究的基础上，编制了《基金项目效果调查问卷》。问卷包含基本信息，如主持过多少次基金项目，是否参加过以提升教师教学学术水平为目的的各类研讨交流活动等；还包含对教师教学学术水平的自我评估，如是否能熟练撰写教学研究论文或是否能熟练地进行教学研究的选题等。通过向 622 位基金项目主持人发放电子问卷（有的教师连续多年主持基金项目），最后回收问卷 145 份，剔除回答不完整或回答错误的无效问卷 2 份，获得有效问卷 143 份，有效率为 98.62%。

被调查的 143 位教师，主持过 326 项基金项目，其中占比最多的是女教师（60.8%）、副教授（62.2%）、专职教学和教学科研并重型教师（77.7%）、理科和工科教师（59.5%），具体见表 6-13。

表 6-13　被调查教师的基本信息

		频率	百分比	总人数	总百分比
性别	男	56	39.2	143	100.0
	女	87	60.8		
职称	教授	20	14.0	143	100.0
	副教授	89	62.2		
	讲师	34	23.8		
岗位类别	专职科研型	10	7.0	143	100.0
	专职教学型	52	36.4		
	教学科研并重型	59	41.3		
	实验体系	17	11.9		
	其他	5	3.5		

续表

		频率	百分比	总人数	总百分比
专业类别	理科	33	23.1	143	100.0
	工科	52	36.4		
	医科	3	2.1		
	农学	6	4.2		
	人文	37	25.9		
	社科	12	8.4		

2. 研究结果

（1）久久为功的努力使教师教学研究的动机大幅提升。10 年时间里，S 校为了真正提升教师的教学研究动机和教学学术水平，不断调整基金的项目类型，不断探索帮扶路径，不断营造教学学术研究的氛围和文化。特别是从 2018 年开始，实施了基金项目的全程帮扶，使主持基金项目的教师真实体验到研究教学给自己课堂带来的改变，每年申请基金项目的教师开始大幅增长（见图 6–5），教师教学研究的热情得到激发。

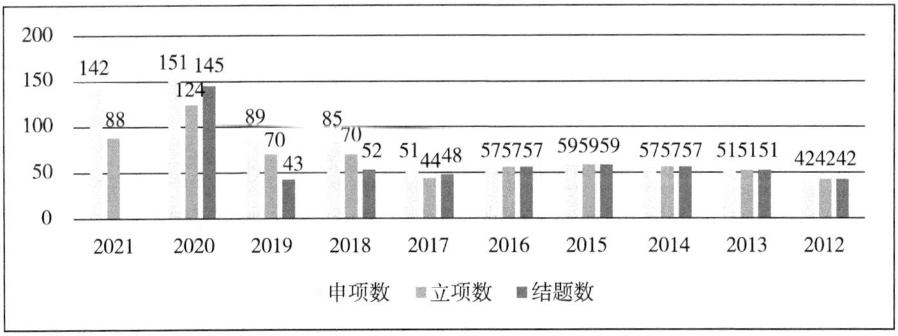

图 6–5　历年基金项目相关数据统计

（2）主持基金的次数与教师教学学术水平之间存在显著相关。调查显示，有 4 位教师从设立基金项目第 3 年开始主持项目，每年 1 项，共 8 项。也有

60 位教师只主持过一期基金项目。具体见表 6–14。

表 6–14　主持基金项目的期数和人数

主持教学学术项目的期数	人数	百分比	有效百分比	累计百分比
1	60	42.0	42.0	42.0
2	40	28.0	28.0	69.9
3	20	14.0	14.0	83.9
4	8	5.6	5.6	89.5
5	5	3.5	3.5	93.0
6	5	3.5	3.5	96.5
7	1	0.7	0.7	97.2
8	4	2.8	2.8	100.0
总计	143	100.0	100.0	

通过教师对自己教学学术水平的评估发现，绝大多数教师都能熟练地进行教学研究的选题、题目撰写、文献综述、研究设计、收集数据、分析数据和撰写研究论文。由表 6–17 可见，被调查的 143 位教师的教学学术水平普遍较高，这种较高的教学学术水平是否与主持基金的次数有关呢？为此，我们检验了二者之间的相关性。因教师主持基金项目的次数属于分类变量，教学学术水平属于连续变量，故二者之间的相关适合采用肯德尔相关进行检验，具体检验结果见表 6–15，二者之间相关显著。

此外，进一步检验教师的教学学术水平与性别、职称、专业、教龄之间的相关发现，相关都不显著。说明教学学术研究对于非教育学和心理学专业的一线教师来说是全新的领域，无论什么职称都需要从头学起。

以上两个检验结果说明，主持基金项目可以有效提高教师的教学学术水平。

表 6-15　主持教学学术项目的次数与教学学术水平之间的相关性检验

			主持期教学学术项目的期数	教学学术水平
肯德尔 tau_b	主持教学学术项目的期数	相关系数	1.000	.174**
		显著性（双尾）	.	.007
		个案数	143	143
	教学学术水平	相关系数	.174**	1.000
		显著性（双尾）	.007	.
		个案数	143	143

注：** 表示在 0.01 级别（双尾）相关性显著。

（3）对基金项目的全程性帮扶得到教师的普遍认可。很多教师的教学学术水平一直在低水平徘徊，为了能给教师们更多一对一的指导和帮扶，2018 年开始，改进了基金项目的过程性管理。第一，要求评审专家在立项评审时不仅要打分还要给出具体的评审和改进意见，之后，将每个项目的改进意见汇总并分别发给各申请者，无论他们立项与否，都会因此成长和进步。第二，基金项目获得立项后，举行开题交流活动，组织一批专家对教师的教学研究给予一对一指导，让教师们在开始教学研究之前做好研究设计，以便能获得有说服力的研究结论。第三，在项目运行中期，组织期中研讨活动，让教师们将项目运行期间出现的难以解决的问题提出来，专家们进一步给予指导和提供方法建议，以保证研究的顺利进行。过程性帮扶运行 3 年多来，得到了教师们的普遍认可，调查显示，绝大多数教师都认为这些帮扶活动对于他们的教学研究很有帮助。具体见表 6-16。

表 6-16　项目主持人对于过程性帮扶活动的认可程度

	开题交流活动对您有帮助吗		期中研讨活动对您有帮助吗?		立项评审的反馈意见对您有帮助吗?	
	频率	百分比	频率	百分比	频率	百分比
未主持 2018 年以后教学学术项目者	25	17.5	25	17.5	25	17.5
非常有帮助	63	44.1	47	32.9	55	38.5
比较有帮助	39	27.3	50	35.0	48	33.6
帮助比较小	15	10.5	20	14.0	15	10.5
完全没有帮助	1	0.7	1	0.7	0	0
总计	143	100.0	143	100.0	143	100.0

表 6-17 教师的教学学术水平

教学学术水平		清晰地知道教学研究该从哪些问题入手		能撰写符合规范的教学研究题目		明确地知道教学研究中文献综述的作用		明确地知道教学研究中如何进行文献综述		明确地知道教学研究中的关键变量是什么		能熟练地将各种教学研究方法运用于研究中		清楚地知道如何设计一个教学研究		能熟练撰写教学研究方面的项目申请书		经常思考班级中现存的哪些问题可以作为下一个研究的选题		喜欢参加各种教学研究有关的交流活动		喜欢在各个场合分享自己的教学研究		能熟练地撰写教学研究论文的各个部分	
统计量		频率	百分比	频率	百分比	频率	百分比	频率	百分比	频率	百分比	频率	百分比	频率	百分比	频率	百分比	频率	百分比	频率	百分比	频率	百分比	频率	百分比
符合程度	完全不符合	4	2.8	6	4.2	6	4.2	6	4.2	8	5.6	6	4.2	7	4.9	5	3.5	6	4.2	4	2.8	12	8.4	10	7.0
	不太符合	14	9.8	15	10.5	9	6.3	15	10.5	50	35.0	53	37.1	39	27.3	35	24.5	21	14.7	16	11.2	36	25.2	56	39.2
	基本符合	87	60.8	88	61.5	87	60.8	89	62.2	69	48.3	69	48.3	75	52.4	80	55.9	73	51.0	66	46.2	78	54.5	60	42.0
	完全符合	38	26.6	34	23.8	41	28.7	33	23.1	16	11.2	15	10.5	22	15.4	23	16.1	43	30.1	57	39.9	17	11.9	17	11.9
总计		143	100.0	143	100.0	143	100.0	143	100.0	143	100.0	143	100.0	143	100.0	143	100.0	143	100.0	143	100.0	143	100.0	143	100.0

（4）教师们普遍认为教学研究提升了教学效果。调查显示，86% 的基金项目负责人认为所进行的教学研究大大提升了他们的教学效果（具体见表 6–18），推动了他们进一步去思考教学和研究教学。教学研究本来就是从教学实践中的问题出发，寻求有效的方法以解决教学中的痛点，并收集证据以验证方法适当与否。因此，真正的教学学术研究，最终一定会促进教学质量的提升，因其初衷和最终目的都是为了教学质量的提升。

表 6–18　教学研究对课堂教学质量的提升作用

教学研究对课堂教学质量的提升作用	频率	百分比	有效百分比	累计百分比
非常大	59	41.3	41.3	41.3
比较大	64	44.8	44.8	86.0
有一点	20	14.0	14.0	100.0
总计	143	100.0	100.0	

（5）教师积极参加教学学术相关活动，取得突出的教学研究成果。被调查的 143 位教师中，有 94 人参加过教学学术年会，其中 52 人在年会上分享过自己的研究成果。125 人参加过教学学术社区活动，其中 14 人分享过自己的研究。119 人参加过教学研究方法方面的工作坊。质性反馈中很多教师表示喜欢参加教学学术活动，感觉收获颇多。如“培训的老师都非常专业、和善，对教学和科研帮助都很大”（#31[①]）“非常感谢整个项目在开展教学学术研究中给予的帮助，老师们很热心，服务非常好！对我们帮助很大！”（#92）“感谢这个平台，收获非常大”（#132）“一直不知道课程思政的研究如何收集证据，上次开题和中期交流的专家给出的建议非常有帮助，原来大学生责任意识、大学生价值观等都有成熟的问卷。如果教学发展中心能帮忙提供一下这方面比较好的问卷就好了”（#76）……

各位教师通过自己的努力和得到的帮扶，不仅教学质量得到了提升，还

① 表示问卷编号为 31 号被试的质性反馈。其他类推。因开放式问题仅一个，一个被试若提供了多条质性反馈，只取其中最具异质性的反馈。

取得了可观的研究成果。被调查的143位教师中有78人发表了教学研究论文，共计312篇。其中有2人在SSCI期刊上发表了论文，有1人在ESCI期刊上发表了论文，有22人在CSSCI期刊上发表了论文。还有一些人发表了北大核心期刊、一般期刊和会议论文。

（6）教学理论和方法素养得到提升，教学研究的方法和设计更加规范。S校资助教师开展教学学术研究已有10年，从最初设立基金项目开始，就组建了教学学术委员会，每年负责对基金项目的申请书和结题报告进行评审。因此，对教学学术委员会的19名成员（采用目的性抽样的方法，抽取了3年前和近3年都曾参与过基金立项和结题评审的专家19人）从8个方面开展调查，调查其在多年的评审中感受到的项目申请书和结题报告质量的变化情况（见表6-19），评审专家们发现教师们的教学研究质量明显提升，教师的教学方法和技巧更加多元，教学研究的题目更加聚焦，所使用的教学研究方法更加规范。

表6-19　教学学术项目评审专家感受到的项目质量变化统计表

与三年前相比，基金项目的申请书和结题报告，在以下几方面的质量提升幅度		大幅提升	有所提升	没有提升	有所下降	大幅下降
选题更加聚焦	频次	9	8	2	0	0
	百分比	47.4%	42.1%	10.5%	0%	0%
有较全面的文献综述	频次	10	8	1	0	0
	百分比	52.6%	42.1%	5.3%	0%	0%
研究设计比较规范	频次	12	7	0	0	0
	百分比	63%	37%	0%	0%	0%
数据的收集方法比较科学合理	频次	13	6	0	0	0
	百分比	68%	32%	0%	0%	0%
研究方法选择和使用的适切	频次	12	7	0	0	0
	百分比	63%	37%	0%	0%	0%
教学设计中使用的教学方法更加多元	频次	15	4	0	0	0
	百分比	78.9%	21.1%	0%	0%	0%
教学学术研究的整体质量有提升	频次	16	3	0	0	0
	百分比	84.2%	15.8%	0%	0%	0%

6.4 结论与反思

1. 通过教学学术培养大学生责任意识的有效途径是瞄准课堂教学

引导教师开展教学学术研究的有效途径是瞄准课堂教学。1990 年博耶提出“教学也是一种学术”大大提升了教学研究的重要性，将其与发现的学术、整合的学术、应用的学术放在同等重要的地位。其他学术各有其目标对象，比如发现的学术是学科专业领域的前沿研究，整合的学术是跨专业的整合研究，应用的学术是成果转化为应用，以解决实际问题的研究。教学学术则是教师在实践反思中把理论与经验性知识相结合而形成的实践智慧作为学术内容（时伟，2007）。因此教学学术的阵地和主战场在课堂。这就要求，所有推进教师开展教学学术研究的方法、政策等都要紧紧围绕课堂教学来进行。这才不会使教学学术偏离正确的方向。比如，所设立的教学学术项目要求申请者必须在项目研究期间有本科生课程或研究生公共基础课。该规定保证了教学学术研究是教师在实践性反思的基础上进行的研究，是针对一线课堂教学中的痛点和难点进行的研究，是关于教师如何有效传授知识和学生如何得到能力和素养提升的研究。同时，某个教学问题的解决并非一朝一夕，需要教师找到相应的解决方法，并积极地应用在教学中，一边实践，一边研究所用方法的效果，在不断总结、改进与反思中方能使得教学问题得到解决。大学生责任意识的培养更离不开课堂教学，需要教师在自己的课堂上采用教学学术的范式开展研究，所得出的大学生责任意识培养的策略和方法才更有生命力。大学生责任意识的培养也才能真正走出纯理论思辨的阵地，走向更多样、全面、有效的方法和策略探讨的新纪元。本研究结果即证明了这一点，教师主持教学学术项目的次数与教师教学学术水平之间存在显著正相关，教学研究是伴随具体实践开展的，通过开展不同周期的教学学术研究，更有助于深入问题的症结，彻底解决教学中的问题。

2. 形成性评估和反馈的作用

虽然形成性评价从被提出之初就主要应用于课堂教学中（Scriven，1967；Bloom，1971），实际上这一理念适用于所有学习过程。一线教师从事教学学术研究既缺乏方向又缺乏方法，一切都要从头学起，是一个真正的学习过程，特别适合使用形成性的评估和反馈帮助其快速成长。基金项目的立项和结题评审结束后，一定要将专家的评审意见逐一反馈给各位教师，项目通过评审的可以根据专家意见进一步完善其研究，未通过的可以根据专家意见进一步改进其研究以再次努力。此外，设立开题交流和中期研讨活动可以给教师们提供一个与专家面对面接受反馈的机会，帮助其进一步改进和完善自己的研究。从本研究的调查结果可以看出，教师们对这样的形成性反馈非常欢迎，而且感到很有帮助。

3. 从事大学生责任意识培养研究的一线学科教师需要教学学术专家的引导

大学生责任意识的培养要想真正与学科专业教学有机融合，使“教书”和“育人”真正成为一体，只有通过教学学术才能得以实现。但组织和引导教师从事教学学术研究的人员应该是教学学术方面的专家。教学学术要想发展落实，大学教学发展中心必须有专精的专业人员（教育、心理、评量）与各领域教师充分合作，给予适当协助与咨询，才能将教学研究精致化（王秀槐，2015）。在设立基金项目之前要先了解什么是教学学术，主管教学学术工作的人员应该是教学学术领域的专家，不仅自身能发表教学学术方面的成果，还可以给教师们提供各种教学学术研究方法方面的培训，能够帮助教师进行教学研究设计，指导数据收集的方法，修改教学研究论文等，这是保证从事教学学术研究的老师们始终走在正确道路上的必要条件。这也是我们引导教师开展真正的教学学术研究的经验。

4. 学术的交流功能有效促进大学生责任意识培养策略的推广应用和交流完善

充分发挥学术的交流功能可以有效提升教师的教学学术水平。教学学术就是针对教与学的理念、哲学、过程、方法的探究。此概念与一般教师针对自身教学进行的私自性、直觉性、行动性改善不一样的地方，是强调教与学过程的公开化与系统化研究（王秀槐，2015）。就像任何一个学科研究领域，具有共同的知识基础、探究途径、社群以及分享发表渠道一样。大学的教与学也应该形成学术社群，可以参照前人累积下来的知识库，依据系统的探究方法，形成共同探究的社群，最后将对教与学的研究结果透过发表平台，如各种教学学术研讨会或期刊，分享给学术社群（Cross et al.，1996；Huber，2005）。因此，教学学术的特征之一是分享、交流与发表，教学学术要求教师要将教学研究成果进行分享，像科学研究一样公开发表或报告，被同行使用、评价和发展，形成教学共同体的共同财富，为本学科甚至跨学科的教学传承做出贡献（曾杰、李志峰、马瑞，2018）。当前各个高校开展教学学术研究不得不面对的现实是非教育、心理专业的一线教师不知如何开展教学学术研究。如果基于课堂教学研究所探索的大学生责任意识培养的方法和策略不能接受同行的使用、评价和判断，就难以进一步完善和进步。而社区、会议、论文等这样一些分享和交流的平台和途径就大大扩展了教学学术成果的受益面和交流渠道，教师们通过这些平台可以学习教学学术的方法、理念和各种大学生责任意识培养方面的精彩案例，可以相互探讨教学学术问题和各种教学方法的应用。只有当教师个人的教学工作进入同行评议的公众视野，而不再是“隐士”，教学才能真正成为教师共同体的财富，从整体上提高学科教学的水平（刘隽颖，2018）。因此，发挥教学学术的交流功能可以高效提升教师的教学水平和教学学术水平。

5. 衡量教学学术水平的核心指标是育人效果

教学学术的最终目的是为了提高教学质量，因此教学质量的提升与否是衡量教学学术水平的核心指标。高校教师教学学术的理想效果是：有效训练大学生的学科思维、激发学生的好奇心与求知欲；培养有责任意识、勇于担当的德才兼备人才；提高教师教学效能感；成为教学领导者并促进优秀教学团队的发展；实现师生在教学活动中的良性互动以及科研与教学的良性互动（马龙海 等，2016）。可见，教学学术的最终结果应针对课堂教学中的痛点问题提出创造性的解决方法，以促成卓越的教学。大学生责任意识的培养作为教育的痛点问题，通过教学学术的范式得到有效解决。因此评价教师教学学术水平的高低，核心指标应关注其教学质量是否得到了提升，其课堂教学中的痛点和难点问题是否得到了有效解决。方法和规范只不过是为了让教师的教学研究更具学术性的工具，如果教学研究没有真正提升教学质量和达成育人效果，无论使用了多么绚丽的方法，无论多么规范的研究工具都没有任何意义。

6. 建议

（1）教学学术使大学生责任意识的培养增强了科学性，但提升一线教师从事教学学术研究动机的关键在于组织和管理上的重视。课堂是责任认知、责任意识、责任行为的重要培养场所，组织管理制度对教师行为有重要导向作用。其中，关键制度包括职称晋升制度、薪酬分配制度、教学质量评价制度及各项物质或精神奖励制度等，这些制度如果不能体现“教学学术”导向（曾杰 等，2018），教师就不会把时间和精力投入到教学学术研究中来，也就缺少教学学术研究的积极性。由图 6-5 可见，S 校设立基金项目的最初几年，每年申请的人数较少，项目立项和结题时没有淘汰，绝大多数教师即使获得了立项也不会投入时间和精力认真进行研究。从 2016 年开始，有的学院将获得教学学术项目立项作为聘期考核或年终考核的教学成果之一。2017年，教务处开始将每年获得立项的教学学术项目数量作为学院考核的指标之一。此后申请教学学术项目的人数逐年增加，从立项到结题也都有一定数量的淘汰。可见，将教学学术研究与相关制度政策挂钩，为提高教学学术项目的标准提供了后盾，也激发了教师参与教学研究的积极性。近几年，一些教师因主持基金项目，认真进行教学学术研究，他们的成果纷纷发表在 SSCI、CSSCI 期刊上，有的获得了学校的教学成果奖，有的教学评教分数逐年提升，还有的获批了省部级的教学研究项目。因此，构建基于“教学学术”的激励机制有利于激发教师的教学热情，充分挖掘教师的教学潜能，促进教师从事教学学术研究的积极性，从根本上提高教学质量，实现“教书”和“育人”的真正一体（曾杰 等，2018）。

（2）多措并举推动一线教师开展基于教学学术的大学生责任意识培养研究。在美国，很多高校教学发展中心都为提升教师的教学学术水平采取了多种多样的措施。比如最早成立教学发展中心的密西根大学，通过设立各类基金项目、开设教学研究方法工作坊、举办教学学术会议、出版教学学术成果文集等方式全方位促进教师的教学学术水平并取得了良好效果（Aquino，2011）。印第安纳大学也为教师们提供各种基金项目、举办沙龙讲座、帮助有需要的教师申请同行评议或专家指导、出版“教学学术”方面的专门研究期刊、提供开展“教学学术”的培训和指导等活动，推动教师开展教学学术研究（Indiana University，2021）。S 校的经验也证明，通过 10 年的努力，采取的多种措施在提高教师的教学学术能力方面，效果已开始显现。如前所述，大学生责任意识的培养采用教学学术范式，解决了以往此方面研究多为理论思辨，培养方法和策略不具有可操作性等弊端。但教师们开展教学学术研究的动机和能力还欠缺，单一措施很难在提升教师教学学术水平方面有显著效果，只有多措并举，久久为功，才会行稳致远。

（3）鼓励和协助教师将其有关大学生责任意识培养的教学学术成果可视化，促进交流和完善。任何一种学术活动都需要依靠某种形式呈现其研究过程和结论，这不仅是对其研究成果的一种记录，同时还可以使该成果被他人参考借鉴，成果完成人自身也在展示成果的过程中深入反思、归纳和总结整个教学学术活动，对于形成学术交流的氛围和提升自身的教学学术水平都有重要帮助。学术氛围一旦形成，会带动更多教师投入到教学学术中来，产出更多高品质的教学研究成果，这样的良性循环必将使高校教学质量的提升指日可待，使基于教学学术的大学生责任意识培养的实证研究遍地开花结果。

（4）宽进严出和注重过程性管理。很多高校促进教师开展教学学术研究的首要举措是设立基金项目，这是一个非常好的措施，但在实施过程中常因一线教师教学学术的整体水平偏低而降低了准入和准出标准。结果是虽然投入了大量人力、物力和时间，但教师的教学学术水平未能获得提升，即项目未能取得预期效果。面临教师教学学术水平整体偏低这一情况，有效解决方法是降低准入标准，提高准出标准，加强过程性的帮扶和指导。降低准入标准可以让那些热爱教学，但不知该如何研究教学的人卷入项目的运行之中，然后再加入开题、中期交流、全程的免费咨询和指导等环节，及时对教师在教学学术研究过程中遇到的问题进行指导，帮助教师快速成长。提升准出标准就是严把结题关，对于那些教学学术水平较低，在项目研究过程中又没有认真对待，在结题时无法做出合格的教学学术研究成果的教师，不予结题和停止发放项目经费。宽进严出能有效提升教师开展教学学术水平的动机，过程性的帮扶和指导能有效提升教师的教学学术能力，二者结合，可提升教师的整体教学学术水平。

7. 研究不足与展望

本研究虽然对提升教师教学学术水平的举措进行了较深入的调查与研究，但还有诸多不足，需要在以后的研究中进一步补充和深入。比如，众多举措并非在最初项目设立之初就全部实施，而是在实践过程中针对存在的问题逐步调整实施的，这导致有些举措的效果还未彰显。因此，未来需要加入纵贯研究设计。此外，未来还需要加入横向对比研究，以探究那些未参与过教学学术相关活动的教师其教学学术水平和教学学术成果是否显著低于参与的教师。

第7章 结论与反思

人才是国家发展的重要战略资源，是国际竞争中起决定性作用的核心因素。人才应是德才兼备的人，即人才不仅要有“才”，更要有“德”。“德”的一个最重要表现就是能担责和履责。任何国家，大学都是人才培养的摇篮。因此，大学生责任意识的培养，关乎一个国家和民族的未来，关乎整个人类的发展和进步。概括起来，本研究有以下结论。

（1）责任遍布于人的生活，故被众多学科关注和研究。责任被社会学、心理学、教育学、哲学、文化人类学等众多学科作为重要内容进行研究，一方面是因为它关乎国家、社会和个体的和谐、发展与繁荣，另一方面在于它作为一种规定性遍布于人的生产、生活之中，随时影响个体的心理与行为。这从另一个角度说明了责任的重要性，以及研究责任的必要性。

（2）有关责任的术语众多，内涵也不统一。国内外对责任的研究虽然历史悠久、学科众多，但并没有较为统一的术语以及对其内涵的一致认识。不同学科的侧重点不同，所使用的术语也就不同，比如“责任心”“责任感”“责任意识”“社会责任”“尽责性”“责任行为”“责任意志”“事前责任”“事后责任”等。人们分别从不同的层面和视角对责任进行研究。有的从责任的内在结构进行研究，如责任意识和责任行为。有的从责任的某个类别进行研究，如社会责任或事前责任等。有的则从责任的特质进行研究，如认为责任心由灵敏高效、谨慎细心等9个维度特质构成。正因为人们从不同的视角和层面对责任进行研究，才让我们看到了更全面的责任内涵，也让我们能站在巨人的肩膀上更深刻地看待责任和责任意识。

（3）责任本身是一个具有复杂结构的动态统一体。责任作为一个进化意义上的社会产物，必然与具有浓厚社会色彩的内容密切相关，也就是它与各种有形或无形的规定性密切相关（见图 3-1）。这是个体产生责任意识，履行责任行为的根本原因。责任内容作用于个体时，在个体层面也不是单一的直接行动，而是有着复杂的内在心理过程和外在行为表现。这个复杂的过程决定了个体在什么时候会履责、什么时候不履行责任。无论履责与否，这个过程都会在个体的心理和行为上产生动态的变化。

（4）大学生责任意识培养目标体系是基于各种规定性的求真向善系统。一个个体生活在社会中，所要承担的责任绝不仅仅是个人的发展之责，而是从个人到整个人类的和谐共生和发展繁荣之责。这要以真、善、美和正义等人类共同追求的理想为目标，在个体独立的思考和判断的基础上，以自律的方式来承担（见图 4-1）。一方面责任意识培养目标体系有客观限制性，另一方面个体在这一过程中有充分自主性。这一体系是一个动态系统，不断地在个体间的相互作用中保持稳定。

（5）《大学生责任意识问卷》符合心理测量学指标。自编的《大学生责任意识问卷》包含 3 个维度：责任认知、责任态度和行为倾向性，25 个题项。总问卷的 Cronbach α 系数为 0.927，责任认知、责任态度和行为倾向性 3 个维度的 Cronbach α 系数分别为 0.885、0.908 和 0.841，都高于 0.8，说明问卷的信度高。此外，通过验证性因子分析发现，问卷的结构效度也比较高。因此，自编的《大学生责任意识问卷》符合心理测量学指标。通过对在读大学生进行问卷测量，发现大学生的责任认知都非常充分，但在履责的行为倾向性方面还有很大提升空间，说明大学生在责任认知与责任行为之间存在断层。未来的研究应重点集中在如何帮助学生跨过责任行为障碍方面的研究上，即如何培养学生的履责能力等方面。这是一个系统工程，需要全社会的协调配合。

（6）大学生的责任意识认知维度水平较高，但存在知行错位的情况。我们的研究发现，总体上大学生的责任意识认知维度水平较高，即他们对于各种与责任有关的有形或无形的规定性都非常清楚和了解。但责任意识的认知维度与行为倾向性维度、态度维度存在显著性差异。说明大学生对于外界灌输的有关责任的各种有形或无形的规定性持不认同的态度，有时他们不履行责任不是不知道应该履责，而是他们根本就不想履责。还有的学生是因为感到没有能力履责，导致知行错位的情况出现。因此，需要改变责任意识培养的方式方法，大力增加体验式和沉浸式的教育活动，比如服务式学习。减少或避免说教式、"知识"传授式的培养方式。

（7）服务式学习需要精心设计才能有效提升大学生的责任意识。虽然已有研究发现服务式学习能显著提升大学生的责任意识，但通过对数字化服务式学习的研究发现，服务式学习项目自身的质量决定了其对大学生参与者责任意识提升作用的大小。在设计一个服务式学习的项目时，要精心设计每一个环节，包括需求确认、整体规划、对参与服务式学习的大学生进行相关内容的培训、提供服务行为过程的监控、项目结束之后的反思改进等。只有这样才能保障服务式学习项目本身的质量，也才能保证每一个提供服务行为的人都能从中得到锻炼，提升个人素养和精神境界，保证接受服务的人能真正受益，保证项目组织者能达成目标，扩大影响。

（8）大学生责任意识的培养离不开家庭、朋友的影响和鼓励。通过对参与服务式学习项目的学生进行深度访谈发现，有些同学之所以积极参与服务式学习项目，主要动因源于受到家人、同学和朋友的影响。有的学生家长本身就热衷于公益事业，有的学生家长则一直教育他们要"为人民服务"、要知恩图报、要回馈社会……很多同学就是在这样的引导和潜移默化的影响下参与了服务式学习项目。因他们有一颗服务社会的心，因此在参与服务的过程中特别得认真和投入，被服务者感动于他们的付出，给予积极的反馈，这进一步提升了他们的责任认知和积极的责任情感，推动他们未来从事更多的公益活动，形成良性循环。

（9）大学生责任意识的培养离不开优秀榜样事迹的影响和媒体的正向引导。名人的道德模范事迹，一直是一种重要的道德教育方法。我们的实证研究结果进一步证明了这一道德教育方法的作用，有很多学生参与服务式学习项目的动因就在于很多榜样的示范和引领。在这一过程中媒体的正面宣传报道也发挥了重要作用，因为学生们提到的榜样基本上都是在新闻媒体中听到或看到的。可见，加强媒体的正向引导和树立优秀道德榜样典型，是培养大学生责任意识的有效途径之一。

（10）教学学术为大学生责任意识的培养提供了规范路径，能有效弥合思政教育与专业教育各行其是的鸿沟。我国以往有关大学生责任意识培养方面的研究多为经验总结或推理论证，鲜有基于一线课堂的实证效果研究。但教学学术的提出，为大学生责任意识的培养提供了科学的规范路径，采用教学学术的方法，让高校教师在自己的课堂上，从学生在责任意识方面存在的现实问题出发，采取有效的措施实施干预，进而收集干预前后的数据进行对比，以探索切实有效的提升大学生责任意识的方法和途径。这能有效避免纯粹形而上的思辨，也能有效避免专职德育或思政研究人员脱离实际专业课堂的割裂式育人举措，是实现全员、全方位、全过程育人的最佳途径。

通过深入研究，目前基本完成了预期目标，但因人力、物力有限，还存在很多不足，有待进行更深入的研究。比如，缺少对全国大学生责任意识的大规模调查，自编《大学生责任意识问卷》的结构效度的各个指标还未达到最优，问卷需要进一步修订，更多提升大学生责任意识的方法需要进一步验证，以及探索其应用条件、效果和限制等。这样的研究永无止境，永远在路上。

附　录

附录1：责任和责任意识内部结构专家调查问卷

尊敬的专家、老师：

您好！

这是一份有关责任和责任意识的内部结构模型问卷，为确保结构的科学有效，希望寻求您的智力支持。敬请您拨冗阅读表中的每一维度，针对结构**内容的正确性、相关性、逻辑性、全面性**给予评定及修改意见。

一、评分构面：

正确性：下阶维度可以反映上阶维度的正确程度，从而使结构科学合理。

相关性：各维度的设立与研究目的的相关性。

逻辑性：各维度之间在逻辑上的严密性。

全面性：各维度的表述是否全面反映了其真正的概念内涵，各维度是否全面反映了其上阶维度的全部内涵。

二、评分标准。请就结构模型各个维度的正确性、相关性、逻辑性和全面性，根据下面的评分标准在相应各维度后面的空格内给予评分。

分数　　　　　评分标准

1．非常不适当：表示维度本身无意义，应予删除

2．不适当：表示维度不太适当

3. 尚可：表示维度保留，但需大幅修改

4. 适当：表示维度保留，但需稍作修改

5. 非常适当：表示维度正确无误，符合研究目的

如果您认为有需要补充的地方，请将宝贵意见和建议写在表后。

专业		职称		性别	
	一阶因子	一阶因子的内涵		评分：请勾选出您认可的评价选项。1：非常不适当；2：不适当；3：尚可；4：适当；5：非常适当	
责任	责任意识	个体对于责任内容的认同并由此产生的自觉态度和积极履行责任的行为倾向性。因此它包含对责任内容的认知和赞同，以及由此产生的行为倾向性。		1\2\3\4\5	
	责任体验	个体在责任的履行过程中对责任内容、履责过程中的环境和条件、自身能力等因素的具体感受和认可程度。责任体验会影响个体对责任内容的认同感，并进一步影响责任意识。		1\2\3\4\5	
	责任行为	个体在责任意识驱动下对责任内容范畴内相关规定性（道德、法律、习俗等有形或无形的规定性）的具体实施或履行。		1\2\3\4\5	
责任意识	责任认知	个体对外界输入的责任内容在大脑中进行的加工和判断。		1\2\3\4\5	
	责任态度	个体对责任内容加工判断的过程中产生的情感、情绪反应。		1\2\3\4\5	
	行为倾向性	由情绪、情感反应驱动的行为反应意向。		1\2\3\4\5	

三、如果您觉得上表内容还有不够完善之处，请将宝贵意见写在这里：

衷心感谢您的支持和帮助

“大学生责任意识”研究课题组

2018/9/18

附录 2：大学生责任意识访谈提纲

尊敬的同学

您好！

这是一份有关大学生责任意识问卷编制方面的题项预收集问卷，为确保所编制问卷的科学有效，希望寻求您的智力支持。敬请您帮忙回答下列问题。

1. 您觉得大学生责任意识的内涵包括哪些内容？
2. 您觉得如果评价一个大学生是否具有责任意识该从哪些方面来进行？
3. 您觉得当代大学生的责任意识现状总体上怎么样？请举例说明。
4. 您觉得大学生的责任意识的培养应该如何进行？
5. 您觉得大学生的责任意识在团体中是如何表现的？
6. 您觉得大学生的责任意识在自我发展上是如何表现的？
7. 您觉得大学生的责任意识在家庭中是如何表现的？
8. 您觉得大学生的责任意识在社会层面是如何表现的？
9. 您觉得大学生的责任意识在国家层面是如何表现的？
10. 你觉得大学生的责任意识在人类社会的层面是如何表现的？

附录 3：大学生责任意识问卷（试测问卷）

尊敬的各位同学

您好！我们是“大学生责任意识”研究课题组，为了解当前我国大学生责任意识的现状，为大学生的未来发展和成长提供有益建议，我们诚挚地邀请您抽出 1~3 分钟的时间帮忙匿名填答此问卷。

题目没有对错之分，请根据您的真实情况在下列题项对应的选项中选择最符合您现有状态的选项。

感谢您的支持和参与！

“大学生责任意识”研究课题组

责任认知（针对下列观点，与我的相符程度是：非常符合　比较符合　不确定*[1]比较不符合　非常不符合）

在成长过程中我已经知道：

1.1　个体要对自己的成长和发展负责

1.2　个体要为所属家庭的和谐与发展担负应有的责任

1.3　个体要为所属组织的发展与和谐担负应有的责任

1.4　个体要为所属社会的和谐、繁荣和发展担负应有的责任

1.5　个体要为所属国家的和谐、稳定、繁荣和发展担负应有的责任

1.6　个体要为整个人类的发展和存亡担负应有的责任

责任态度（针对下列观点，我的态度是：非常赞同、赞同、中立*[2]、不赞同、非常不赞同）

2.1　国家须将人们应该承担的各种责任和义务用法律的形式规定下来

2.2　社会应该用有利于发展的伦理来约束大家的行为

2.3　社会应该保持各种有利于发展和进步的习俗

2.4 每个组织都用各种规定来约束成员的行为，以保证大家的共同利益。

2.5 国家应该用各种道德来约束国民的行为

2.6 国家应该用集体主义的价值观来塑造国民的价值观

2.7 每个人都应该为其家庭承担应有的责任和义务

2.8 每个人都应该为其自己发展的好或坏负责任

2.9 每个人都应该为整个人类的发展贡献自己的力量

2.10 每个人都应该认真完成自己所承载的角色期待［指社会或个人对某种角色应表现出的某种特定行为所抱有的期待（指他人期望某角色承担者表现出某特定行为）*[3]］

行为倾向性（针对下列观点，与我的相符程度是：非常符合　比较符合　不确定*[4] 比较不符合　非常不符合）

3.1 我习惯于主动帮助我的家庭分忧解难

3.2 我对自己的未来发展有清晰的规划，并努力实现

3.3 我对自己的大学生活如何度过有合理的安排*[5]

3.4 当我所在的组织（如班级、讨论小组）发展或表现不佳时，我会非常着急

3.5 当我的行为有违伦理和道德时，我的内心会非常煎熬

3.6 当个人利益与国家法律发生矛盾时，我倾向于遵守法律

3.7 我痛恨那些会给人类未来发展带来不良影响的行为和事件

3.8 我习惯于密切关注我国的发展和影响

3.9 我经常试图为所属组织的发展做一点事

3.10 我倾向于努力完成所承担（承载）*[6] 的（每一个）*[7] 角色任务（比如学生角色、子女角色等）和角色期待

注：

[1]、[2]、*[4] 表示初测问卷中没有，但在正式问卷中增加的部分，因为初测被试希望有中间选项。

*[3] 表示正式问卷中将用括号中的部分代替括号前面部分。

*[5] 表示正式问卷中这一题项将被删除，因为被测的学生中不止一个提

到此题项与 3.2 题的内容重复。

*[7] 表示此前括号中的部分在正式问卷中将被删除。

*[6] 表示初始问卷中使用的词语是“承载”，正式问卷中使用的词语是“承担”。

附录 4：大学生责任意识问卷（正式施测问卷）

尊敬的各位同学

您好！我们是“大学生责任意识”研究课题组，为了解当前我国大学生责任意识的现状，为大学生的未来发展和成长提供有益建议，我们诚挚地邀请您抽出 1~3 分钟的时间帮忙匿名填答此问卷。

题目没有对错之分，请根据您的真实情况在下列题项对应的选项中选择最符合您现有状态的选项。

感谢您的支持和参与！

“大学生责任意识”研究课题组

责任认知（针对下列观点，与我的相符程度是：1—非常不符合、2—比较不符合、3—不确定、4—比较符合、5—非常符合）

在成长过程中我已经知道：

1.1 个体要对自己的成长和发展负责

1.2 个体要为所属家庭的和谐与发展担负应有的责任

1.3 个体要为所属组织的发展与和谐担负应有的责任

1.4 个体要为所属社会的和谐、繁荣和发展担负应有的责任

1.5 个体要为所属国家的和谐、稳定、繁荣和发展担负应有的责任

1.6 个体要为整个人类的发展和存亡担负应有的责任

责任态度（针对下列观点，我的态度是：1—非常不赞同、2—不赞同、3—中立、4—赞同、5—非常赞同）

2.1 国家须将人们应该承担的各种责任和义务用法律的形式规定下来

2.2 社会应该用有利于发展的伦理来约束大家的行为

2.3 社会应该保持各种有利于发展和进步的习俗

2.4　每个组织都用各种规定来约束成员的行为，以保证大家的共同利益

2.5　国家应该用各种道德来约束国民的行为

2.6　国家应该用集体主义的价值观来塑造国民的价值观

2.7　每个人都应该为其家庭承担应有的责任和义务

2.8　每个人都应该为其自己发展的好或坏负责任

2.9　每个人都应该为整个人类的发展贡献自己的力量

2.10　每个人都应该认真完成自己所承载的角色期待（指他人期望某角色承担者表现出某特定角色行为）

行为倾向性（针对下列观点，与我的相符程度是：1—非常不符合、2—比较不符合、3—不确定、4—比较符合、5—非常符合）

3.1　我习惯于主动帮助我的家庭分忧解难

3.2　我对自己的未来发展有清晰的规划，并努力实现

3.3　当我所在的组织（如班级、讨论小组）发展或表现不佳时，我会非常着急

3.4　当我的行为有违伦理和道德时，我的内心会非常煎熬

3.5　当个人利益与国家法律发生矛盾时，我倾向于遵守法律

3.6　我痛恨那些会给人类未来发展带来不良影响的行为和事件

3.7　我习惯于密切关注我国的发展和影响

3.8　我经常试图为所属组织的发展做一点事

3.9　我倾向于努力完成所承担的角色任务（比如学生角色、子女角色等）和角色期待

附录 5：大学生责任意识试测项目分析结果

	方差方程的 Levene 检验	均值方程的 t 检验								
	F	Sig.	t	df	Sig.（双侧）	均值差值	标准误差值	差分的 95% 置信区间		
								下限	上限	
1.1 个体要对自己的成长和发展负责	假设方差相等	289.153	.000	−5.215	61	.000	−.531	.102	−.735	−.328
	假设方差不相等			−5.299	31.000	.000	−.531	.100	−.736	−.327
1.2 个体要为所属家庭的和谐与发展担负应有的责任	假设方差相等	183.430	.000	−8.126	61	.000	−.688	.085	−.857	−.518
	假设方差不相等			−8.258	31.000	.000	−.688	.083	−.857	−.518
1.3 个体要为所属组织的发展与和谐担负应有的责任	假设方差相等	4.288	.043	−15.496	61	.000	−1.000	.065	−1.129	−.871
	假设方差不相等			−15.748	31.000	.000	−1.000	.064	−1.130	−.870
1.4 个体要为所属社会的和谐、繁荣和发展担负应有的责任	假设方差相等	16.075	.000	−10.354	61	.000	−.938	.091	−1.119	−.756
	假设方差不相等			−10.522	31.000	.000	−.938	.089	−1.119	−.756
1.5 个体要为所属国家的和谐、稳定、繁荣和发展担负应有的责任	假设方差相等	25.505	.000	−9.902	61	.000	−.875	.088	−1.052	−.698
	假设方差不相等			−10.063	31.000	.000	−.875	.087	−1.052	−.698
1.6 个体要为整个人类的发展和存亡担负应有的责任	假设方差相等	36.686	.000	−9.604	61	.000	−1.219	.127	−1.473	−.965
	假设方差不相等			−9.760	31.000	.000	−1.219	.125	−1.473	−.964
2.1 国家须将人们应该承担的各种责任和义务用法律的形式规定下来	假设方差相等	.162	.689	−5.293	61	.000	−.865	.163	−1.192	−.538
	假设方差不相等			−5.305	60.246	.000	−.865	.163	−1.191	−.539

续表

		方差方程的Levene检验		均值方程的t检验						
		F	Sig.	t	df	Sig.（双侧）	均值差值	标准误差值	差分的95%置信区间 下限	上限
2.2 社会应该用有利于发展的伦理来约束大家的行为	假设方差相等	3.724	.058	−7.934	61	.000	−.965	.122	−1.208	−.722
	假设方差不相等			−7.997	50.010	.000	−.965	.121	−1.207	−.722
2.3 社会应该保持各种有利于发展和进步的习俗	假设方差相等	.636	.428	−8.687	61	.000	−.872	.100	−1.073	−.671
	假设方差不相等			−8.747	52.683	.000	−.872	.100	−1.072	−.672
2.4 每个组织或团体都应用各种规定来约束成员的行为，以保证大家的共同利益	假设方差相等	.236	.629	−8.128	61	.000	−1.116	.137	−1.390	−.841
	假设方差不相等			−8.106	58.761	.000	−1.116	.138	−1.391	−.840
2.5 国家应该用各种道德来约束国民的行为	假设方差相等	1.591	.212	−5.097	61	.000	−.922	.181	−1.284	−.560
	假设方差不相等			−5.074	55.921	.000	−.922	.182	−1.287	−.558
2.6 国家应该用集体主义的价值观来塑造国民的价值观	假设方差相等	.784	.379	−7.142	61	.000	−1.238	.173	−1.584	−.891
	假设方差不相等			−7.149	60.959	.000	−1.238	.173	−1.584	−.892
2.7 每个人都应该为其家庭承担应有的责任和义务	假设方差相等	22.085	.000	−9.512	61	.000	−.906	.095	−1.097	−.716
	假设方差不相等			−9.667	31.000	.000	−.906	.094	−1.097	−.715
2.8 每个人都应该为其自己发展的好或坏负责任	假设方差相等	19.203	.000	−8.298	61	.000	−.811	.098	−1.007	−.616
	假设方差不相等			−8.403	38.646	.000	−.811	.097	−1.007	−.616
2.9 每个人都应该为整个人类的发展贡献自己的力量	假设方差相等	30.560	.000	−9.329	61	.000	−1.217	.130	−1.478	−.956
	假设方差不相等			−9.444	39.368	.000	−1.217	.129	−1.477	−.956

续表

		方差方程的 Levene 检验		均值方程的 t 检验						
		F	Sig.	t	df	Sig.（双侧）	均值差值	标准误差值	差分的 95% 置信区间	
									下限	上限
2.10　每个人都应该认真完成自己所承载的角色期待（指社会或个人对某种角色应表现出的特定行为所抱有的期待）	假设方差相等	10.883	.002	−8.389	61	.000	−1.150	.137	−1.424	−.876
	假设方差不相等			−8.450	51.777	.000	−1.150	.136	−1.423	−.877
3.1　我习惯于主动帮助我的家庭分忧解难	假设方差相等	3.868	.054	−3.941	61	.000	−.672	.171	−1.014	−.331
	假设方差不相等			−3.923	55.488	.000	−.672	.171	−1.016	−.329
3.2　我对自己的未来发展有清晰的规划，并努力实现。	假设方差相等	1.816	.183	−5.922	61	.000	−1.074	.181	−1.436	−.711
	假设方差不相等			−5.901	57.220	.000	−1.074	.182	−1.438	−.709
3.3　我对自己的大学生活如何度过有合理的安排	假设方差相等	13.852	.000	−4.597	61	.000	−.790	.172	−1.134	−.447
	假设方差不相等			−4.564	49.632	.000	−.790	.173	−1.138	−.442
3.4　当我所在的组织（如班级、讨论小组）发展或表现不佳时，我会非常着急	假设方差相等	1.408	.240	−4.778	61	.000	−.920	.193	−1.306	−.535
	假设方差不相等			−4.760	57.047	.000	−.920	.193	−1.308	−.533
3.5　当我的行为有违伦理和道德时，我的内心会非常煎熬	假设方差相等	3.205	.078	−5.583	61	.000	−.651	.117	−.884	−.418
	假设方差不相等			−5.614	55.544	.000	−.651	.116	−.884	−.419

续表

		方差方程的Levene检验		均值方程的t检验						
		F	Sig.	t	df	Sig.（双侧）	均值差值	标准误差值	差分的95%置信区间 下限	差分的95%置信区间 上限
3.6 当个人利益与国家法律发生矛盾时，我倾向于遵守法律	假设方差相等	11.149	.001	−9.650	61	.000	−1.031	.107	−1.245	−.818
	假设方差不相等			−9.807	31.000	.000	−1.031	.105	−1.246	−.817
3.7 我痛恨那些会给人类未来发展带来不良影响的行为和事件	假设方差相等	18.792	.000	−9.065	61	.000	−.969	.107	−1.182	−.755
	假设方差不相等			−9.213	31.000	.000	−.969	.105	−1.183	−.754
3.8 我习惯于密切关注我国的发展和影响	假设方差相等	.197	.659	−6.911	61	.000	−1.052	.152	−1.357	−.748
	假设方差不相等			−6.913	60.984	.000	−1.052	.152	−1.357	−.748
3.9 我经常试图为所属组织的发展做一点事	假设方差相等	.228	.634	−8.453	61	.000	−.930	.110	−1.151	−.710
	假设方差不相等			−8.460	60.975	.000	−.930	.110	−1.150	−.711
3.10 我倾向于努力完成所承载的每一个角色任务（比如学生角色、子女角色等）和角色期待	假设方差相等	.050	.824	−9.556	61	.000	−.995	.104	−1.203	−.787
	假设方差不相等			−9.525	57.756	.000	−.995	.104	−1.204	−.786

附录 6：大学生责任意识初测问卷的总体信度和各维度信度分析

大学生责任意识问卷的总体 Cronbach 信度分析

名称	校正项总计相关性（CITC）	项已删除的 α 系数	Cronbach α 系数
我习惯于主动帮助我的家庭分忧解难	.403	.917	.918
当我所在的组织（如班级、讨论小组）发展或表现不佳时，我会非常着急	.551	.915	
当我的行为有违伦理和道德时，我的内心会非常煎熬	.671	.913	
当个人利益与国家法律发生矛盾时，我倾向于遵守法律	.630	.914	
我痛恨那些会给人类未来发展带来不良影响的行为和事件	.582	.914	
我习惯于密切关注我国的发展和影响	.637	.913	
我经常试图为所属组织的发展做一点事	.430	.917	
我倾向于努力完成所承载的每一个角色任务（比如学生角色、子女角色等）和角色期待	.570	.914	
我对自己的未来发展有清晰的规划，并努力实现	.569	.914	
我对自己的大学生活如何度过有合理的安排	.537	.915	
个体要对自己的成长和发展负责	.490	.916	
个体要为所属家庭的和谐与发展担负应有的责任	.565	.914	
国家须将人们应该承担的各种责任和义务用法律的形式规定下来	.633	.914	
社会应该用有利于发展的伦理来约束大家的行为	.499	.915	
社会应该保持各种有利于发展和进步的习俗	.666	.912	
每个组织或团体都应用各种规定来约束成员的行为，以保证大家的共同利益	.486	.916	
国家应该用各种道德来约束国民的行为	.367	.918	
国家应该用集体主义的价值观来塑造国民的价值观	.494	.916	
每个人都应该为其家庭承担应有的责任和义务。	.433	.917	
每个人都应该为其自己发展的好或坏负责任	.401	.918	
每个人都应该为整个人类的发展贡献自己的力量	.373	.917	
每个人都应该认真完成自己所承载的角色期待（指社会或个人对某种角色应表现出的特定行为所抱有的期待）	.607	.914	
个体要为所属组织的发展与和谐担负应有的责任	.519	.915	
个体要为所属社会的和谐、繁荣和发展担负应有的责任	.611	.913	
个体要为所属国家的和谐、稳定、繁荣和发展担负应有的责任	.599	.914	
个体要为整个人类的发展和存亡担负应有的责任	.584	.914	

标准化 Cronbach α 系数：0.922。

大学生责任意识初测问卷责任认知维度的 Cronbach 信度分析

名称	校正项总计相关性（CITC）	项已删除的 α 系数	Cronbach α 系数
个体要对自己的成长和发展负责	.465	.888	.878
个体要为所属家庭的和谐与发展担负应有的责任	.674	.861	
个体要为所属组织的发展与和谐担负应有的责任	.835	.833	
个体要为所属社会的和谐、繁荣和发展担负应有的责任	.856	.827	
个体要为所属国家的和谐、稳定、繁荣和发展担负应有的责任	.746	.846	
个体要为整个人类的发展和存亡担负应有的责任	.621	.881	

标准化 Cronbach α 系数：0.885。

大学生责任意识初测问卷责任态度维度的 Cronbach 信度分析

名称	校正项总计相关性（CITC）	项已删除的 α 系数	Cronbach α 系数
国家须将人们应该承担的各种责任和义务用法律的形式规定下来	.505	.835	.845
社会应该用有利于发展的伦理来约束大家的行为	.634	.823	
社会应该保持各种有利于发展和进步的习俗	.552	.831	
每个组织或团体都应用各种规定来约束成员的行为，以保证大家的共同利益	.609	.824	
国家应该用各种道德来约束国民的行为	.509	.835	
国家应该用集体主义的价值观来塑造国民的价值观	.594	.826	
每个人都应该为其家庭承担应有的责任和义务	.533	.834	
每个人都应该为其自己发展的好或坏负责任	.484	.837	
每个人都应该为整个人类的发展贡献自己的力量	.582	.827	
每个人都应该认真完成自己所承载的角色期待（指社会或个人对某种角色应表现出的特定行为所抱有的期待）	.483	.837	

标准化 Cronbach α 系数：0.849。

大学生责任意识初测问卷行为倾向性维度的 Cronbach 信度分析

名称	校正项总计相关性（CITC）	项已删除的 α 系数	Cronbach α 系数
我习惯于主动帮助我的家庭分忧解难	.457	.804	0.816
我对自己的未来发展有清晰的规划，并努力实现	.532	.796	
我对自己的大学生活如何度过有合理的安排	.555	.793	
当我所在的组织（如班级、讨论小组）发展或表现不佳时，我会非常着急	.428	.809	
当我的行为有违伦理和道德时，我的内心会非常煎熬	.322	.815	
当个人利益与国家法律发生矛盾时，我倾向于遵守法律	.549	.794	
我痛恨那些会给人类未来发展带来不良影响的行为和事件	.427	.806	
我习惯于密切关注我国的发展和影响	.610	.786	
我经常试图为所属组织的发展做一点事	.554	.795	
我倾向于努力完成所承载的每一个角色任务（比如学生角色、子女角色等）和角色期待	.552	.794	

标准化 Cronbach α 系数：0.817。

附录 7：数字化服务式学习与大学生社会责任意识调查问卷

尊敬的受访者：

您好！

我是上海交通大学教育学院高等教育学专业的研究生，研究方向为“数字化服务式学习与大学生社会责任意识培养”。本问卷旨在了解大学生对社会的一些看法，以及您对参与数字化服务式学习的看法与态度。本问卷实行匿名制，调查结果仅作研究之用，所有数据仅用于统计分析，请您放心填写。答案没有对错之分，请放心认真作答，我们将会对您的回答严格保密。

如果您对这项研究感兴趣，或有任何疑问，请联系研究者 ××××，手机：××××，邮箱：××××。本调查包含两个量表，在作答前请认真阅读量表的作答说明，并认真填写您的基本情况。感谢您的合作与支持！

我已经阅读了知情同意书，并愿意参与研究。

□是　　□否

第一部分

作答说明：请认真阅读下面的每个句子，判断句中的描述符合您的情况的程度。请选择 1–4 来表示您认为的符合程度，并打“√”，数字越大表示越符合。

1= 完全不同意；2= 不同意；3= 同意；4= 完全同意。

题目问题	问题	完全不同意	不同意	同意	完全同意
1. 不管有没有朋友和我一起工作，我都会参加该活动。					
2. 我会根据团队成员的决定来选择志愿工作。					

3. 我开始意识到我能通过志愿工作学到多少东西。

4. 帮慈善机构筹措资金的重要性等同于与慈善组织进行更直接持续的合作。

5. 我对能从自己认为的“弱势群体”那里学到的东西感到惊讶。

6. 我认为我的志愿工作未必对我的职业目标有很大影响。

7. 我参与的志愿工作让我更加意识到生活对于有些人来说是多么不公平。

8. 我参加志愿者活动让我改变了对待他人的方式。

9. 有太多需要援助的地方和事情，这让我有时候困惑于自己究竟应该去哪里帮助别人。

10. 我更喜欢与当地机构合作，这样我的努力就能让我所在社区的人们受益。

11. 我意识到引起大多数社会问题的原因都很复杂。

12. 我相信改善社会问题不仅需要时间、金钱和社区的努力，我们还需要在国家和国际层面为变革奉献自己的力量。

13. 我怀疑如果我的团队并没有将活动当作一个服务项目来进行，我以后将不再参加志愿工作。

14. 即便父母或朋友不支持我参与志愿工作，我仍不会改变自己的心意。

15. 我经常会审视自己参与某些社会问题的动机，确保自己不是出于私欲原因。

16. 我对弱势群体的主要责任是通过定期贡献时间和努力来为他们提供帮助。

17. 我会思考社会正义的问题，以及我能为此做些什么。

18. 我会基于自己能强烈感受到的一个问题来选择参与的志愿工作。

19. 我可以向那些从我的志愿工作中获益的人学习。

20. 尽管我很乐意和其他为同一问题工作的志愿者建立积极的关系，但如果没有人和我一同参与，我仍会独自坚持这个志愿项目。

21. 我有时会因为志愿工作带来的沮丧而感到不知所措。

22. 如果不需要花太多时间，我更有可能会参与到其中。。

23. 我参与服务是因为我明白它对于需要帮助的人来说是多么重要。

24. 我相信我余生都会参与到维护社会公正的活动中。

25. 无家可归、饥寒交迫等复杂的社会问题常常使我不知所措。

26. 我认为我自己对于社会问题比对社会或社区的机构更尽心尽力。

27. 如果我错过了一个活动，我会感到难过，主要是因为我让我的团队失望了。

28. 我尽可能多地做志愿者工作，因为我致力于对抗社会不公正。

29. 我认为像我这样生活中更幸运的人，需要帮助那些不幸的人满足他们的需要，并解决他们的问题。

30. 虽然我的志愿者工作有时会不尽人意，但我很少再被这种沮丧情绪压倒。

第二部分

基本情况

1. 性别:（1）男（2）女

2. 年级:（1）一年级（2）二年级（3）三年级（4）四年级（5）研究生

3. 专业类别:（1）人文社科类（2）理工农医类

4. 家庭所在地:（1）城镇（2）农村

5. 是否独生子女:（1）是（2）否

6. 大学期间担任（过）学生干部:（1）是（2）否

7. 是否党员:（1）是（2）否

是否愿意接受关于活动经历的访谈？□是　□否　您的联系方式：____

您已经完成了问卷，感谢您的真诚与时间。

附录 8：大学生社会责任意识中英文问卷对照

（1）不管有没有朋友和我一起工作，我都会参加该活动。

I will participate in voluntary activities, no matter whether I have friends to work with me.

（2）我会根据团队成员的决定来选择志愿工作。

I will choose voluntary work on the basis of the decisions made by my team members.

（3）我开始意识到我能通过志愿工作学到多少东西。

I begin to realize how much I can learn by doing voluntary work.

（4）帮助慈善机构筹措资金的重要性等同于与慈善组织进行更直接持续的合作。

From my perspective, the importance of helping charities raise funds is equivalent to more direct and long-standing cooperation with them.

（5）我对能从自己认为的“弱势群体”那里学到的东西感到惊讶。

I am amazed at what I can learn from what I considered to be the “underprivileged”.

（6）我认为我的志愿工作未必对我的职业目标有很大影响。

I doubt whether voluntary work will have much impact on my career goals.

（7）我参与的志愿工作让我更加意识到生活对于有些人来说是多么不公平。

The voluntary work I've participated in has made me more aware of how unfair life can be to some people.

（8）参与志愿活动的经历改变了我对待其他人的态度。

The experience of participating in voluntary activities has changed my way of treating others.

（9）有太多需要志愿者援助的地方和事情，这让我有时候困惑于自己究竟应该去哪里帮助别人。

There are so many places and things that need volunteers' assistance，which sometimes makes me confused about where I should go to help others.

（10）我更愿意和当地的机构一同工作，这样一来我所做出的努力会让我所在社区的人们受益。

I prefer to work with local organizations so that my efforts benefit the people in my community.

（11）我意识到引起大多数社会问题的原因都很复杂。

I realize that the causes of most social problems are very complicated.

（12）我相信改善社会问题不仅需要时间、金钱和社区的努力，我们还需要在国家和国际层面为变革奉献自己的力量。

I believe that improving social problems requires not only time，money and community effort，but also our contribution to the reformation at national and international levels.

（13）我怀疑如果我的团队并没有将活动当作一个服务项目来进行，我以后将不再参加志愿工作。

I believe that if my team does not treat volunteering as a service，I will no longer participate in voluntary work in the future.

（14）即便父母或朋友不支持我参与志愿工作，我仍不会改变自己的心意。

Even if my parents or friends don't support me in participating in voluntary work，I still won't change my mind.

（15）我经常会审视自己参与某些社会问题的动机，确保自己不是出于私欲原因。

I often introspect my motivation for participating in some social problems to ensure that I don't do it out of own desire.

（16）我对于弱势群体的主要职责是通过定期贡献自己的时间和付出努力

来为他们提供帮助。

My responsibility for the underprivileged is mainly to help them by contributing my time and efforts regularly.

（17）我会思考社会正义的问题，以及我能为此做些什么。

I think about social justice and what I can do for it.

（18）我会基于自己能强烈感受到的一个问题来选择参与的志愿工作。

I will choose my voluntary work based on a problem I strongly feel.

（19）我可以向那些从我的志愿工作中获益的人学习。

I can learn from those who benefit from my voluntary work.

（20）尽管我很乐意和其他为同一问题工作的志愿者建立积极的关系，但如果没有人和我一同参与，我仍会独自坚持这个志愿项目。

Although I'm willing to establish a positive relationship with other volunteers working on the same issue，I will stick to it on my own if no one else accompanies me.

（21）我有时会因为志愿工作带来的沮丧而感到不知所措。

Sometimes，I feel overwhelmed by the frustration caused by voluntary work.

（22）如果一项志愿工作花费我不超过几个小时的时间，我更有可能会参与到其中。

If it takes me no more than a few hours to do voluntary work，I'm more likely to participate in it.

（23）我参与志愿服务是因为我明白它对于需要帮助的人来说是多么重要。

The reason why I participate in voluntary service is that I understand how important it is for people who really need help.

（24）我相信我余生都会参与到维护社会公正的活动中。

I believe that I will participate in activities to maintain social justice for the rest of my life.

（25）人们无家可归、饥寒交迫等复杂的社会问题常常使我不知所措。

Complicated social issues such as homelessness, hunger and coldness, etc. often make me at a loss.

（26）我认为我自己对于社会问题比对社会或社区的机构更尽心尽力。

I think I am more dedicated to social problems than to social or community organizations.

（27）如果我错过了一个志愿者活动，我会感到难过，主要是因为我让我的志愿团队失望了。

If I miss a voluntary activity, I will feel sad mainly because I let my volunteer team down.

（28）我尽可能多地做志愿者工作，因为我致力于对抗社会不公正。

I will do voluntary work as much as possible, because I am committed to fighting social injustice.

（29）我认为像我这样生活中更幸运的人，需要帮助不幸的人满足他们的需要，并解决他们的问题。

I think that those lucky people like me in life need to help those unfortunate people meet their needs and solve their problems.

（30）虽然我的志愿者工作有时会不尽人意，但我很少再被这种沮丧的情绪压倒了。

Although my voluntary work is sometimes unsatisfactory, I'm seldom overwhelmed by this frustration.

附录 9：对参与数字化服务式学习的学生访谈邀请信

尊敬的老师 / 同学：

您好！

我是上海交通大学教育学院的硕士研究生 ××××，正以“数字化服务式学习与大学生社会责任意识培养”为题开展毕业论文的研究。在此，我诚挚地邀请您参与本研究的访谈。

一、研究背景

近年来，随着我国经济社会结构和人民生活方式发生巨大转变，高校中有一部分学生出现责任意识缺失的情况，以自我为中心，不愿承担责任和义务等。这些情况不仅不利于个人身心健康，也使得大学生无法承担起国家建设的重任。社会责任意识的培养是思想政治工作的一部分，而在加强和改进高校思想政治工作的过程中，服务式学习在其中发挥重要作用，数字化服务式学习也成为其中要义。

二、简要介绍

本研究采用半结构式访谈，将占用您半小时至一小时的宝贵时间。

主要内容包括：①了解您对数字化服务式学习的认识和理解；②了解 S 校数字化服务式学习项目的开展状况；③高校服务式学习项目开展的相关建议。访谈将于近期进行，时间可根据您的时间灵活调整，您可以根据意愿决定是否同意录音。为了弥补您的宝贵时间，访谈后我们将有精品礼品相送，以表感谢。

三、访谈形式

您可以选择线上访谈（通过腾讯会议或 Zoom 会议室）或线下访谈（上

海交通大学闵行校区陈瑞球楼）。我们向您保证，访谈的内容仅供本研究使用，我们将严格保密您的个人信息，分析过程将采用匿名的方式。同时，本研究仅作教育与研究用途。

如果您愿意接受我们的访谈，请回复消息，我会进一步与您联系。

您的参与对本研究具有非常重要的意义，非常期待您的回复和参与！如果您对本研究感兴趣或有任何问题，欢迎随时与我联系，联系方式如下：

邮箱：××××　　手机 / 微信：××××

附录 10：访谈知情同意书

在访谈之前，请您阅读这份《知情同意书》，其中阐述了本项研究的目的、研究过程及相关利益关系。

一、研究目的

第一，探究 S 校数字化服务式学习项目的实施现状；第二，探究参与数字化服务式学习与高校学生社会责任意识之间的关系；第三，提出开展数字化服务式学习的意见和建议，进而基于项目设计，为大学生社会责任意识培养提供参考策略。

二、研究过程

如果您同意参与本项研究，您将被邀请回答研究者的问题，并可自由发表您的相关看法，访谈将历时 30 ~ 60 分钟。

三、信息保密

如果您决定参加本项研究，您参加本项研究的个人资料会被保密。本研究将对访谈进行录音并做访谈笔记，但访谈中的一切信息都将被严格保密并妥善保管。您的原始资料仅在必要时供导师和论文答辩委员会审核，并将在研究结束后予以销毁。任何有关本项研究结果的公开报告都不会披露您的个人身份。

四、自愿参与

您是否参与研究完全基于自愿，在访谈中随时可以中断，同时有权拒绝回答访谈员的问题。研究期间，您可随时了解有关的信息资料，如在研究中发生问题或需要咨询相关问题时，可与研究者本人（姓名：××××，邮箱：

××××）或其导师（姓名：××××，邮箱：××××）联系。

五、风险补偿

本项研究不会对您的身体、心理及社会关系等造成伤害，一切与您相关的内容和活动都以您个人意愿作为前提条件，充分尊重您在该研究中的意见。此外，在访谈结束之后，我们将有精品礼品相送，以感谢您的积极参与和配合。

联系信息

研究者：××××	导师：××××
上海交通大学教育学院　硕士生	上海交通大学教学发展中心　副研究员
邮箱：××××	邮箱：××××
手机：××××	手机：××××

作为本研究的参与者，在了解本研究的目的、方法、可能获得的收益与风险之后，愿意参加此项研究，并与研究者充分合作。签名代表您同意参加这次研究。

研究者签名：____________　　日期：____年____月____日

参与者签名：____________　　日期：____年____月____日

您是否同意接受访谈？是○否○

您是否同意录音？是○否○

您是否愿意收到访谈文本，并进行确认？是○否○

附录 11：线上支教项目学生访谈提纲

访谈目的	具体问题
选择服务式学习项目的动机	你当时为什么要选择这一线上服务式学习支教项目？ 你平时对志愿服务和社会实践的态度和积极性如何？ 请评价一下自己的社会责任意识水平。
对服务式学习项目的认知	你之前有没有听说过服务式学习？ 你认为这个支教活动和其他活动有什么异同？ 你认为服务式学习和志愿服务、社会实践有什么区别和特点？ 给你留下深刻印象的项目经历有哪些？ 你认为这个支教活动的优缺点主要有哪些？ 你之后还会参与其他服务式学习项目吗？
服务式学习的运行机制	你在服务式学习规划阶段的参与方式是怎样的？ 你在服务式学习培训阶段的参与方式是怎样的？ 你在服务式学习服务阶段的参与方式是怎样的？ 你在服务式学习反思阶段的参与方式是怎样的？ 你在服务式学习表彰阶段的参与方式是怎样的？
服务式学习的社会责任意识培养效果	服务式学习中，哪些环节对增强你的社会责任意识起一定作用？ 服务式学习对你社会责任认知的影响如何？请举例。 服务式学习对你社会责任情感的影响如何？请举例。 服务式学习对你社会责任行为的影响如何？请举例。
服务式学习开展建议	你认为高校是否需要大力开展此类项目？理由是什么？ 你对于学校开展服务式学习的了解程度如何？ 你认为服务式学习项目应该怎样推广？ 你认为这一线上支教项目还应当作何改善？

附录 12：不同个人背景变量学生的社会责任意识差异

参与数字化服务式学习项目中，不同性别、不同专业类别、不同年级和不同家庭所在地（城乡）的学生社会责任意识的差异均不具有统计学意义。

一、不同性别学生的社会责任意识

不同性别学生的社会责任意识不存在显著差异，如表 1 所示。

表 1　不同性别学生社会责任意识比较

维度	性别	样本量	平均值	标准差	F	p
社会责任认知	女	37	31.11	2.35	0.443	0.509
	男	21	30.67	2.56		
	总计	58	30.95	2.42		
社会责任情感	女	37	29.81	2.39	0.017	0.896
	男	21	29.71	3.15		
	总计	58	29.78	2.66		
社会责任行为	女	37	29.62	3.01	0.126	0.724
	男	21	29.95	4.02		
	总计	58	29.74	3.38		

* p<0.05，** p<0.01。

二、不同专业学生的社会责任意识

不同专业类别：人文社科类和理工农医类学生社会责任意识各维度间并不存在显著差异，如表 2 所示。

表 2　不同专业类别学生社会责任意识比较

维度	专业类别	样本量	平均值	标准差	F	p
社会责任认知	人文社科类	28	31.32	2.52	1.298	0.260
	理工农医类	30	30.60	2.30		
	总计	58	30.95	2.42		
社会责任情感	人文社科类	28	29.68	2.83	0.071	0.791
	理工农医类	30	29.87	2.54		
	总计	58	29.78	2.66		
社会责任行为	人文社科类	28	29.68	3.20	0.018	0.893
	理工农医类	30	29.80	3.60		
	总计	58	29.74	3.38		

* p<0.05，** p<0.01。

三、城乡学生的社会责任意识

S 校参与数字化服务式学习项目的城乡学生之间的社会责任意识并不存在显著差异。学生们在见识多样化的中国社会后，能以平等的视角去看待社会现象，设身处地思考城乡差距。学生能够从现在农村发展存在的问题中看见机遇，正确认识农村与城市之间的关系，这也是城乡学生之间的社会责任意识并不存在显著差异的重要原因。

表 3　不同家庭所在地社会责任意识比较

维度	家庭所在地	样本量	平均值	标准差	F	p
社会责任认知	农村	16	30.56	1.55	0.559	0.458
	城镇	42	31.10	2.68		
	总计	58	30.95	2.42		
社会责任情感	农村	16	30.19	2.48	0.524	0.472
	城镇	42	29.62	2.74		
	总计	58	29.78	2.66		

续表

维度	家庭所在地	样本量	平均值	标准差	F	p
社会责任行为	农村	16	29.38	2.78	0.256	0.615
	城镇	42	29.88	3.60		
	总计	58	29.74	3.38		

* p<0.05，** p<0.01。

四、不同年级学生的社会责任意识

对不同年级的大学生采取有针对性的社会责任意识教育是当前高校德育发展的应有之义。从表 4 可知，参与数字化服务式学习项目的不同年级学生的社会责任意识的社会责任认知和社会责任情感，这两个维度之间的差异不显著，对于社会责任行为，呈现出 0.05 水平的显著性（F=3.621，p=0.011）；从具体对比差异可知，有着较为明显差异的组别平均值得分对比结果为“大一 > 大二；大一 > 硕士”。由于大三和博士学生的样本量过小，不纳入对比范畴。

Origin 软件作图结果如图 1 所示，大一学生的社会责任行为比大二与硕士阶段的社会责任行为高。随着年龄增长，学生们越来越关注自身发展，高年级大学生往往需要投身就业与科研，通常人们对其责任意识行为的要求也随之降低。而刚进入大学的大一学生，怀揣对大学生活的向往和对生活的希望，所面临的就业压力和科研压力相对较小，有较多空闲时间。然而，在低年级大学生社会责任行为高于高年级学生的状况下，也存在“知行倒挂”的风险，即在不了解大学生的日常生活和应承担的社会责任情况下就去担当社会责任。我们也应当警惕与避免此类状况出现，引导学生在社会责任意识方面“知行合一”。

表 4　不同年级学生社会责任意识比较

维度	年级	样本量	平均值	标准差	F	p
社会责任认知	博士	1	30.00	null	2.362	0.065
	大一	20	31.95	2.68		
	大三	4	32.50	3.87		
	大二	15	30.07	1.62		
	硕士	18	30.28	1.93		
	总计	58	30.95	2.42		
社会责任情感	博士	1	29.00	null	1.333	0.270
	大一	20	30.40	2.74		
	大三	4	31.75	2.50		
	大二	15	29.40	1.64		
	硕士	18	29.00	3.14		
	总计	58	29.78	2.66		
社会责任行为	博士	1	27.00	null	3.621	0.011*
	大一	20	31.55	3.66		
	大三	4	31.50	4.36		
	大二	15	28.93	2.87		
	硕士	18	28.17	2.23		
	总计	58	29.74	3.38		

* p<0.05，** p<0.01。

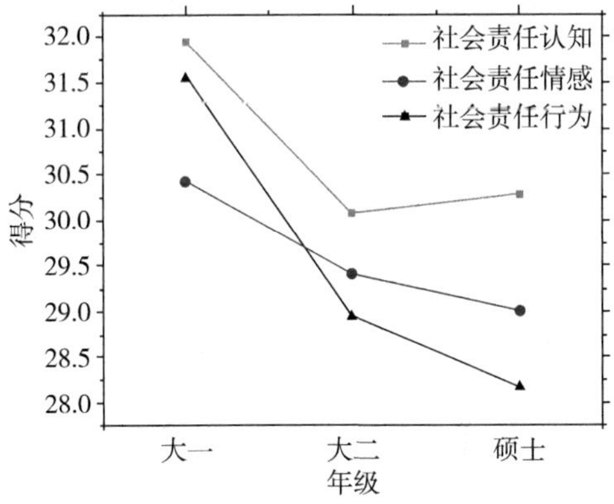

图 1　不同年级学生社会责任意识得分

参考文献

艾楚君，等，2017．大学生社会责任感生成机理及培育路径研究［J］．湖南科技大学学报社会科学版（201）：179-184.
爱弥儿，等，2006．道德教育［M］．上海：上海人民出版社：49.
柏拉图，1986．理想国［M］．北京：商务印刷馆．
曹文军，2017．大学生工程伦理教育的社会责任提升功能探析［J］．黑龙江高教研究（11）：148-150.
曾旭日，2002．论大学生社会责任感的培养［J］．湖南工业职业技术学院学报（24）：51-54.
车文博，1998．西方心理学史［M］．杭州：浙江教育出版社：434
陈碧云，等，2008．责任观的中西文化比较研究［J］．心理学探新（281）：12-15.
陈会昌，1985．7-16 岁儿童责任观念的发展［J］．发展心理教育心理论文选：255-273.
陈会昌，2004．道德发展心理学［M］．合肥：安徽教育出版社：37-39
陈伙平，2005．教育科学研究方法与原理［M］．福州：福建科学技术出版社：78.
陈立钢，2012．课程导向的数字化服务学习设计研究［D］．徐州：江苏师范大学：29.
陈向明，2000．质的研究方法与社会科学研究［M］．北京：教育科学出版社：388-407.
陈志霞，等，2004．大学生的自杀意念与自杀态度的相关研究［C］．高校心理健康教育专业化研究——第八届全国高校心理健康教育与心理咨询学术交流会．
谌旻明，2012．责任感的研究综述［J］．赤峰学院学报自然科学版（8）：165-166.
程东峰，1994．责任论［M］．北京：中国林业出版社：15.
程东峰，2006．责任教育：大学生思想政治教育的重要途径［J］．思想政治教育研究（2）：12-14，19.
程肇基，2011．积极体验是大学生新的道德学习方式［J］．江苏高教，4：119-121.
崔乃鑫，2010．大学生社会责任感缺失的原因和教育对策［J］．现代教育管理（5）：

111-113.
戴海琦，等. 1999. 心理与教育测量［M］. 东莞：暨南大学出版社：79.
党登峰，等，2002. 浅析教育研究中的访谈法［J］. 教育评论（2）：31-33.
丁玉泉，2008. 对当代大学生责任感缺失现象的反思［J］. 中国高教研究（04）：83-85.
杜威，1990. 民主主义与教育［M］. 王承绪，译. 北京：人民教育出版社：389.
范方，等，2005. 亲子教育缺失与“留守儿童”人格、学绩及行为问题［J］. 心理科学（2804）：855-858.
费斯汀格・利昂，1957. 认知失调理论［M］. 郑全全，译. 杭州：浙江教育出版社：3.
冯浩菲，2005. 孔子的责任感与责任论及其当代意义［J］. 天津社会科学（06）：27-31.
风笑天，1989. 论问卷调查的特点和适用范围［J］. 华中师范大学学报：人文社会科学版（6）：24-28.
冯友兰，2007. 中国哲学史新编［M］. 北京：人民文学出版社：29.
甘绍平，2002. 应用伦理学前沿问题研究［M］. 南昌：江西人民出版社：153.
管弦，2017. 香港地区公立大学“服务学习”的经验及反思［J］. 高教探索（4）：65-69.
郭金鸿，2008. 道德责任论［M］. 北京：人民出版社：25.
黑格尔，1961. 法哲学原理［M］. 北京：商务印刷馆：75.
侯士兵，等，2016. 以职业生涯规划教育为切入点的大学生社会责任感培养研究［J］. 学校党建与思想教育（21）：75-77.
侯忠海，等，2007. 中西道德责任观比较研究［J］. 江汉论坛（9）：56-59.
胡继冬，等，2011. 服务式学习——高校学生社团创新发展的有效途径［J］. 煤炭高等教育（2906）：70-73.
胡卫，1994. 学会负责——为 21 世纪中国基础教育中的人道，伦理 / 道德，文化价值教育选择目标［J］. 教育研究（20）：44-50.
黄时华，2009.“服务学习”在应用心理学专业课程教学中的应用［J］. 中医药管理杂志（1705）：421-423.
黄希庭，1984. 大学生班集体人际关系的心理学研究［J］. 心理学报，4：455-465.
黄希庭，等，2008. 中学生责任心的理论构建研究［J］. 心理科学（311）：11-15.
黄滢，2016. 大学生社会责任感培养——基于思想政治理论课中法治教育的视角［J］. 学术论坛（382）：169-172.

季羡林，2020．心安即是归处．北京：中国水利水电出版社：1.
迈克尔·S. 加扎尼加，等，2020．认知神经科学—关于心智的生物学［M］．周晓林，等，译．北京：中国轻工业出版社：96.
贾英健，2006．认同的哲学意蕴与价值认同的本质［J］．山东师范大学学报人文社会科学版（511）：10-16.
姜勇，等，2000．幼儿责任心维度构成的探索性与验证性因子分析［J］．心理科学（441）：7.
晋婷婷，2019．社会主义核心价值观引领下的大学生社会责任感培育研究［J］．科教文汇中旬刊（8）：41-42.
康德，2012．道德形而上学原理［M］．苗力田，译．上海：上海人民出版社：6.
况志华，2012．基于日常经验取向的责任心理结构研究［J］．心理科学（352）：430-435.
况志华，等，2008．责任心理学［M］．上海：上海教育出版社：114.
李伯黍，等，1998．试论现代社会学习理论体系中的德育模式［J］．华东师范大学学报：教育科学版（01）：71-75+82.
李明，等，2009．责任心的多元内涵与结构及其理论整合［J］．心理发展与教育（253）：123-128.
李文君，2012．体验式学习理论研究综述［J］．教育观察，104：83-89.
李苑静，2017．“90后”大学生社会责任意识及其培育研究［D］．重庆：西南交通大学：46.
李苑静，等，2016．习近平关于大学生社会责任意识培育思想探析［J］．思想政治教育研究（05）：79-83.
廖阔，2013．高校大学生社会实践创新机制探析——基于服务式学习的视角［J］．新疆社科论坛（2）：89-91.
林崇德，等，2003．心理学大辞典［M］．上海：上海教育出版社，1652.
林钟敏，2001．大学生对学习行为的责任归因［J］．心理学报（331）：37-42.
凌新华，2006．从社会化角度看当代大学生社会责任意识［J］．湖北社会科学（5）：169-171.
刘宝存，等，2005．美国高等学校的服务式学习［J］．比较教育研究（11）：45-49.
刘国华，等，1997．论责任心及其培养［J］．鲁东大学学报：哲学社会科学版（3）：67-72.
刘海燕，等，2003．认知动机理论的新近展—自我决定论［J］．心理科学（266）：1115-1116.

刘家丰，2002．现代汉语辞海［M］．北京：光明日报出版社：765.
刘琪琪，等，2020．认知失调理论及其在信息系统研究中的应用与展望［J］．现代情报（406）：154–162.
柳楠，2019．认知失调理论对高校思想政治理论课的启示［J］．湖北函授大学学报（14）：104–105.
鲁洁，2005．边缘化 外在化 知识化——道德教育的现代综合症［J］．教育研究（2612）：11–14.
鲁洁，等，2000．德育新论［M］．南京：江苏教育出版社．
陆根书，等，2019．服务学习与学生发展［J］．中国高教研究（03）：22–29.
罗香群，2007．大学生责任心问卷的编制与应用研究［D］．福州：福建师范大学：16.
罗毅，2011．基于“服务式学习”的英语师范生实践教学研究［J］．英语教师（11）：35–38+45.
罗竹风，1992．汉语大词典［M］．上海：汉语大词典出版社．91.
吕耀怀，2008．道德榜样三要素及其局限［J］．道德与文明 2：26–28.
马克思，等，1979．马恩全集（第 46 卷上）［M］．北京：人民出版社：47–50.
马克思，等，2012．马克思恩格斯选集（第 3 卷）［M］．北京：人民出版社．
南钢，2016．教学研究的学术转向与未来图景［C］．2016 年上海交通大学教学学术年会会议上的发言．
潘利若，等，2011．美国服务式学习对我国中小学综合实践活动课常态化实施的启示［J］．教育科学（2702）：85–89.
庞维国，2001．论学生的自主学习［J］．华东师范大学学报：教育科学版（2）：78–83.
彭华民，等，2009．服务学习：青年志愿服务与大学教育整合模式研究［J］．中国青年研究（4）：87–91.
皮亚杰，1992．儿童的道德判断［M］．济南：山东教育出版社．
齐格蒙，等，2002．生活在碎片之中——论后现代德育（序）［M］．上海：学林出版社．
邵忍丽，等，2013．论大学生社会责任感的养成［J］．教育探索（09）：131–132.
沈国桢，2001．责任是社会意识形式的重要范畴［J］．社会科学家（162）：31–33.
石瑞宝，2015．责任意识教育高校学生管理需强化的教育内容［J］．当代教育科学（11）：56–58.
孙保营，2013．郑州地区“90 后”大学生责任意识调查研究［J］．教育与职业（6）：

71–73.
孙海波，等，2010. 学生在项目化学习过程中存在的问题及对策［J］. 考试周刊（56）：221.
孙晓娥，2012. 深度访谈研究方法的实证论析［J］. 西安交通大学学报社会科学版（3）：101–106.
谭小宏，等，2005. 责任心的心理学研究与展望［J］. 心理科学（4）：224–227.
陶金花，等，2020. 大学生责任心问卷编制和信效度研究［J］. 中国临床心理学杂志（2803）：496–498，641.
田芳华，1999. 里程碑事件与时间——受访者答题正确性之研究［J］. 调查研究，7：33–60.
田华，2012. 服务学习的概念、特点及启示探析［J］. 天津市教科院学报（161）：44–45+51.
田秀云，2008. 当代社会责任伦理［M］. 北京：人民出版社.
万洁，2018. 如何将中国梦融入大学生社会责任感教育［J］. 人民论坛（7）：118–119.
王吉康，2017. 试析体验学习双循环圈理论［J］. 比较教育研究（3）：77–83.
王健敏，2002. 道德学习论［M］. 杭州：浙江教育出版社.
王洁，2017. 服务学习在大学生社会责任感培育中的应用研究［D］. 上海：华东师范大学.
王磊，等，2013. 90 后大学生的责任意识及培育对策［J］. 中国成人教育（05）：75–77.
王力娟. 2012. 中小学教师状态焦虑研究［M］. 重庆：重庆大学出版社：42.
王琴，2011. 作品分析法对提升小学生英语写作能力的准实验研究［J］. 中国校外教育基教版（10）：75–77.
王炜，2006. 服务式学习——一种新的教学方法［J］. 当代教育论坛（2203）：53–54.
王孝玲，1999. 教育评价的理论与技术［M］. 上海：上海教育出版社：26.
王玉衡，2006. 美国大学教学学术运动［J］. 清华大学教育研究（02）：84–90.
王云海，等，2006. 影响大学生学习积极性的因素研究与对策分析［J］. 河南大学学报社会科学版（465）：163–168.
王兆林，等，2004. 学校责任教育初探［J］. 青海师范大学学报：哲学社会科学版（1）：113.
魏进平，等，2016. 90 后大学生社会责任感现状调查与分析——基于全国 54 所高校

5237名大学生样本［J］. 武汉理工大学学报社会科学版（02）：299–303.
文军庆，2018. 项目学习：一种学科实践活动的有效载体［J］. 中国教师（9）：65.
吴剀，1992. 观察法在教育研究中的运用［J］. 教育科学研究（6）：28–31.
西塞罗，1998. 论老年论友谊论责任［M］. 北京：商务印书馆.
夏春雨，2006. 试论大学生责任教育的手段选择［J］. 中国高教研究（1）：67–68.
肖川，2002. 教育的理想与信念［M］. 长沙：岳麓书社.78.
肖云忠，2015. 大学生责任感结构及强度的实证研究［J］. 成都理工大学学报：社会科学版（236）：67–72.
谢一欣，2015. 当代大学生功利性学习问题探析［J］. 中外企业家（8）：216.
谢志远，等，2006. 加强责任教育 注重方法创新［J］. 高等工程教育研究（2）：87–89.
徐复观，2005. 中国知识分子精神［M］. 上海：华东师范大学出版社：1–3.
让·保罗·萨特，2012. 存在主义是一种人道主义［M］. 上海：上海译文出版社：183.
徐玉玲，2008. 初中生集体责任心研究［D］. 南京：南京师范大学.
许慎，2012. 说文解字［M］. 上海：中华书局.
亚里士多德，2003. 尼各马可伦理学（第一版）［M］. 北京：商务印书馆.
阎光才，2019. 大学本科的教与学：理论与经验、理念与证据. 华东师范大学学报：教育科学版（376）：1–15.
燕国材，1997. 论责任心及其培养［J］. 中学教育（10）：3–73.
杨东平，2000. 对我国教育公平问题的认识和思考［J］. 教育发展研究（9）：14–17.
杨芳，等，2014. 我国高校学生退学现象探析［J］. 中国电力教育（6）：175–176，184.
杨继平，等，2015. 道德推脱对大学生网络偏差行为的影响：道德认同的调节作用［J］. 心理发展与教育（03）：57–64.
杨婕，2016. 加拿大主动公民培养模式及其启示［J］. 教育科学，155：43.
杨茹，等，2012. 大学生社会责任感的内涵、理论基础及现实意义探析［J］. 思想理论教育导刊（11）：108–111.
杨韶刚，2007. 西方道德心理学的新发展［M］. 上海：上海教育出版社.
杨文军，等，2006. 浅谈当代大学生的道德责任意识［J］. 教育与职业（11）：49–50.
杨燕群，2016. 创业教育视角下大学生社会责任感培养路径探索［J］. 学校党建与思想教育，11：57–59.

姚恩菊，2018．心理学视域的社会责任感教育［J］．中学政治教学参考（8）：2.
叶宝娟，等，2009．责任心的结构维度及量表编制［J］．第十二届全国心理学学术大会论文摘要集．
叶浩生，等，2008．责任的二重性及责任意识的培养——基于心理学的视野［J］．心理学探新（283）：9-13.
叶澜，2001．试析中国当代道德教育内容的基础性构成［J］．教育研究（9）：5.
叶力汉，等，2005．信息技术与课程整合实践中的问题及对策［J］．中国电化教育（11）：14.
殷尧，2006．高职院校大学生责任意识淡化的原因与对策［J］．教育与职业（29）：81-83.
尤晓磊，2012．公民教育视域下的美国学校服务式学习研究［D］．北京：首都师范大学．
苑璞，等，2018．日本高校服务式学习初探．世界教育信息（3110）：53-57.
岳昌君，2003．经济发展水平的地区差异对教育资源配置的影响［J］．教育与经济，1：35-41.
张爱卿，等，2003．行为责任归因与批评程度的关系［J］．心理发展与教育（3）：1-5.
张爱卿，等，2003．责任归因与报复行为的结构方程模型研究［J］．中国临床心理学杂志（3）：221-222.
张爱卿，等，2004．责任归因、幸灾乐祸与帮助意愿的关系［J］．心理科学（01）：221-223.
张积家，1998．试论责任心的心理结构［J］．教育研究与实验（4）：43-47.
张厚粲，等，2009．现代心理与教育统计学第3版［M］．北京：北京师范大学出版社．
张良才，等，2006．山东省高中生责任心现状的调查研究［J］．教育学报（4）：82-90.
张晴华，2015．关于大学英语阅读辅助式过程写作法的实证研究［J］．新课程研究中旬（4）：129-130.
张文彤，等，2002．世界优秀统计工具SPSS11.0统计分析教程高级篇［M］．北京：北京希望电子出版社：111，214，271.
张相乐，2009．论体验学习的实质［J］．长江大学学报社会科学版（3201）：87-90.
张晓星，等，2016．“中国梦”视域下大学生社会责任感培养与提升［J］．教育与职业（2）：47-49.

张雪，2011. 当代中国大学生责任感问题研究［D］. 重庆：西南政法大学 .
张一宁，2015. 从建构主义的角度分析英语过程写作［J］. 教育与职业（36）：164-165.
张元，2009. 中西责任观研究初探［J］. 文学教育（12）：134-135.
张悦群，2000. 发挥学生主体作用 加大作文教改力度［J］. 教育学报（01）：21-24.
章海山，1984. 西方伦理思想史［M］. 沈阳：辽宁人民出版社：124.
赵兴奎，等，2007. 责任和责任心的涵义与结构［J］. 山西财经大学学报高等教育版，101：22-25.
郑晶晶，2014. 问卷调查法研究综述［J］. 理论观察（10）：102-103.
郑菊萍，2009. 服务式学习简论［J］. 中国校外教育（1008）：226.
钟启泉，2002. 综合实践活动：涵义，价值及其误区［J］. 教育研究（236）：42-48.
周冰，2016. 美国高校体验式创业教育的经验与借鉴研究［D］. 长春：东北师范大学 .
周辅成，1987. 西方伦理学名著选辑（上卷）［M］. 北京：商务印书馆 .
周奇，2002. 情境创设与意义建构［J］. 江西教育科研（3）：12-14.
朱磊，2016. 当代大学生社会责任状况调查研究与思考［J］. 湖北社会科学（6）：172-178.
朱炎军，2014. 大学教学学术研究：缘起、进展及趋势［J］. 开放教育研究（02）：64-71.
朱智贤，1989. 心理学大辞典［M］. 北京：北京师范大学出版社：10.
庄嘉元，等，2016. 服务式学习在社区护理学实践教学中的应用［J］. 中华护理教育（1304）：287-290.
邹燕矫，等，2016. 大学生社会责任感养成的网络“正能量”［J］. 学校党建与思想教育（11）：51-53.
AN K，HUI M K，LEUNG K，2001. Who should be responsible? Effects of voice and compensation on responsibility attribution，perceived justice，and post-complaint behaviors across cultures［J］. International Journal of Conflict Management（124）：350-364.
AQUINO K，REED A，2002. The self-importance of moral identity［J］. Journal of Personality and Social Psychology（836）：1423-1440
AQUINO K，FREEMAN D，REED A，et al，2009. Testing a social-cognitive model of moral behavior：the interactive influence of situations and moral identity centrality［J］.

Journal of Personality & Social Psychology97 (1): 123.

AQUINO K, MCFERRAN B, LAVEN M, 2011. Moral identity and the experience of moral elevation in response to acts of uncommon goodness [J]. Journal of personality and social psychology (1004): 703.

ARONSON E, 1968. Dissonance theory: Progress and problems [J]. Theories of Cognitive Consistency A Sourcebook: 5–27.

ASTIN A W, SAX L J, 1998. How Undergraduates Are Affected by Service Participation[J]. Journal of College Student Development: 393.

AUHAGEN A E, BIERHOFF H W, 2001. Responsibility at the beginning of the third millennium [J]. Responsibility: The many faces of a social phenomenon (3): 179.

AUHAGEN A E, 2002. Responsibility in everyday life [J]. In Responsibility, London: Routledge: 75–92.

BAILIS L N, 2001. The National Society for Experiential Education in Service Learning[J]. New Directions for Higher Education (114): 61–65.

BALTES A M, 2010. Germany Service Learning in its Infancy.[J]. Phi Delta Kappan (5): 37–39.

BEM D J, 1972. Self–perception theory. Advances in Experimental Social Psychology: 6, 1–62.

BENNETT G, GREEN F P, 2001. Promoting service learning via online instruction [J]. Project innovation, 35: 4.

BERGSTEINER H, AVERY G, 2014. The twin–cycle experiential learning model: reconceptualising Kolb's theory [J]. Studies in Continuing Education (363): 257–274.

BERKOWITZ L, LUTTERMAN K G, 1968. The traditional socially responsible personality [J]. Public Opinion Quarterly (322): 169–185.

BIELBY D, 1992. Commitment to work and family[J]. Annual Review of Sociology(181): 281–302.

BIRNBACBER D, 2002. Philosophical foundations of responsibility. London: Routledge: 23–36.

BOYER E L, 1990. Scholarship reconsidered: Priorities of the professoriate [J]. Academe(01): 42.

BRINGLE G, CLAYTON H, 2012. Civic Education through Service Learning: What, How, and Why [J]. New York: Palgrave Macmillan US: 101–124.

BRISLIN R W, 1976. Comparative research methodology: cross-cultural studies [J]. IntJ Psychol, 311: 215-229.

BURNS D J, 2011. Motivations to volunteer and benefits from service learning: An exploration of marketing students. Journal for Advancement of Marketing Education, 18: 10-23.

CHUNG R H, KIM B S, ABREU J M, 2004. Asian American multidimensional acculturation scale: development, factor analysis, reliability, and validity. [J]. Cultur Divers Ethnic Minor Psychol, 101: 66-80.

COOPER J, FAZIO R H, 1984. A new look at dissonance theory. Advances in Experimental Social Psychology, 17: 229-266.

COSTA P T, MCCRAE R R, 1992. Normal personality assessment in clinical practice: the neo personality inventory. Psychological Assessment (41): 5-13.

CRESWELL, JOHN W, 2008. Educational Research: Planning, Conducting, and Evaluating Quantitative and Qualitative Research [M]. Merrill.

DAILEY-HEBERT A, DONNELLI E, 2010. Service-e Learning: educating today's learners for an unscripted future [J]. International Journal of Organizational Analysis (182): 216-227.

HARRIS D B, CLARK K E, ROSE A M, VALASEK F, 1954. The measurement of responsibility in children. Child Dev (251): 21-28.

DAN CONRAD, DIANE, 1981. National Assessment of Experiential Education: Summary and Implications [J]. Journal of Experiential Education.

DAPHNA OYSERMAN, 2009. Identity-based motivation: implications for action-readiness, procedural-readiness, and consumer behavior [J]. Journal of Consumer Psychology.

DECI E L, RYAN R M, 2004. Self-determination and intrinsic motivation in human behavior [J]. Encyclopedia of Applied Psychology (2): 3.

DELVE C I, MINTZ S D, STEWART G M, 2010. Promoting values development through community service: A design [J]. New Directions for Student Services (50): 7-29.

DEWEY J, 1938. Experience and education [M]. New York: Collier Books: 3544.

DIXSON M, 2011. Creating a sense of presence in online teaching: How to "be there" for distance learners [J]. Journal of Scholarship of Teaching & Learning (114): 36.

DOUGLAS W, 1970. English and the 70's: part ii: writing: some general articles, writing: the classroom experience. appendix to final report.

DRAEGER J, 2013. Why bother with the scholarship of teaching and learning? [J]. Insight A Journal of Scholarly Teaching: 8.

ELUFIEDE O, 2017. A Comparison of Learning Outcomes for Adult Students in On-Site and Online Service-Learning. [J]. Online Journal of Distance Learning Administration: 20.

FUENTE J, 2002. Academic freedom and social responsibility [J]. Higher Education Policy (154): 337-339.

GAYTAN J, MCEWEN B C, 2007. Effective Online Instructional and Assessment Strategies [J]. American Journal of Distance Education (213): 117-132.

GILES D, EYLER J, 1994. The Theoretical Roots of Service-Learning in John Dewey: Toward a Theory of Self-Learning [J]. Michigan Journal of Community Service Learning, 1 (1): 7.

GILLIGAN C, ROGERS A G, TOLMAN D L, 1991. Women, girls & psychotherapy: reframing resistance [J]. Communityalternatives Org.

GILPIN L S, 2011. Scholarship of Teaching and Learning Trades [J]. International Journal for the Scholarship of Teaching and Learning (52): 1-8.

GOLDSMITH M, FOUNDATION S P, 1975. Science and Social Responsibility [M]. London: Macmillan.

GOVEKAR M A, RISHI M, 2007. Service Learning: Bringing Real-World Education Into the B-School Classroom [J]. Journal of Education for Business (831): 3-10.

GREENWALD A G, 2007. Method for Measuring Strength of Associations of Multidimensional Traits [J] .

HARRIS D B, CLARK K E, VALASEK R F, 1954. The measurement of responsibility in children [J]. Child Dev25 (1): 21-33

HARRIS, 2017. Virtual Partnerships: Engaging Students in E-service Learning Using Computer-mediated Communication [J]. Media Education (27): 103-117.

HAYES J R, FLOWER L S, 1980. R and Identifying The Organization Of Writing Processes. Cognitive processes in writing.

HILL J R, SONG L, WEST R E, 2009. Social Learning Theory and Web-Based Learning Environments: A Review of Research and Discussion of Implications [J]. American Journal of Distance Education, 232: 88-103.

HINOJOSA A S, GARDNER W L, WALKER H J, COGLISER C, GULLIFOR D, 2017. A review of cognitive dissonance theory in management research: Opportunities for further development. Journal of Management（431）：170–199.

HOWARD J F，1998. Academic Service Learning：A Counter normative Pedagogy [J]. New Directions in Teaching and Learning（73）：21–29.

SCHWARTZ S H，HOWARD J A，1980. Explanations of the moderating effect of responsibility denial on the personal norm–behavior relationship [J]. Social Psychology Quarterly（434）：441–446.

HUTCHINGS P，SHULMAN L S，1999. The Scholarship of Teaching：New Elaborations，New Developments [J]. Change（31）5：10–15.

IRWIN D E，VARNI J W，YEATTS K，et al.，2009. Cognitive interviewing methodology in the development of a pediatric item bank：a patient reported outcomes measurement information system PROMIS study [J]. Health and Quality of Life Outcomes（71）：3.

JACOBY B，1996. Service–Learning in Higher Education：Concepts and Practices. The Jossey–Bass Higher and Adult Education Series [M]. Jossey–Bass Publishers，350 Sansome St.，San Francisco，CA 94104.

JOHN O P，DONAHUE E M，KENTLE R L，1991. The Big Five Inventory–Versions 4a and 54. Berkeley，CA：University of California，Berkeley，Institute of Personality and Social Research.

JOHNSON R，ONWUEGBUZIE A，TURNER L，2007. Toward a Definition of Mixed Methods Research [J]. Journal of Mixed Methods Research（12）：112–133.

JOHNSON M，1973. Commitment：a conceptual structure and empirical application. Sociological Quarterly（143）：12.

JONATHAN A，WHITE，et al，1995. Self–Enhancement and Social Responsibility：On Caring More，but Doing Less，Than Others [J]. Journal of Applied Social Psychology（2515）：1297–1318.

JONES T M，RYAN L V，1997. The link between ethical judgment and action in organizations：a moral approbation approach [J]. Organization Science（86）：663–680.

KAHNE J，CHI B，MIDDAUGH E，2006. Building social capital for civic and political engagement：The potential of high–school civics courses. Canadian Journal of Education：387–409.

KASSER V G，RYAN R M，1999. The Relation of Psychological Needs for Autonomy and Relatedness to Vitality，Well–Being，and Mortality in a Nursing Home 1. Journal of Applied Social Psychology（295）：935–954.

KENDALL C, 1991. Combining Service and Learning: An Introduction for Cooperative Education Professionals [J]. Journal of Cooperative Education (27): 9-26.

KENNY M E, SIMON L A K, KILEY-BRABECK K, & LERNER R M. (Eds.) . 2001. Learning to serve: Promoting civil society through service learning (Vol.7)(M) . Springer Science & Business Media.

KENWORTHY-U'REN A L, PETERSON T O, 2005. Service-learning and management education: Introducing the "WE CARE" approach [J]. Academy of Management Learning & Education (43): 272-277.

KOHLBERG L, 1976. Moral stages and moralization: The cognitive development approach [J]. Infancia Y Aprendizaje Journal for the Study of Education & Development: 33-51.

KOLB D A, 2012. Experiential Learning Theory [M]. New York: Springer US.

KOOS L V, 1930. The Questionnaire in Education: A Critique and Manual [J]. The American Journal of Psychology (423): 499.

LEASK B, BRIDGE C, 2013. Comparing internationalisation of the curriculum in action across disciplines: theoretical and practical perspectives [J]. Compare: a journal of comparative and international education (431): 79-101.

LEONIE, SUGARMAN, 1985. Kolb's Model of Experiential Learning: Touchstone for Trainers, Students, Counselorsand Clients [J]. Journal of Counseling & Development.

LERNER J S, TETLOCK P E, 1999. Accounting for the effects of accountability [J]. Psychological Bulletin (1252): 255-275.

LEVINE ARTHUR, 1980. When dreams and heroes died: a portrait of today"s college student. Jossey-Bass, Carnegie Foundation for the Advancement of Teaching in San Francisco.

LEWIN K, 1936. Principles of topological psychology. [M]. New York: McGraw.

LIND G, 2008. The meaning and measurement of moral judgment competence: A dual-aspect model Contemporary Philosophical and Psychological Perspectives on Moral Development and Education. Cresskill, NJ: Hampton Press, 185-220 .

LIU C, 2005. Enriching software engineering courses with service-learning projects and the open-source approach [C]. Software Engineering, 2005. ICSE 2005. Proceedings. 27th International Conference on.

MADDUX WILLIAM W, 2005. The "ripple effect" : Cultural differences in subjective perceptions of responsibility [J]. Dissertation Abstracts International: Section B: The Sciences and Engineering (657): 3773.

MALVEY M, HAMBY F, 2006. E-service learning: A pedagogic innovation for healthcare management education [J]. The Journal of health administration education (232): 181-198.

MARKUS G B, HOWARD J, KING D C, 1993. Notes: Integrating Community Service and Classroom Instruction Enhances Learning: Results From an Experiment [J]. Educational Evaluation & Policy Analysis (154): 410-419.

MARTEL J, MCKELVIE S J, STANDING L, 1996. Validity of an Intuitive Personality Scale: Personal Responsibility as a Predictor of Academic Achievement [J]. Psychological Reports (78): 535-554.

MCCORMICK J, SHI G, 1999. Teachers' attributions of responsibility for their occupational stress in the People's Republic of China and Australia [J]. British Journal of Educational Psychology (693): 393-407.

MCWHORTER R R, DELELLO J A, ROBERTS P B, et al, 2013. A Cross-Case Analysis of the Use of Web-Based ePortfolios in Higher Education [J]. Information Technology Education (12): 253-286.

MILLS S D, 2001. Electronic Journaling: Using the Web-Based, Group Journal for Service-Learning Reflection[J]. Michigan Journal of Community Service Learning: 8.

AUHAGEN, A. E., BIERHOFF, H. W. (Eds.). 2002. Responsibility: The many faces of a social phenomenon (Vol. 3)(M). Routledge.

MULDER L B, AQUINO K, 2013. The role of moral identity in the aftermath of dishonesty [J]. Organizational Behavior & Human Decision Processes (1212): 219-230.

MYYRY L, 2003. Components of morality: A professional ethics perspective on moral motivation, moral sensitivity, moral reasoning and related constructs among university students [J]. Social Psychological Studies (9): 91

NEWMAN S, SMITH B, 1997. Developmental theories as the basis for intergenerational programs [J]. Intergenerational Programs: Past, Present, and Future. Bristol, PA: Taylor & Francis: 3-19.

NEWMANN FRED M, RUTTER ROBERT A, 1983. The Effects of High School Community Service Programs on Students' Social Development. Final Report. [J]. Community Involvement: 107.

OLNEY C, GRANDE S, 1995. Validation of a Scale to Measure Development of Social Responsibility [J]. Michigan Journal of Community Service Learning, 2: 43–53.

PERRY W G, 1970. Forms of Intellectual and Ethical Development in the College Years: A Scheme [J]. New York: Holt, Rinehart & Winston.

PIAGET J, 1964. Part I: Cognitive development in children: Piaget development and learning [J]. Journal of Research inence Teaching: 2.

QUINN A, SCHLENKER B R, 2002. Can accountability produce independence? Goals as determinants of the impact of accountability on conformity [J]. Personality and Social Psychology Bulletin (284): 472–483.

REED A, AQUINO K, LEVY E, 2007. Moral identity and judgments of charitable behaviors [J]. Journal of Marketing (711): 178–193.

REED A, AQUINO K F, 2003. Moral identity and the expanding circle of moral regard toward out–groups [J]. Journal of personality and social psychology (846): 1270.

REST J R, 1986. Moral Development: Advances in Research and Theory [M]. New York: Praeger.

REST J R, THOMA S J, BEBEAU M J, 1999. Postconventional moral thinking: A neo–Kohlbergian approach. Psychology Press.

RUPP D E, SHAO R, THORNTON M A, SKARLICKI D P, 2013. Applicants' and employees' reactions to corporate social responsibility: The moderating effects of first–party justice perceptions and moral identity [J]. Personnel Psychology (664): 895–933.

RYAN R M, DECI E L, 2000. Intrinsic and extrinsic motivations: Classic definitions and new directions [J]. Contemporary educational psychology (251): 54–67.

RYAN R M, DECI E L, 2000. Self–determination theory and the facilitation of intrinsic motivation, social development, and well–being [J]. American psychologist (551): 68.

SAATHOFF R, 2013. The Scholarship of Teaching and Learning: Help for Academic Tour Guides [J]. InSight: A Journal of Scholarly Teaching (8): 20–25.

SANFORD N, 2017. Self and Society: Social Change and Individual Development [M]. Self and Society: Social Change and Individual Development.

SCALES P C, BLYTH D A, BERKAS T H, et al, 2000. The Effects of Service–Learning on Middle School Students' Social Responsibility and Academic Success [J]. Journal of Early Adolescence (203): 332–358.

SCHLENKER BARRY, et al, 1994. The triangle model of responsibility [J]. Psychological Review, 1014, 632–652.

SCHULTZ P W, ZELEZNY L C, 1998. Values and proenvironmental behavior: a five-country survey [J]. Journal of Cross-Cultural Psychology (294): 540–558.

SCHWARTZ S H, 1970. Elicitation of moral obligation and self-sacrificing behavior [J]. journal of personality & social psychology (154): 283–93.

SCHWARTZ S H, 1977. Normative influence on altruism [J]. Advances in Experimental Social Psychology (10): 222–275.

SELLNOW T, OSTER L K, 1997. The frequency, form and perceived benefits of service learning in communication departments [M]. Journal of the Association for Communication Administration.

SHAVER G, SCHATTE D, 2001. Towards a broader psychological foundation for responsibility: Who, what, how [J]. London: Routledge, 35–47.

SHAW M B, 1981. Group Dynamics: The Psychology of Small Group Behavior [J]. New York: McGraw-Hill.

Shulman L S, 1999. Taking learning seriously [J]. Change (31) 4: 10–17.

SINGG S, ADER J A, 2001. Development of the student personal responsibility scale-10 [J] . Social Behavior and Personality, 294: 331–335.

STEELE C M, 1988. The psychology of self-affirmation: sustaining the integrity of the self. Advances in Experimental Social Psychology: 21.

STEFFENS M C, KÖNIG S S, 2006. Predicting spontaneous big five behavior with implicit association tests [J]. European Journal of Psychological Assessment (221): 13–20.

Students in service to America: A guide book for engaging in America's students in a lifelong habit of service. [EB/OL]. 2009. http://www.studentsinservicetoamerica.org/download/guidebook.pdf.

The National Commission for the Protection of Human Subjects of Biomedical and Behavioral Research, 1979. The Belmont report: ethical principles and guidelines for the protection of human subjects of research.

The National Community Service Act of 1990 [J]. 1991, The Volunteer leader (321): 3.

TURNER, J. C., HOGG, M. A., OAKES, P. J., REICHER, S. D., & WETHERELL, M. S. 1987. Rediscovering the social group: A self-categorization theory (M) . basil Blackwell.

TYER-VIOLA L, NICHOLAS P K, CORLESS I B, et al, 2009. Social Responsibility of

Nursing: A Global Perspective [J]. Policy Politics & Nursing Practice (102): 110-118.

VINCENT N A, 2008. Responsibility, dysfunction and capacity [J]. Neuroethics (13): 199-204.

WALDNER L S, WIDENER M C, MCGORRY S Y, 2012. E-Service-Learning: The Evolution of Service-Learning to Engage a Growing Online Student Population [J]. Journal of Higher Education Outreach & Engagement (162): 123-150.

WALSH W B, 1975. Some Theories of Person/Environment Interaction [J]. Journal of College Student Personnel, 162: N/A.

WEINER B, 1995. Judgments of responsibility: A foundation for a theory of social conduct [M]. guilford Press.

WEINER B, 2002. An attributional approach to perceived responsibility for transgressions: Extensions to child abuse, punishment goals and political ideology [J]. In Responsibility: 63-74.

WIEGAND D, 2000. What Is Service Learning?[J]. Journal of chemical education (7712): 179.

WILLEM K HOFSTEE, BOELE DE RAAD, LEWIS R GOLDBERG, 1992. Integration of the big five and circumplex approaches to trait structure [J]. Journal of Personality & Social Psychology (631): 146-163.

WINTER D G, 2007. The role of motivation, responsibility, and integrative complexity in crisis escalation: comparative studies of war and peace crises [J]. Journal of Personality and Social Psychology (925): 920.

WINTER D G, BARENBAUM N B, 2010. Responsibility and the power motive in women and men [J]. Journal of Personality53 (2): 335-355.

WINTERICH K P, AQUINO K, MITTAL V, SWARTZ R, 2013. When moral identity symbolization motivates prosocial behavior: The role of recognition and moral identity internalization [J]. Journal of applied psychology (985): 759.

WINTERICH K P, MITTAL V, ROSS W T, 2009. Donation behavior toward in-groups and out-groups: The role of gender and moral identity [J]. Journal of Consumer Research (362): 199-214.

YIN R K, 2010. Case study research: Design and methods [J]. Journal of Advanced Nursing (441): 108-108.

索 引

使命感 001, 002
责任感 001, 002, 004, 010, 012, 013, 014, 015, 016, 018, 030, 033, 035, 037, 040, 042, 047, 048, 050, 051, 052, 065, 066, 067, 068, 069, 089, 093, 103, 141, 205, 240, 241, 242, 243, 244, 245, 246, 247
责任心 010, 013, 014, 015, 016, 017, 018, 019, 025, 027, 028, 029, 034, 035, 036, 037, 038, 049, 051, 059, 132, 205, 241, 242, 243, 244, 245, 246, 247
道德认同论 020, 059
道德四因素论 022
道德责任双侧面论 025
责任三角模型论 026
责任心三侧面模型论 027
责任归因论 029, 059
社会规范激活论 030
教学学术 005, 038, 039, 040, 041, 052, 053, 054, 178, 179, 180, 181, 182, 183, 184, 185, 186, 187, 188, 189, 190, 191, 192, 193, 194, 195, 196, 198, 199, 200, 201, 202, 203, 204, 208, 243, 244, 247
社会认同理论 053, 058
大学生责任意识问卷 056, 072, 073, 075, 083, 206, 208, 211, 212, 215, 221
数字化服务式学习 088, 089, 090, 091, 092, 095, 099, 100, 102, 103, 104, 105, 106, 107, 108, 109, 110, 111, 112, 113, 114, 116, 117, 119, 123, 124, 125, 126, 128, 129, 132, 133, 134, 135, 136, 137, 140, 141, 143, 144, 145, 146, 147, 149, 150, 152, 154, 155, 160, 161, 162, 163, 164, 165, 166, 167, 168, 169, 170, 171, 172, 173, 174, 175, 176, 177, 207, 224, 231, 233, 236, 238
德尔夫服务式学习模型 091, 094, 095
体验学习理论 091, 096, 098
形成性评估 201
责任的结构模型 054, 056
责任认知 004, 010, 014, 015, 016,

018, 019, 026, 027, 031, 035, 036, 049, 050, 052, 059, 061, 063, 064, 071, 074, 077, 081, 082, 083, 084, 085, 086, 090, 099, 108, 113, 114, 116, 117, 124, 125, 127, 128, 129, 131, 133, 134, 135, 136, 141, 169, 173, 203, 206, 207, 210, 212, 215, 222, 235, 236, 237, 238, 239

责任情感　014, 015, 016, 018, 019, 022, 026, 027, 032, 034, 035, 036, 047, 049, 052, 059, 090, 099, 103, 108, 113, 114, 116, 117, 124, 126, 127, 128, 129, 131, 134, 135, 136, 142, 143, 169, 170, 173, 207, 235, 236, 237, 238, 239

责任行为　015, 016, 018, 019, 022, 023, 027, 028, 031, 032, 033, 034, 035, 036, 045, 049, 050, 052, 054, 059, 060, 061, 062, 063, 064, 071, 090, 099, 103, 108, 113, 114, 116, 117, 124, 128, 129, 130, 131, 132, 133, 134, 169, 170, 173, 203, 205, 206, 210, 235, 236, 237, 238, 239

责任意志　018, 052, 205

责任品质　018, 027, 028, 049

责任能力　019, 037, 050, 051, 133

责任主体　017, 020, 057, 059

责任内容　018, 020, 059, 060, 061, 063, 064, 068, 071, 087, 206, 210

责任体验　016, 017, 054, 059, 060, 061, 063, 064, 071, 210

角色的规定性　057

社会规定性　057

自我规定性　057

有形的规定性　053

无形的规定性　053, 058, 059, 060, 064, 068, 071, 086, 206, 207, 210

责任培养目标体系　067

社会责任认知　050, 090, 099, 108, 113, 114, 116, 117, 124, 125, 127, 128, 129, 131, 133, 134, 169, 173, 235, 236, 237, 238, 239

社会责任情感　090, 099, 108, 113, 114, 116, 117, 124, 126, 127, 128, 129, 131, 134, 142, 143, 169, 170, 173, 235, 236, 237, 238, 239

社会责任行为　050, 090, 099, 108, 113, 114, 116, 117, 124, 128, 129, 130, 131, 132, 133, 134, 169, 170, 173, 210, 235, 236, 237, 238, 239

经验学习模型　097

规划干预环节　107, 161, 167

培训学习环节　107, 161, 163, 167

服务行为环节　107, 161, 164, 167

反思平衡环节　107, 118, 161, 165, 167, 170, 171